与领导干部谈历史

卜宪群◎著

中共中央党校出版社

图书在版编目（CIP）数据

与领导干部谈历史／卜宪群著 . -- 北京：中共中
央党校出版社 , 2019.11
ISBN 978-7-5035-5994-5

Ⅰ . ①与… Ⅱ . ①卜… Ⅲ . ①中国历史—干部教育 -
学习参考资料 Ⅳ . ① K20

中国版本图书馆 CIP 数据核字（2019）第 276559 号

与领导干部谈历史

责任编辑	蔡锐华
版式设计	李晓壮
责任印制	陈梦楠
责任校对	马　晶
出版发行	中共中央党校出版社
地　　址	北京市海淀区大有庄 100 号
电　　话	（010）62805830（总编室）　　　（010）62805821（发行部） （010）62805034（网络销售）　　　（010）62805822（读者服务部）
传　　真	（010）62881868
经　　销	全国新华书店
印　　刷	北京中科印刷有限公司
开　　本	710 毫米 ×1000 毫米　1/16
字　　数	290 千字
印　　张	21.5
版　　次	2020 年 3 月第 1 版　2020 年 3 月第 1 次印刷
定　　价	68.00 元

网　　址：www.dxcbs.net　　　邮　　箱：cbs@ccps.gov.cn
微 信 ID：中共中央党校出版社 新浪微博：@党校出版社

序 言

中国历史的发展道路

一

  中国是远古人类起源的重要地区，中华文明是人类最古老的文明之一。黄河流域、长江流域、珠江流域、辽河流域和北方草原文化区，都是中华文明的摇篮。中华文明多元一体，源远流长。早期文明形成于龙山时代，其后生生不已地发展与传承，从未中断，至今已有 5000 多年的历史。考古发现证明，中华文明的起源具有本土性、多元性，展现出自身道路的特点与风格。

  中国原始文化多彩多姿。自旧石器时代早期的元谋人、北京人开始，就已懂得火的使用与管理，过着采集和渔猎的生活。到旧石器时代晚期，人们已经掌握人工取火与利用磨光、钻孔技术制造劳动生产工具的技能，开始尝试着谷物栽培和牲畜驯养。这时的人们过着母系氏族社会组织生活。1 万多年前，进入了新石器时代。社会经济由渔猎采集过渡到农耕畜牧阶段，先民们过上了稳定的聚落生活。社会组织由母系氏族公社阶段逐步演进到父系氏族公社阶段。这大体相当于中国古史的传说时期。

  生产工具的进步，农业和畜牧业的出现，使生产力有了很大发展，社会不平等也随之产生。氏族社会内部有了贫富分化，私有制开始出现。相对于生产力低下的原始公有制，私有制的产生是人类历史的一大进步，它直接推动了原始社会向阶级社会的转变。大汶口文化、红山文化、陶寺文化、良渚文化都明显地反映了阶级阶层分化特色。氏族显贵成为奴隶主，掌管氏族公共事务的机构开始转化为文明时代的国家政权。史书常用"万邦"来形容夏朝之前龙山时代的社会，这正是中国早期国家形成过程中的特点。尧、舜、禹既是邦国的国君，也是邦国联盟的盟主。关于禅让的传说，描述了盟主职位在邦国联盟内转移和交接的情形。约公元前21世纪，禹在中原地区建立了中国历史上第一个以"天下共主"为最高统治者的奴隶制国家——夏王朝。

二

夏、商、西周是中国古代奴隶制生产方式形成、发展并走向鼎盛的时期。这个时期，土地所有制具有马克思所说的亚细亚财产形态的某些特点。凌驾于众多共同体之上并成为全社会代表的国君，是土地的最高所有者。按等逐级分封方式获得田邑的各级贵族是土地的占有者。家族公社和农村公社农民是土地的使用者，即实际耕作者，而公社则是公社农民集体耕种"公田"和定期轮换"私田"的组织管理者。战国之前，存在着"田里不鬻"及"三年一换土易居"的井田制。井田制作为中国奴隶社会土地所有制的一种模式，它的得名与当时排水灌溉需要的沟洫制度有关。在井田上耕作的农民除了耕种份地即"私田"外，还要为奴隶制国家和各级贵族耕种"公田"。

中国历史上的奴隶制属于古代东方类型[①]，不仅家内奴隶制充分发展，而且家族公社与农村公社两类共同体并存，与古代希腊罗马的奴隶制有所不同。甲骨文和金文显示，商周社会有不少严格意义上的奴隶，如"臣""妾""仆""隶"等。大量的家内奴隶从事各种杂役，生产奴隶则主要用于手工业、畜牧业生产及山林川泽开发。商周时代农业生产的主要劳动

---

① 关于商周社会形态的性质与主要农业生产劳动者的身份，学术界众说纷纭。本书采用古代东方类型奴隶社会说。

者是"众人"和"庶人"，他们是家族公社或农村公社的成员。公社成员中的本族或盟族平民，虽然享有某些政治权利，但就其生存条件和劳动条件受到严格管理和监督而言，并不是真正意义上的自由民；至于被征服族群的原住民或徒民，社会地位更为低下，实际上接近于奴隶。秦汉以后，奴隶制的残余仍然长期存在。

西周后期，奴隶主贵族内部争田夺地、土地转让的现象时有发生，共同体内农民各家庭之间的贫富分化也在潜滋暗长。铁器的使用和推广，促使生产力迅速提高，私有制的发展成为不可遏止的历史潮流，到春秋战国时期终于引起了生产关系的巨大变革。战国时期的列国变法，进一步推动了封建生产关系在各国取代奴隶制生产关系。

秦汉至明清，封建国家土地所有制、封建地主土地所有制和自耕农小土地所有制，构成中国封建社会土地所有制的三种基本形式。其中，封建地主土地所有制始终占主导地位。封建地主土地所有制和封建地主阶级分别是中国封建社会制度的经济基础与阶级基础。

国有土地存在于整个封建时代，在不同时期强弱有所不同。总的来说，国有土地在国家经济生活中既不占主要地位，也不是财政收入最重要的来源，而且常常处在被私有制侵蚀排挤之中。封建国家一般采用屯田制或租佃制方式经营国有土地；也实行过授田制，即按一定标准分配部分国有土地。在宋代之前，封建国家曾多次颁行法令，推行限田制、占田制、均田制等，力图通过政府确认土地所有权，限制土地的占有、转让、继承，以调控全国的土地占有关系。其目的并不在于维护土地国有制，而主要是为了抑制土地兼并和土地集中，扶植国家赋役的负担者——自耕农。

自耕农小土地所有制在战国时期已经相当普遍，"一夫挟五口，治田百亩"的个体小农，是当时的基本生产单位。自耕农是小土地所有者，也是封建社会数量最多的劳动生产者。"男耕女织"的小农经济是封建国家重要的赋税来源，自耕农经济的繁荣或凋敝，往往成为封建国家盛衰的重要标志。但它并不能决定社会经济形态的性质。生产规模细小而分散的自耕农经济，经不起天灾人祸的打击，在封建社会各个时期，都有许多自耕农由于贫困或土地被地主巧取豪夺而沦为租种地主土地的佃农。

决定中国封建社会经济形态性质的所有制，是封建地主土地所有制。中国封建地主土地所有制的特点有三个：一是土地的传承方式主要是诸子均分而非长子继承，加上土地可以买卖，这一特点决定了中国封建社会的地产易于分散，很难形成长期稳定的占有。二是地主土地的取得，不完全依靠政治权力和等级身份。中国封建社会有等级制度，也出现过多次以国家名义颁布的按照爵位官职高低占有土地的法令①，但自宋代调整土地管理政策之后，官僚地主、贵族地主和庶民地主之间的土地占有已无等级性限制。富者未必是贵者。三是租佃制是地主土地所有制的主要经营方式。董仲舒所说的"或耕豪民之田，见税什五"的经济剥削方式，自秦汉至明清始终存在。除个别时段和地区外，租佃农民一般不像西欧领主制下的农民那样被强制固定在土地上。地主把土地出租给农民，收取地租，形成封建租佃关系。不论封建租佃关系属于荫附型或契约型，地主对农民虽有超经济强制，农民对地主也有一定的人身依附关系，但地主对农民并没有行政权和司法权。

唐代以前，地主土地所有制的发展受到封建国家的许多限制，但仍然出现"富者田连阡陌，贫者无立锥之地"的状况。唐后期均田制废弛后，地主土地所有制得到充分发展，土地买卖和土地兼并日益频繁，以至于有所谓"千年田换八百主"的说法。中国封建社会的赋税制度自两税法后由重口税、丁税、户税转向重田税、财产税，正好说明国家财政制度与土地制度的发展变化有重大关联。

---

① 如商鞅变法废除井田制，实行名田制，规定按爵位高低占有数量不等的土地。秦朝和西汉初期继续实行这一制度。西晋占田制和北朝隋唐均田制中也有按官品占田的规定。

地主土地所有制的经营方式前后也有若干变化。唐代以前，普遍实行分成租制。从唐朝开始，有些地区出现了定额租。南宋以后，定额租逐渐得到推广。由于"地主夺佃增租"的事件层出不穷，农民阶级进行反抗斗争，到了明清时期，在不少地区出现了永佃制，即地主出卖土地之后，仍由旧的佃户耕种交租，不改变耕作权。在完全的永佃制下，地主一般无权随意增租夺佃或干预佃农耕作，而佃农相对有退佃、转租或典卖佃权的自由。享有永佃权的佃农，其耕作权变成了得以长期经营的"田面权"，而地主的土地所有权则成了"田底权"。当土地转租时，直接生产者既要向土地所有者缴纳大租，又要向佃权所有者缴纳小租。永佃制和大小租制的形成，反映了封建土地所有制开始出现土地所有权和经营权初步分离的现象。

与西欧封建领主制经济不同，中国封建社会的经济结构具有自然经济和商品经济相结合的特点。战国时期，商品生产已有一定程度的发展。从秦汉到明清，无论是地主经济还是自耕农经济，由于生产和生活的需要，以及向封建国家缴纳赋税的需要，都要把部分产品投入市场，换取货币。商人资本的活跃，带动了封建商品经济的畸形发展。但以自给性生产为特征的自然经济，仍占主导地位。土地在中国封建社会始终被视为最重要的财富，"以末致财，用本守之"成为人们治生的信条。明朝后期，商品经济的发展曾导致资本主义萌芽在部分地区、部分行业中出现并萌动着社会转型，但封建经济结构并未解体。

三

中国自古以来是一个多民族国家。在不同历史时期，曾出现过许多生产方式、生活方式各不相同的少数民族。有些少数民族后来消失了，有些少数民族则长期生息在中国的疆域之内。今天中国由56个民族共同组成中华民族大家庭，各民族的历史都是中国历史的组成部分。

汉族的前身是华夏族。"华夏"一词，最早见于《尚书·周书·武成》。《左传·定公十年》孔颖达《疏》说："中国有礼仪之大故称夏，有服章之美谓之华。""华夏"连称本义指衣冠华美又重礼仪，在先秦时期是中原的地域、国家与族群指称。所以《尚书正义》说："华夏谓中国也。"本义指华夏居天下之中的"中国"一词在传统文献中也有多重指称，或指国家政治中心京师，或指中原地区，或指中原王朝。但随着统一的多民族国家的发展，"中国"的含义有很大变化。到了清初，"中国"作为统一的多民族国家的专称已具有主权国家的含义。辛亥革命后，"中国"成为具有近代意义的正式的国家名称。

春秋时期，华夏族所分布的地区，史称"诸夏""华夏"，也称"中国"。在华夏族周围，还分布着一些被称为蛮、夷、戎、狄的少数民族。尽管华夏族与周边民族在经济和社会发展上存在一定差别，民族间的冲突时有发生，但随着民族接触的增多和加深，以及华夏文明的扩散，也开始了民族同化和民族融合的历史进程。西北的秦国和北方的三晋地区，南方的楚国和吴越，表现尤其明显。

战国时期，随着兼并战争的加速，统一被提上历史日程。以儒家为代表的文化大一统观念开始对民族关系的演变产生重要影响。约成书于战国时期的《礼记·王制》提到，"中国、蛮、夷、戎、狄"语言和风俗习惯都不一样。但作者主张"修其教不易其俗，齐其政不易其宜"，就是在政教统一的前提下，允许保持各民族文化上的相对独立性。这种多元一体的政治认同和文化认同观念，对此后中国历代王朝的民族关系和民族政策产生了重要影响。

秦汉是统一多民族的专制主义中央集权封建国家形成时期。先秦以来的民族融合在统一的国家地域范围内得到进一步巩固和发展，民族间的交流也因政治、经济、文化建设上的需要而日益频繁。东至辽东以远，西至西域，南至交趾，北至居延泽以北、大漠南缘，秦汉王朝都曾实施过直接统治。共同地域内的政治、经济、文化生活促进了各民族间的交流与融合，而各民族间的交流与融合又促进了汉民族的发展壮大，很多少数民族是在这个时期融入汉民族共同体的。在秦汉的政治舞台上，就活跃着许多少数民族出身的人物。统一的多民族的秦汉王朝创造了彪炳世界、灿烂辉煌的中华文明，展现出强大的民族凝聚力。

如何处理好与周边民族的关系，是历代中原王朝不得不考虑的重大政治问题。中原王朝对周边的少数民族或采取设立行政机构的方式进行直接统治，或采取羁縻、和亲政策，让少数民族政权既保持相对的独立性，又对中原王朝纳贡称臣。也有少数民族与中原王朝呈现时战时和的状态。有的少数民族政权甚至最终击败中原王朝，入主中原，建立新的王朝，北魏、元朝、清朝都是实例。但不论何种情况，各少数民族的历史都是中国历史不可分割的组成部分，中华民族的历史是各民族共同创造的。

魏晋南北朝时期的民族大融合，是中华民族发展史上的一座里程碑。"中华"一词就出现在这个时期。[①] 在近400年的历史进程中，匈奴、羯、氐、鲜卑、羌所谓"五胡"，以及乌桓、柔然、高车、蛮、俚、僚等周边许多民族与汉族之间，以及各少数民族之间，都呈现出比较密切而复杂的关系。在民族矛盾几度比较紧张的同时，民族同化和民族融合的步伐也在加快。以汉化为表现形式的封建化，促进了少数民族社会经济的迅速发展，中华文明得到更广泛的传播和认同，而各少数民族的内迁，为中华民族注入了新的生机与活力，从而为隋唐文化的空前繁荣奠定了坚实的基础。

隋唐是中国境内许多民族乘势兴起的重要发展阶段，活跃在魏晋南北朝时期的许多民族已经难觅踪影，而封建社会后半期的主要少数民族，

---

① 《晋书》卷九十八《桓温传》引桓温《请还都洛阳疏》："自强胡陵暴，中华荡覆，狼狈失据"。《北齐书》卷二十一《高昂传》："于时，鲜卑共轻中华朝士，唯惮服于昂。"

大都可以追溯到这个时期。在强盛国力的影响和吸引下，西域各族和突厥、回纥、吐蕃、南诏、契丹、靺鞨等少数民族与隋唐王朝在政治、经济、文化上联系紧密。唐太宗曾说："自古皆贵中华，贱夷狄，朕独爱之如一。"在这种思想指导下，唐太宗获得了北边各民族的尊重，被尊奉为"天可汗"。唐代疆域较以前更加辽阔，统一的多民族国家进一步稳固，民族凝聚力进一步增强。

元是蒙古族建立的王朝。元的统一使中国的版图更为扩大，西藏、台湾都在这个时期归入中央政府的直接管辖之下，东北、漠北等民族地区与边疆也有了更为有效的行政管理。在新创立的行省制度下，中央与地方联系加强，再次呈现多民族国家统一的盛大局面。尽管元朝统治阶级实施民族不平等政策，但"必行汉法乃可长久"的客观现实，迫使元朝统治者不得不放弃落后的生产方式而汲取中原先进文明，注重吸收汉族士大夫参与国家决策。各民族间的交往与联系在这一时期空前加强。元朝在中华民族发展史上占有重要地位。

清代是中华民族获得空前发展和历史命运发生重大转折的时期。入关之初，清统治者曾一度实行比较激烈的民族压迫和歧视政策，但在汉族人民的坚决反抗下，这种政策最终得到调整。康雍乾时期，清朝政府通过军事和政治措施，完成了统一大业。清朝的疆域东起台湾、库页岛，西迄帕米尔、巴尔喀什湖，北及外兴安岭、萨彦岭，南达南沙群岛的曾母暗沙。以汉族为主体的多民族国家人口众多，疆域辽阔，综合国力曾位居当时世界前列。统一国家内各民族间的政治、经济、文化交流日益频繁而不可分割，民族认同感与凝聚力大大增强，中华民族的发展达到前所未有的高度，这是清朝对中华民族的历史贡献。至清朝后期，西方列强侵略中国，中华民族的历史命运发生重大转折——从昂首挺立于世界民族之林到面临亡国灭种的严重危机。

清末，梁启超首先使用了"中华民族"一词。中华民族是在漫长的历史过程中形成的，是各民族共同缔造的。纵观历史，中华民族虽然历经磨难，其发展历程迂回曲折，有分裂，有倒退，特别是鸦片战争后更是饱受列强欺凌；但在艰难困苦面前，中华民族始终表现出强大的凝聚力和不屈不挠的奋斗精神，一次次站在人类文明辉煌的高峰。这是历史留给我们的宝贵财富。

四

自公元前 770 年周平王东迁，至公元前 221 年秦始皇统一中国，是中国历史上的东周时期。东周又分为春秋和战国两个历史阶段。这是中国古代国家形态发展的一个重要转折时期。各诸侯国通过变法，中央集权有了新的发展，突出表现是由中央直接管辖的郡县等地方行政机构开始出现。国家的治理方式由分封制向直接行政管理过渡。世卿世禄的贵族世袭制让位于权力及身而止的官僚制。各级官僚的选拔、任用、升迁、罢免主要取决于贯彻执行君主意志和法律、法规规定的职官制度，任官资格主要凭借的是才能而非宗法血缘身份。官僚制与地方行政制度的建立，大大加强了列国的中央集权和君主的专制权力。

由秦开创的统一的专制主义中央集权国家在中国历史上具有深远意义。秦的统一是战国历史发展的必然结果。秦王朝所建立的制度，奠定了此后两千多年封建国家政治体制的基本模式。这主要表现在以下几个方面。

首先，秦朝建立了以"皇帝"为至尊的君主专制体制。公元前 221 年，秦王嬴政剪灭六国后，自认为功高五帝，拟于三皇，从中各取一字，创立了"皇帝"称号，并被以后历代王朝所沿用。体现皇权独尊的一系列施政、礼仪制度也随之建立，并在历代逐步得到加强。

君主专制是专制主义的一种形式，本质特征是皇权凌驾于整个社会之上，皇帝集最高权力于一身。中国古代君主专制的萌芽可以追溯到三代时期。但是君主专制作为一种政体的正式确立并在全国范围内推行，始于秦始皇。君主专制政体并不是古代东方国家的专利，西方历史上也有君主专制政体。但中国古代君主专制政体自秦始至清亡，延续时间之长，却是世界历史上罕见的。

其次，秦朝建立了中央集权的国家治理模式，并被历代沿袭继承。秦统一当年，围绕实行怎样的地方行政体制，在朝廷上展开了激烈辩论。秦始皇最终采纳廷尉李斯的建议，废分封，全面推行郡县制。从此，"海内为郡县，法令由一统"，之前列国纷乱不一的制度得以整齐，广袤的国土上实施着统一的行政管理措施。

郡县制以地域划分行政单位，郡县之下又设乡里，以严密的编户齐民方式将全体民众纳入国家的控制之下，由中央直接委派主要官吏治理。中国古代地方行政制度在不同地区、不同朝代不完全相同，如在边疆及少数民族地区往往实施一些特殊的行政建制，以适应形势的需要。历代行政区划名称及管理区域范围也在不断变动之中，但由中央直接控制的模式基本未变。县及以下的行政组织更具有较强的稳定性。

贵族分封制残余历代仍有遗存。西汉初年，诸侯王严重危及中央集权的统一与安全。但经中央政府的严厉打击，自汉武帝之后的历代王朝，除少数时期外，受封的贵族大都"惟得衣食租税"，享受封国内的经济利益，而无治理民众的权力。郡县制取代分封制是历史的必然，历代有识之士清楚地看到这一点。如唐代柳宗元在《封建论》中所说："封建，非圣人意也"，"今国家尽制郡邑，连置守宰，其不可变也固矣"。秦之速亡，"失在于政，不在于制"。明清之际的顾炎武也说："秦虽欲复古之制，一一而封之，亦有所不能。"这些都是卓识高见。

中央集权是指中央和地方的关系，与专制主义既有联系又有区别。专制主义必须依托中央集权，但中央集权不一定仰赖于专制主义。中央集权不仅与分封制相对立，也与地方分权反向消长。在高度中央集权制下，地方政府的一切政治、经济、军事权力都由中央授予，没有自己的独立性。中国历史上实行的是中央集权式行政管理，但历代中央政府也根据具体情况，赋予某些特殊地区较其他地方相对宽松的政策乃至分治、自治。而在县以下的乡村，由于宗族、豪强、士绅等地方社会势力的存在，中央集权的干预仍然有限，强弱随时代而不同。大体来说，当中央集权衰弱或危机时，地方社会势力往往成为国家的对立面，形成分裂割据的力量；当中央集权强大时，地方社会势力则处在国家的控制与利用之下。社会势力与国家权力间的互动关系长期存在。历代中央政府为了强干弱枝，对地方宗族豪强等势力大多采取防范、压制，甚至打击的政策，但由于二者有着共生共存的关系，以宗族、地主豪强等为代表的社会势力与民间社会组织力量，在国家基层权力结构中始终占有一席之地，成为国家权力的补充。

地方政府在绝大多数时期听命于中央，但也有相互博弈的时候。一般来说，中央集权强大时，地方政府就会服从于中央，并成为中央政府的有力支撑。一旦中央政府某些政策不当，或者中央政府出现危机，地方势力就可能坐大，形成瓦解中央集权的力量。汉末的州牧与唐代中期以后的藩镇节度使都是例证。

统一是中国历史的大势，但专制主义中央集权国家也存在着各种产生分裂的温床。就中国历史实际来看，统一国家的分裂主要出自政治或民族关系原因，而非经济和文化因素。历代中央集权王朝衰落与崩溃的原因各有不同，但不能处理好与地方政府、地方社会势力的关系，不能处理好民族关系，无疑是重要原因之一。

最后，秦朝建立了一整套的官僚制行政管理体制。秦统一后，立足本国历史基础，兼收并蓄战国以来各国业已形成的官僚制度，在中央行政机构建立了皇权控制下以丞相领衔的公卿制度，在地方建立了以郡守、县令（长）为首的地方官僚制度。各级官吏无论在意识形态上还是在行政管理上都必须绝对服从皇帝的权威，严格执行中央的政令。

秦王朝建立的封建官僚体制，在具体的设官分职上后世都有较大的调整与改变，但其基本精神没有变化。第一，官僚选拔制度逐步完善。从秦朝的荐举、军功用人制，到汉代的察举制、魏晋南北朝的九品中正制，最后定型为隋唐的科举制并延续至清朝，统治阶级不断根据时代的发展变化而调整官僚选拔制度。其基本走向是德才并重，以德为先，从推举走向考试。当然，这个"德"是指封建统治阶级所提倡的"德"。其目的在于最大限度地扩大官僚选拔范围，使封建统治政权拥有更为广阔的社会基础，网罗更多符合统治阶级需要的优秀人才。这一点，对保证整个封建统治秩序稳定及其不断延续有着十分重要的意义。特别是在科举制时代，作用尤为明显。当然，这也带来了官本位的弊端。明清以降，这种选拔制度日益僵化，已不能适应时代变化的需要。历代官僚选拔是受一定意识形态支配的，中国历史上的道家、法家、儒家，其思想对封建社会的吏治观都产生过影响。统治阶级根据社会环境需要，在不同时期通常会对其中的某些思想扬抑取舍，并据以调整官僚队伍的结构，但占主要地位的还是儒法两家思想。文吏和儒生是中国历史上官僚队伍的主要类型，外儒内法是中国历史上官僚行政的基本特点。第二，官僚行政中枢不断有所调整和变化。中国历史上虽然有秦始皇、朱元璋那样的独裁专权、亲自处理大量公文的皇帝，但即使如此，他们仍然需要一个行政中枢来协助其处理庞大的政务。历史上的行政中枢组织有很多变化，大体说是由个人开府的宰相制向组织机构化的宰相制演变。丞相府、三公府、尚书台、三省六部、中书省、枢密院等，都承担过中枢组织职能。明代废除宰相制，内阁实际承担着中枢的职能。清代，中枢机构由议政王大臣会议、内阁演变为军机处，专制主义随之发展到顶峰。为了防止皇权的旁落，专制君主需要不断调整、分散中枢组织的权力，这是导致中枢组织不断变化，以致名实不副的重要原因之一。第三，为保证专制主义中央集权下官僚队伍的忠诚和官僚机构的正常运行，形成了关于官僚考核、监督、管理的一整套措施。这套措施历代并不完全相同，但总体趋势是日益向制度化的方向发展。中国历史上政治比较清明，社会比较稳定的时期，通常是吏治比较好的时期。"明主治吏不治民"，是封建政治统治的重要经验之一。

为完善对官僚的监督监察制度，历代制定颁布了许多法规和惩贪律令。在民本思想的影响下，统治阶级内部也出现了一些清官循吏。但这些都改变不了封建统治阶级的贪婪本质，腐败和残暴成为痼疾。中国封建社会的基本矛盾是农民阶级和地主阶级的矛盾，但封建国家是地主阶级的政治总代表和经济利益的强力维护者，所以更多集中表现为农民和封建国家的矛盾。官逼民反是历代农民起义的通例。在封建剥削阶级的多重压迫下，中国历史上农民起义规模之大、反抗之激烈，是世界历史上所少见的。由于时代的局限性，农民阶级难以创立新的政治体制，更不能创建新的社会制度，但历代农民起义一次次地打击封建地主阶级的腐朽统治，争取自身的权益，对推动历史前进有毋庸置疑的进步意义。

封建专制主义中央集权政体自秦朝以后沿袭了2000多年，直至1911年清朝被辛亥革命推翻。正常运作的中央集权有利于集中大规模的人力物力进行公共工程的修建；有利于生产技术的传播和商业贸易的流通，促进社会经济的发展；有利于抵御外侮，防止分裂，推动统一多民族国家的形成和巩固。秦、汉、唐、元、明、清等若干时段鼎盛局面的出现，显然与这种政体所创造的政治社会环境有关，其积极作用，不可否认。但是，封建专制主义的长期延续和中央集权的过度膨胀对中国历史的发展也有严重的阻碍作用。维持这种政体需要国家供养大批官僚和军队，其沉重负担必然要通过各种名目的赋税强加到人民身上，从而导致对社会经济的摧残。劳动人民要承受专制君主、贵族、官僚和地主的多重压迫与剥削，苦难深重。而在思想文化领域厉行的思想禁锢、文化专制，扼杀着民主与科学精神的产生和传播。

进入近代以后，资本主义列强凭借强大的经济和军事实力，不择手段地以武力掠夺的方式敲开了古老中国的大门。腐败的清政府被迫签订一系列不平等条约，使中国主权丧失，一步步沦入半殖民地半封建社会的深渊。中华民族面临着生死存亡的严重危机。反帝反封建成为近代中国历史的主题。面对危局，清政府内部的有识之士进行了一些改良运动；为了救亡图存，无数仁人志士也进行了不懈的奋斗，浴血抗争，寻找救国救民之路，留下许多可歌可泣的壮烈事迹。但改良道路和旧民主主义革命，最后都以失败而告终。从此，领导反帝反封建的革命斗争，争取民族独立和人民解放的重任，落到了中国共产党人的身上。这是历史的必然选择。

波澜壮阔的中华 5000 多年文明史，呈现出自身独特的风格与特点。但中国历史的发展道路并没有脱离马克思主义所阐述的人类历史发展的基本规律。历史的统一性寓于历史的多样性之中。中国历史发展的基本规律、具体进程和丰富经验，都雄辩地证明在中国共产党领导下走中国特色社会主义道路是人民的选择，是历史的必然。

目　录

第一章

树立正确的大局观、历史观

新中国 70 年的史学发展道路[*]

2019 年 10 月 1 日，我们迎来新中国 70 周年华诞。70 年来，在中国共产党的坚强领导下，中国人民创造了民族独立、国家富强、人民幸福的光辉历史，走上了中国特色社会主义道路，形成了习近平新时代中国特色社会主义思想，中华民族伟大复兴展现出从未有过的灿烂前景。这一切，不仅彻底改变了近代以来中国人民受压迫、受剥削的悲惨命运，也在中华 5000 多年的文明史上写下了最为浓墨重彩的一笔。历史发展道路与史学发展道路虽然不能完全等同，却有着不可分割的关系，二者是一个相互影响的过程。70 年来，波澜壮阔的社会主义事业，为史学研究理论提供了科学的思想引领，为史学研究领域开辟了广阔的前景，为史学研究学科建设、人才培养创造了越来越好的环境，这是 70 年中国史学取得丰硕成果的根本所在。同时，史学研究也为丰富发展马克思主义唯物史观、为正确认识中国历史发展道路和规律、为新中国社会主义建设做出了自己应有的贡献。

---

* 中国社会科学院历史学部各研究所同志为本文写作提供了材料。杨艳秋、宋学立、谢辉元、靳宝、符奎、梁仁志、苏俊林同志为本文写作提出宝贵意见。

"欲知大道，必先为史。"新中国成立 70 周年之际，我们简要回顾这 70 年史学发展的历程，目的是总结经验和教训，探寻史学发展与社会发展之间的关系，在新时代中国特色社会主义建设征程中，在中华民族伟大复兴的历史进程中，更好地发挥史学的功能。

一、新中国成立后 30 年的史学研究

（一）马克思主义史学主导地位的确立及其标志

新中国成立之前，马克思主义唯物史观在中国的传播及其与史学的结合已经走过了相当长的历程。如果从 1919 年李大钊的《我的马克思主义观》一文发表算起，已经有 30 年的历史。即便以 1924 年李大钊《史学要论》一书的出版为标志，也已有 25 年的历史。在这风雨如晦、鸡鸣不已的近 30 年时间里，马克思主义史学在政治环境、社会环境、学术环境都十分艰难复杂的岁月里不断成长壮大。以郭沫若、吕振羽、翦伯赞、范文澜、侯外庐、胡绳等为代表的马克思主义史学家，不仅将马克思主义唯物史观与中国历史实际相结合，出版了一批马克思主义史学论著，在传播与阐述唯物史观上做出了重大贡献，而且与中国革命、中国历史实际相结合，为中国人民反帝反封建、争取民族独立与解放提供了学理上的支持。20 世纪初马克思主义的传入并与史学研究的结合和十月革命、中国共产党的成立及其理论指导思想有不可分割的关系，也与中国先进的知识分子在当时纷繁复杂的各种思想、思潮涌入后，自觉接受马克思主义这一科学理论的主观选择有关。马克思主义唯物史观与中国史学的结合从此展现出强大的生命力和战斗力。

新中国成立前马克思主义史学尽管取得了很大成绩，但旧中国的社会性质、国民党反动派的排斥与迫害，都不可能容许马克思主义史学占据主流地位。1949 年新中国的成立，翻开了马克思主义史学发展史上新的一页。马

克思主义史学成为主流，其标志主要有如下几个方面：第一，中国共产党执政地位的确立，使马克思主义成为占主流地位的意识形态。马克思列宁主义论著更多、更系统地被翻译介绍到国内①，马克思主义唯物史观在史学领域得到更加广泛而深入的运用。第二，全国一大批史学教学、科研机构成立，刊物创办。如 1951 年中国史学会成立，1953 年中央成立中国历史问题研究委员会，1954 年中央决定在中国科学院下设历史研究一、二、三所，创办《历史研究》杂志。20 世纪 50 年代，各地还有一批史学刊物相继创办，如《史学月刊》(《新史学通讯》)、《安徽史学》(《安徽史学通讯》)、《史学集刊》《文史哲》《历史教学》，以及《光明日报》《人民日报》《文汇报》上的相关栏目等，为马克思主义史学研究及其成果发表提供了重要平台。诸多熟悉马克思主义理论又兼具扎实史学功底的学者，也在 50 年代初的院系调整中被充实到高校历史系或科研机构中。第三，学习马克思主义理论成为更多史学家的自觉意识，即便过去一些以实证史学方法为主的老一辈史学家，在新中国成立后也表达出学习马克思主义的真诚愿望。史学界掀起的马克思主义学习热潮，使唯物史观的基本原理成为史学界大多数学者的共识。②上述这些成就，使马克思主义史学学科体系、学术体系和话语体系在较短的时间里得以初步构建。

马克思主义史学主导地位的确立，当然与新中国的成立有着不可分割的关系，也是 20 世纪前半期马克思主义史学家们艰辛探索的内在逻辑发展使然，但究其根本，还是马克思主义理论自身的科学性被史学家所认同和接受的结果。

---

① 参见桂遵义：《马克思主义史学在中国》第 11 章第 1 节，山东人民出版社 1992 年版。

② 参见林甘泉：《二十世纪的中国历史学》，《历史研究》1996 年第 2 期。

（二）对"五朵金花"的讨论与评价

新中国成立之初马克思主义史学取得的最重要成果，是广大史学工作者将马克思主义基本原理与中国历史实际相结合，探讨中国历史自身发展过程中的重大问题。"五朵金花"就是其中的典型代表。所谓"五朵金花"，是指中国历史分期、中国资本主义萌芽、中国历史上的农民战争、中国封建社会土地所有制形式和汉民族形成问题。由于这五个问题的讨论在新中国成立后 17 年的史学研究中占据着突出地位，故被称为"五朵金花"。关于这些问题讨论的具体内容笔者不再罗列①，这里仅就如何看待"五朵金花"的历史地位问题谈一些看法。

第一，它关注了中国历史中的长时段和重大节点问题。如历史分期所讨论的殷周之际、春秋战国之际、秦汉之际、汉魏之际、隋唐之际、宋元之际、明清之际、鸦片战争之际，都是中国历史发展中的重大节点，牵涉到政治、经济、社会、思想文化上的一系列重大变化。历史分期讨论中的史学工作者以马克思主义社会形态学说为理论基础，依据诸多不同的划分标准与历史资料，以及对资料的不同理解与解释，对中国历史发展的阶段性提出了不同看法。需要看到的是，对历史分期的讨论并非仅仅是奴隶社会、封建社会、中国近代史的开端等概念问题，而是广泛涉及周秦至明清、近代的社会经济、政治制度、阶级关系、民族关系等许多问题。尽管在这些问题上没有形成完全统一的认识，却大大深化了人们对中国历史的认识，推动了人们从宏观上、理论上把握中国历史发展的进程与变革。

第二，它运用了多学科的理论方法对历史进行解读和研究。在"五朵金花"讨论中，学者们广泛运用考古学、社会学、人类学、经济学、民族学的理论方法和成果剖析历史，并引导讨论向纵深发展。如历史分期讨论中，就使用了甲骨文、金文和其他许多考古资料。中国封建土地所有制形式和中

---

① 相关综述可以参考《历史研究》编辑部编：《建国以来史学理论问题讨论举要》，齐鲁书社1983 年版。

国资本主义萌芽的讨论中，牵涉所有权、使用权、地租、雇佣关系、商品经济、行会、市民社会等经济学上的理论和概念。汉民族形成问题的讨论中，史学工作者不仅对"民族"的概念与民族理论进行了深入讨论，而且向历史上的中国疆域、历史上的民族融合、民族同化、民族政策、民族矛盾与斗争等问题扩展深化。

第三，它尤为注重社会经济史研究。注重社会经济史研究是马克思主义史学的突出特征。如关于封建土地所有制形式的讨论，不仅探讨了国有、私有、领主、地主制等理论问题，而且对各历史时期相关土地制度的历史资料进行了深入挖掘。对资本主义萌芽的讨论推动了区域经济史、产业史的资料发掘和研究，极大扩展深化了区域社会经济史的研究范围，特别是明清时期区域社会经济史的研究。

第四，它促进了从精英史研究向民众史研究的结构性转化。唯物史观重视人民群众在历史发展过程中的主体作用。如对农民战争问题的讨论极大地激发了史学工作者收集整理基层民众史料的热情，并运用这些史料对农民战争这一中国历史上的重要现象进行了空前讨论。尽管这些讨论中的某些认识、话语今天很难再成为热点，但对认识中国历史发展中的某些规律性问题，对推动政治史、经济史、宗教史、思想史、社会史、文化史研究仍有重要意义。

"五朵金花"为新中国马克思主义史学繁荣发展与马克思主义中国化做出了巨大贡献，为深入认识中国历史上的许多重大问题发挥出积极引领作用，为新中国的社会主义建设提供了强有力的思想武器，也为此后中国历史学的学科建设提供了不少新的生长点。广大史学工作者在讨论中所表现出的政治性、思想性与严谨的学术性高度统一精神，给我们留下了一笔宝贵的史学遗产，其历史地位不容抹杀。正因为如此，"文革"以后相当长的时间里，这些问题仍然受到史学工作者的高度关注。当然，在讨论中的确存在着某些理论教条化和"左"的倾向，也存在着政治因素过多影响干预学术讨论的问题，留下了值得反思的历史教训。自 20 世纪 80 年代初至 21 世纪，关于"五朵金花"的评价又成为史学界的一个热点，其中有冷静的思索，也有过激的偏见，学者对此已有很好的总结评判[①]，这里不再赘述。

（三）对若干历史理论问题的辩论

新中国成立后史学界关注的重大问题并不只是"五朵金花"，还有与此相关的或其他的重大历史理论问题得到深入探索。一是中国封建社会长期延续问题。以新中国成立前关于"中国社会长期停滞"问题的论战为基础，新中国成立后，马克思主义史学家继续对这一问题保持了高度热情。但与新中国成立前关于这一问题的讨论和当时中国现实命运紧密相关不同的是，新中国成立后的讨论更突出的是从唯物史观基本原理出发，紧密结合中国历史实际，深挖历史材料，从政治制度、经济规律、民族关系、阶级压迫、思想学说等多方面分析中国封建社会长期延续的原因。[②] 二是亚细亚生产方式问题。与 20 世纪二三十年代关于这一问题的讨论主要是与中国社会性质和中国革命实践有关不同，新中国成立后对亚细亚生产方式问题的讨论，主要是与历史分期（但不等同于历史分期）和中国古代社会的特征有关。学者对如何认识亚细亚生产方式的概念，马克思、恩格斯是如何使用以及有没有放弃这一概念，亚细亚生产方式与马克思、恩格斯对原始社会史的发现之间的关系，亚细亚生产方式与古代东方社会等问题进行了深入讨论。这一讨论大大丰富了史学界对马克思主义社会经济形态理论的认识，也提出了中国古代历史研究上的若干重大问题。[③] 三

---

① 参见张越：《"五朵金花"成就不容否定》，《中国社会科学报》2015 年 11 月 10 日；《"五朵金花"问题再审视》，《中国史研究》2016 年第 2 期。
② 白钢：《中国封建社会长期延续问题论战的由来与发展》，中国社会科学出版社 1984 年版，第 181 页。另可参考田居俭《中国封建社会长期延续讨论的由来和发展》，《历史研究》编辑部编：《建国以来史学理论问题讨论举要》，齐鲁书社 1983 年版。
③ 参见田人隆：《亚细亚生产方式讨论的回顾》，《历史研究》编辑部编：《建国以来史学理论问题讨论举要》，齐鲁书社 1983 年版。

是历史主义与阶级观点问题。历史主义与阶级观点都不是马克思主义最早提出来的，但马克思主义批判地吸收了其中的合理因素，使之成为辩证唯物主义和历史唯物主义的有机组成部分。历史主义与阶级观点是马克思主义分析历史问题的基本理论，也是马克思主义史学的重要研究方法。因此，马克思主义史学工作者一旦与具体历史研究实践相结合，就必然或多或少地遇到这个问题。新中国成立后，唯物史观中的阶级观点得到空前强化和史学研究中出现的偏离历史主义倾向，导致了历史主义和阶级观点的争论。从 20 世纪 50 年代初到 60 年代，不仅郭沫若、翦伯赞、范文澜、黎澍、吴晗、侯外庐、白寿彝、吴泽、刘大年、郭晓棠、漆侠等一大批史学家，对当时历史研究中出现的"宁左勿右"的非历史主义倾向进行了深刻反思甚至自我检讨，而且引发了当时一大批中青年史学工作者围绕历史主义和阶级观点究竟是何种关系的大争论。这场争论虽然没有形成定于一尊的看法，但深化了对马克思主义唯物史观的认识，为中国史学界后来的发展培养了大批人才。20 世纪后半期至 21 世纪的许多著名史学家，如宁可、林甘泉、田昌五、李文海、陈旭麓、何芳川等都参与了当时的讨论。[1]需要说明的是，历史主义与阶级观点的争论还与历史人物评价、农民战争史研究、历史遗产如何继承、古为今用和厚今薄古、史论关系等理论问题的讨论紧密相连，这里不再展开论述。

（四）学科建设成就与史学研究的收获

新中国成立至"文化大革命"前的中国史学成就不仅限于"五朵金花"以及对相关历史理论热点问题的讨论或争论，在学科建设与史学研究的其他方面同样取得了很大成绩。

在中国古代史研究上，学者以马克思主义为指导，在通史、断代史和专门史研究上取得了一批成果。范文澜主编，自延安时期开始编写的《中国

---

① 这一问题的基本情况可参见蒋大椿编著：《历史主义与阶级观点研究》，巴蜀书社 1992 年版。

通史简编》修订本第一、二、三编出版。该书以马克思主义社会形态学说为统领阐述中国历史发展进程，具有重要的学术价值和现实意义。翦伯赞主编的《中国史纲要》是全国高等学校文科教材编选计划会议的委托项目。教材集一时之人选，贯彻唯物史观，实事求是地分析中国历史的演进，是一部观点鲜明、资料翔实、文字凝练、结构严谨、简明扼要的中国通史。郭沫若主编的《中国史稿》自 1958 年开始编写，前后上百位学者参加。《中国史稿》重视社会形态学说，重视阶级斗争在历史发展中的作用，重视政治史在历史过程中的影响，重视各民族共同创造中国历史的过程，重视思想文化与社会政治、经济的关系，体现了马克思主义史学的鲜明特征。此外，还有尚钺的《中国历史纲要》和吕振羽的《简明中国通史》（修订本）。侯外庐主编的多卷本《中国思想通史》也在 1960 年全部出版。这是一套以马克思主义理论和方法观察研究中国思想史演变的巨著，该套书将思想史研究与社会史研究相结合，重视社会存在与社会意识间的辩证关系，重视历史上唯物思想的挖掘和人民群众思想的阐述，具有不朽的学术价值。

在断代史、专门史与专集、论文、史料整理上，以马克思主义为指导或以实证史学见长的学者，在这一时期都取得众多成果。这些论著和史料整理不仅在当时有很高的学术价值，即使在今天看来很多也是经典之作，拥有广泛的影响。因此，有人说新中国成立后的 17 年史学研究只有"五朵金花"是站不住脚的偏见。

中国近代史是一门与现实联系密切的学科。民国时期，马克思主义和非马克思主义关于中国近代史的学派分野与叙述体系已开始形成，政治立场和学派主张已较明显。新中国成立后，马克思主义唯物史观成为近代史研究的指导思想，对"厚今薄古"的倡导和社会发展的需求，都使中国近代史研究受到空前重视。1950 年 5 月 1 日，经中央同意，在中国科学院下设近代史研究所，范文澜任所长。如同学者所言，新中国建立后至 1965 年的近代史学科尽管遭遇政治运动不断，学术潮流多变，"但学术建树仍令人瞩目，主要是建立了马克思主义的史学体系，开展了系统规范的资料整理工作，若干专题研究成绩突出"①。1954年，胡绳发表《中国近代历史的分期问题》一文，就历史分期存在的问题，以及应当以什么标准进行历史分期提出了意见。胡绳主张中国近代史从时段上是从1840年的鸦片战争到1919年的五四运动。以三次革命运动高潮为主线，即太平天国运动、义和团运动和辛亥革命，又细分为七个时期或阶段。胡绳的文章发表后引起热烈讨论，如孙守任《中国近代历史的分期问题的商榷》、金冲及《对于中国近代历史分期问题的意见》、戴逸《中国近代史的分期问题》、范文澜《略谈中国近代史的分期问题》、刘耀《试论中国近代史的分期问题》等文章，此外还有荣孟源、章开沅、李新等学者的文章，对此纷纷发表意见，对胡绳的观点或赞同或商榷，涉及中国近代史的开端、中国近代史的下限以及近代史分期的标准等问题。②通过这次对分期问题的讨论，以胡绳的意见为主体的中国近代史学科体系、学术体系、话语体系基本确立。

新中国成立后17年的中国近代史研究成绩不限于历史分期问题，归纳起来还有以下几个方面：一是资料编纂。由诸多机构或个人编纂的近代史资料得以出版，涵盖了政治、经济、思想文化、重大事件、个人资料等各方面。二是近代通史的出版。如林增平《中国近代史》和戴逸《中国近代史稿》（第1卷）等。三是围绕鸦片战争史、帝国主义侵华史、太平天国史、中法战争史、中日战争史、洋务运动史、戊戌变法史、义和团运动史、辛亥革命史，以及近代经济史、文化史和思想史，出版和发表了一大批专著和论文。以革命史和党史为重点的中国现代史研究学科体系也在此期间开始构建。新中国成立前的中国世界史研究无论在教学教材体系上，还是在研究队伍和研究成

---

① 徐秀丽：《中国近代史研究70年（1949—2019年）》，《经济社会史评论》2019年第2期。
② 这次讨论的成果最后汇集成《中国近代史分期问题讨论集》，由生活·读书·新知三联书店于1957年出版。

果上都很薄弱。新中国成立后，郭沫若、华岗等史学工作者都在呼吁要重视世界史研究，特别是批判和改变"欧美中心"主义历史观，加强亚非拉地区的历史研究。世界史研究工作者努力学习马克思主义理论，学习借鉴苏联史学成果，筚路蓝缕，开启了中国世界史研究的新征程。其成就主要表现在以下几个方面：一是翻译世界史主要是苏联史学界的成果和编纂世界史史料。如苏联科学院历史研究所编《古代世界史大纲》《近代史教程》、谢缅诺夫著《中世纪史》、叶菲莫夫著《近代世界史》等，以及中国人民大学世界通史教研室编《世界通史参考资料》（古代部分），耿淡如、黄瑞章译注《世界中世纪史原始资料选辑》，周一良、吴于廑主编《世界通史资料选辑》，王敦书译《李维〈罗马史〉选》，王绳祖、蒋孟引译《吉本〈罗马帝国衰亡史〉选》，杨人楩主编、日知选译《古代埃及与古代两河流域》，尚钺主编《奴隶社会历史译文集》《封建社会历史译文集》，《历史研究》编辑部编译《罗马奴隶占有制崩溃问题译文集》等。二是出版了一批世界通史和断代史论著。如郭圣铭编《世界古代史简编》、齐思和编《世界中世纪史讲义》、沈炼之编《简明世界近代史》、蒋孟引编《第一次世界大战》、周一良与吴于廑主编《世界通史》等。突破以欧美为中心的亚非拉区域史、国别史、专题史研究也在此期间逐步开展，取得了一批成果。三是相关研究与教学机构的建立。1950 年成立的中国史学会下设亚洲史组。1959 年，中国科学院历史研究所下设世界历史研究组，1962 年扩建为世界历史研究室，1964 年 5 月经国务院批准成立世界历史研究所，对全世界主要国家和地区的历史开展综合性研究。同时，一些主要高校也相继成立了世界通史、区域史教学与研究的研究室或研究所。[①] 这些都为新中国世界史研究奠定了良好基础。新中国成立前的中国考古学虽然有了近 30 年的历史，但主要局限在旧石器时代

---

① 以上参考桂遵义：《马克思主义史学在中国》第 12 章第 2 节；罗志田主编：《20 世纪的中国：学术与社会·史学卷》（上）第 3 编第 3 章，山东人民出版社 2001 年版。

考古，且主要由外国学者把控和推动。新中国成立后，考古工作受到重视。1950 年 8 月，中国科学院设立考古研究所，随后北京大学、西北大学、四川大学等高校设立了考古专业。1960 年，中国科学院古脊椎动物与古人类研究所建立。这些都为新中国的考古学，特别是旧石器时代考古学学科建设打下了良好基础。归纳起来说，这一时期中国考古学的成绩主要反映在如下诸方面：一是考古学领域马克思主义指导地位的确立。尹达《中国新石器时代》一书，把考古学视作马克思主义社会形态学说的重要基础，是尝试运用生产力与生产关系理论来探讨社会经济形态的代表。二是旧石器时代考古取得许多重要进展。云南开远小龙潭古猿牙齿化石、云南元谋人门齿化石、陕西蓝田猿人头盖骨化石和下颌骨化石的发现，为探讨中国境内远古人类的起源提供了重要材料。丁村、西侯度、匼河、小南海、许家窑、金牛山、大荔等遗址的发现，极大地扩展了中国旧石器遗址分布的范围，为探讨中国旧石器考古学文化的时空框架与理论体系创造了条件。贾兰坡等学者为此做出了重要贡献。三是新石器时代考古收获与理论探索成绩斐然。至 1979 年，发现新石器时代遗址六七千处，遍布全国各地，主要分布在黄河流域。丰富多彩的新石器时代遗存，将建立中国考古学文化时空框架的任务摆在了学者面前。夏鼐《关于考古学上文化的定名问题》一文，阐释了考古学上“文化”一词的特殊含义，以及考古学文化定名的方法与科学态度，为中国考古学文化时空框架构建提供了理论指导。[①] 20 世纪 70 年代，在将碳-14 测年技术应用于考古学并取得成绩的前提下，安志敏、夏鼐撰文，[②] 初步建立起了中国新石器时代考古遗存的文化序列和史前考古学文化的时空框架。四是夏商周考古工作的系统展开。玉村二里头文化、郑州二里冈和洛达庙等文化遗址、二

[①] 夏鼐：《关于考古学上文化的定名问题》，《考古》1959 年第 4 期。
[②] 安志敏：《略论我国新石器时代文化的年代问题》，《考古》1972 年第 6 期；夏鼐：《碳-14 测定年代和中国史前考古学》，《考古》1977 年第 4 期。

里头遗址的发掘，为夏文化和先商文化研究提供了重要资料。安阳殷墟遗址及武官村大墓的科学发掘，为研究商代社会性质提供了宝贵资料。西安丰镐遗址及宝鸡周原遗址的发掘，为西周历史研究提供了新认识。由此，三代考古学文化区系的类型体系构建也在此期间取得重要阶段性成果。

当然，新中国成立后的考古学成就，特别是前17年的考古学成就无论是学科建设、人才培养和研究成绩上远不止此。如秦汉至明清的考古在都市城邑、陵寝墓葬、农业手工业遗迹遗物、宗教考古与中外文化交流考古等领域也都取得重要成绩。[①]这里不一一展开论述。

（五）"文化大革命"中的史学

1981年党的十一届六中全会通过的《关于建国以来党的若干历史问题的决议》（以下简称《决议》）指出："一九六六年五月至一九七六年十月的'文化大革命'，使党、国家和人民遭到建国以来最严重的挫折和损失。"《决议》还指出，全面建设社会主义的10年里（1957—1966），党的工作在指导方针上有过严重失误，经历了曲折的发展过程。反右派斗争被严重地扩大化，意识形态上出现了严重的"左"的偏差。1957年以来意识形态上"左"的偏差与"文化大革命"发生有"导火线"的关系，在史学领域完全可以印证。"反右倾"运动中对雷海宗、向达、荣孟源的批判，1958年在高校和研究机构中掀起的资产阶级学术思想批判运动中，对一大批史学家的无端指责，1960年在批判"修正主义"运动中，给尚钺扣上"修正主义"的帽子，1963年在阶级斗争观点日益突出后对刘节的批判，1964年对周谷城"阶级合作论"的政治批判等，都是学术研究政治化、史学研究从属政治斗争的典型表现，不仅严重挫伤了史学工作者的积极性，也助长了史学研究和教学中的错误倾向，如"打破王朝体系""以论带史"口号的提出等。但是，如《决议》所说"这

---

① 参见国家文物局主编：《中国考古60年（1949—2009）》，文物出版社2009年版。

些错误当时还没有达到支配全局的程度", 还属于"偏差"的范围。

1966 年开始的"文化大革命"是从史学领域发端的。1965 年到 1966 年对历史主义和阶级观点讨论的批判, 将赞成历史主义观点的学者视为具有"反动的资产阶级思想", 特别是戚本禹等人的文章直接指名道姓攻击翦伯赞。1965 年姚文元在《评新编历史剧〈海瑞罢官〉》中, 给吴晗扣上了"反对阶级分析"的罪名。1966 年初对所谓"三家村反党集团"的诬陷, 致使邓拓含冤离世。一大批史学工作者在这些批判、诬陷中受到牵连和迫害。"文化大革命"中, 除了若干考古和史料整理工作尚命悬一线外, 其他正常的史学教学、研究和出版工作完全停滞, 史学研究成果乏善可陈。而"四人帮"所炮制的"影射史学""批儒评法"等以篡党夺权为目的的"史学"话题, 随意捏造和歪曲历史, 致使史学完全沦为政治斗争的工具, 令人扼腕叹息。

(六) 30 年史学研究的评价

以改革开放为界, 新中国史学大致可以划分为前 30 年和后 40 年两个时期。前一个时期又可划分为新中国成立后 17 年和"文化大革命"10 年两个阶段。这里分别就前一个时期的两个阶段谈一点看法。

新中国成立后 17 年的史学评价是改革开放后, 特别是进入 21 世纪以来大家感兴趣的一个话题。有些学者认为 17 年的史学是"教条史学""战时史学""完全政治化的史学", 是以农民战争史替代整个中国史, 是以"部分学术色彩的命题而本质上不是学术命题"的方式来表达"非学术诉求", 因而所讨论的不过是一些"假问题", 甚至将 17 年史学与"文化大革命"史学划分在同一历史时期。[①] 但更多的学者认为 17 年的史学与"文化大革命"时期的史学不能相提并论。17 年史学虽然存在着许多问题, 但仍然取得了很大成绩,

---

① 参见德朋等:《展望新世纪中国史学发展趋势》,《光明日报》2001 年 10 月 2 日; 黄广友:《改革开放以来"十七年史学"研究评估》,《中共党史研究》2014 年第 12 期。

如果在 17 年史学上失语，并不利于我们今天的史学创新和与国际接轨。[①]特别是林甘泉从马列经典著作出发，辨析了五种生产方式与中国历史分期问题，虽然没有直接过多涉及 17 年史学评价，但实际上从理论高度肯定了讨论历史分期问题的积极意义，同时指出只有史学工作者端正学风，提高马克思主义理论素养，才可能克服概念化、公式化的毛病。[②]

从前面四个方面的简要回顾和总结可以看到，尽管 17 年的史学存在着对马克思主义教条化的理解、学术研究过度政治化的偏差，但总体上取得了很大成绩。首先，将马克思主义唯物史观与中国历史实际相结合，提出并广泛讨论了一批重大历史问题。新中国成立后，以郭沫若、范文澜、翦伯赞、侯外庐、吕振羽等为代表的一批马克思主义史学工作者继续不懈探索，运用唯物史观基本原理，广泛深入探讨了包括"五朵金花"在内的中国历史中具有普遍性和特殊性的问题，从历史理论和史学实践上大大深化了人们对中国历史的理解。这场讨论中的大多数问题都具有深厚的学术生命力，是解释中国历史绕不开的话题，其历史意义也将会随着时代的发展得到更加充分的认识。今天，即使是对这场讨论有不同意见的人，也大都并不彻底否定其中的学术价值。其次，奠定了新中国历史学的基础。新中国的成立为哲学社会科学建设创造了旧中国难以比拟的环境。科研机构和高校历史系的纷纷成立、学术刊物的创办、中国史学会的建立，使史学学科建设、人才培养、学术交流有了稳固的基础和平台。新中国的考古学、中国古代史、中国近现代史、

---

① 参见陈其泰：《建国后十七年史学"完全政治化"说的商榷》，《学术研究》2001 年第 12 期，《正确评价新中国 17 年史学道路》，《史学理论研究》2013 年第 2 期，《正确评价建国后十七年马克思主义史学的地位》，《天津社会科学》2007 年第 4 期；罗志田：《文革前"十七年"中国史学的片断反思》，《四川大学学报》2009 年第 5 期；张剑平：《中国马克思主义史学研究》下篇《新中国"十七年"历史学研究评价问题》，人民出版社 2009 年版；卜宪群、杨艳秋、高希中：《"五朵金花"的影响和地位不容抹杀》，《中国社会科学报》2014 年 3 月 31 日；张越：《"五朵金花"问题再审视》，《中国史研究》2016 年第 2 期。
② 参见林甘泉：《世纪之交中国古代史研究的几个热点问题》，《林甘泉文集》，上海辞书出版社 2005 年版。

世界史，以及通史、断代史、专门史、历史文献学等学科的基础，毋庸置疑都奠定在这个时期。最后，广大史学工作者以饱满的热情和严谨的科学态度，在马克思主义唯物史观与中国历史实际相结合上、在中国历史与世界历史的实证研究以及历史文献的整理与研究上都做出了重要贡献，为改革开放时期的中国史学奠定了坚实的研究基础。这些都是难以否定的历史事实。

正确评价 17 年史学还应当注意如下几个问题：第一，要把 17 年马克思主义史学研究所取得的成就与教条化的马克思主义区分开来。新中国成立后，马克思主义史学研究中的确存在着教条主义倾向，郭沫若、翦伯赞等在 20 世纪 50 年代后期已经看到了这些问题的存在并力图纠正，由于客观政治因素干扰而被扼杀，但绝不能因此而完全否定马克思主义史学家所做的一切工作。第二，要把马克思主义史学家对历史和现实、学术和政治的关切与"左"的政治思潮影响区别开来。史学与现实、政治的关系是一个古老的话题。马克思主义史学从不是脱离现实、脱离政治的科学，而是有自身鲜明的阶级性和意识形态属性，与中国共产党的理想信念和追求目标有着高度的统一性，是为最广大人民群众服务的一门科学。由于"左"的思潮影响，17 年史学中出现了我们不愿看到的一幕，留下了深刻的教训，但这绝不是马克思主义史学关注现实、关注政治自身的错误。有责任、有担当的史学工作者，总会把自己的研究与国家命运、人民利益紧紧结合在一起。第三，要把 17 年史学与"文革"史学区分开来。如前所述，新中国 17 年的史学成就奠定了中国马克思主义史学的学科体系、学术体系和话语体系的基础，但 17 年史学的自身发展与"文革"史学之间并没有必然内在的逻辑关系。"文革"的错误发动以及"四人帮"利用史学作为其篡党夺权的工具而使史学蒙羞的这笔账，只能记在"四人帮"的身上。

二、改革开放 40 多年的史学研究

史学命运与国家命运是联系在一起的。1978 年底召开的党的十一届三中全会，重新确立了解放思想、实事求是的思想路线，开启了改革开放新征程。经过拨乱反正，史学界肃清"四人帮"的流毒和"左"倾错误影响，摆脱教条主义束缚，思想空前解放，迎来了百花齐放、万紫千红的春天。党和国家对史学研究高度重视，史学工作者勤奋努力，史学在学科建设、学术成果、人才培养和对外交流上取得了前所未有的成就，史学步入了繁荣昌盛的新阶段。与此同时，马克思主义史学既焕发出新的活力、展现出强大的生命力，也经受着新的考验。以下从四个方面对 40 多年来史学研究做一简要回顾与总结。

（一）时代变迁与史学的新发展

史学与时代有着不可分割的关系。拨乱反正后，史学百废待兴，史学工作者以饱满的热情投入工作中，希望把失去的岁月夺回来，但史学客观存在的深层次问题也不容回避。首先，人才培养的断层和学科建设的停滞，致使史学研究后继乏人。其次，长期以来对马克思主义理论的简单化、教条化、公式化理解，以及对史学功能的片面性认识，制约、束缚着历史理论与史学理论的探索，致使史学研究方法单一、对象单调、话语陈旧、信息闭塞。最后，"四人帮"对史学摧残所造成的社会对史学功能的错误认知、社会转型与史学自身不相适应等因素，致使史学发展面临重重困难。改革开放初期的史学研究就是在这样的基础上艰难起步的。经过 40 多年的大踏步发展，这些状况已得到根本的改变。

1. 史学研究的政治与社会环境根本改变

改革开放后，对马克思主义简单化、教条化、公式化的理解，把史学简单视为政治工具的做法被彻底否定。1980 年 4 月 8 日，胡乔木在中国史学会代表大会上说："马克思主义的基本立场、观点、方法，应成为历史研究

工作的向导……历史科学满足政治需要的正确理解应该是，历史向社会也向政治提供新的科学研究的成果，而社会和政治，则利用这种成果作为自己活动的向导。"①胡乔木的讲话代表了史学工作者的心声，正确阐明了马克思主义与史学、史学与政治的关系。以科学的态度对待历史文化，取其精华，去其糟粕，使之与当代社会相适应、与现代文明相协调，保持民族性，体现时代性，发挥其在建设中国特色社会主义伟大进程中的应有作用，是改革开放后党和国家对史学的殷切期望。邓小平说："要懂得些中国历史，这是中国发展的一个精神动力。"②江泽民说："一名领导干部不善于从历史中吸取营养，不可能成为高明的领导者；一个政党不善于从总结历史中认识和把握社会发展规律，不可能成为顺应历史潮流的自觉的政党；一个民族不善于从历史中继承和发展本民族和世界其他民族创造的优秀文明成果，不可能屹立于世界民族之林。"③胡锦涛说："浩瀚而宝贵的历史知识既是人类总结昨天的记录，又是人类把握今天、创造明天的向导……不仅要学习中国历史、还要学习世界历史，不仅要有深远的历史眼光、而且要有宽广的世界眼光。"④党的十八大以来，习近平总书记更是对历史研究高度重视，对史学工作者寄予厚望。他多次指出"历史是最好的教科书，历史是人类最好的老师"，指出"我们进行伟大斗争、建设伟大工程、推进伟大事业、实现伟大梦想，更需要重视、研究、借鉴历史。这对我们丰富头脑、开阔眼界、提高修养、增强本领具有重要意义"⑤。他强调"历史研究是一切社会科学的基础"，希望史学

---

① 林永匡：《中国史学会代表大会在北京举行——胡乔木同志就发展我国历史科学问题作了重要讲话》，《历史教学》1980 年第 6 期。
② 《邓小平文选》第 3 卷，人民出版社 1993 年版，第 358 页。
③ 中国社会科学院历史研究所编：《简明中国历史读本》序，中国社会科学出版社 2012 年版。
④ 胡锦涛：《进一步认识把握社会历史发展规律 增强推进改革发展的自觉性主动性》，《人民日报》2003 年 11 月 26 日。
⑤ 习近平：《努力造就一支忠诚干净担当的高素质干部队伍》，《求是》2019 年第 2 期。

工作者"加快构建中国特色历史学学科体系、学术体系、话语体系"，^① 在习近平总书记和党中央的关怀下，史学研究从来没有像今天这样受到全社会的重视，新时代史学工作者的历史使命更为崇高和艰巨。

2. 人才培养与组织机构建设成绩卓著

改革开放之初，20 世纪初以来学贯中西的史学大家有的还健在，"文革"前受过系统训练的一批高校历史系毕业生虽然受到"文革"的很大干扰，但其中仍有很多人努力学习马克思主义，具有良好的史学素养，很快在史学研究上发挥出引领作用。党和国家对教育与科研的重视，使史学人才培养和史学研究队伍建设很快走上了制度化的道路。1977 年恢复了高等学校招生考试制度，1978 年研究生招生得以恢复，1981 年正式确立了新中国的学位制度，这些都极大地推动了史学人才队伍的培养。一大批历史研究机构和高校史学教学机构的设立，使学科建设有了稳固阵地。从 20 世纪 90 年代到 21 世纪，教育部人文社会科学重点研究基地、"211 工程"、"985 工程"、"2011 协同创新"计划、"双一流"高校建设，以及考古学、中国史、世界史三个一级学科设置等，有力促进了史学的建设发展。2019 年 1 月 3 日，在习近平总书记的直接关怀下，中国社会科学院中国历史研究院成立，习近平总书记发来贺信，对中国历史研究院和全国史学工作者寄予殷切希望，中国史学发展迎来了新时代。

3. 研究方向与重大项目有了系统规划

1979 年，中国社会科学院主持的中国历史学规划会议在成都召开。这是改革开放后史学界的一次盛会。会议回顾历史，总结经验教训，对若干历史专业研究中的问题进行了讨论，并重点讨论了中国历史学发展规划草案，落实了中国历史学的八年规划（1978 — 1985）。^② 这次会议对改革开放后的史学

---

① 习近平：《致中国社会科学院中国历史研究院成立的贺信》，《人民日报》2019 年 1 月 4 日。
② 参见《中国历史学规划会议在成都举行》，《历史教学》1979 年第 4 期；周自强：《我国历史学界的一次盛会——记中国历史学规划会议》，《中国史研究动态》1979 年第 6 期。

建设具有重要意义。1980 年中国史学会恢复活动，史学（包括考古学）各专业学会、各地区史学会也纷纷成立，至今仍发挥着重要作用。此后，《中国历史大辞典》《中国大百科全书》历史部分的编纂、历史资料的整理，以及诸多重点史学研究方向的确立，都与这次会议的规划有关。1983 年，中央成立的全国哲学社会科学规划领导小组在长沙召开全国历史科学规划会议，首次将规划项目纳入国民经济和社会发展第六个五年计划。以中国史为例，白寿彝主编的《中国通史》，戴逸、王戎笙主编的《清代通史》和《清代人物传》，侯外庐、邱汉生、张岂之主编的《宋明理学史》，张政烺、周绍良负责的《敦煌文书整理研究》（汉文部分），唐长孺负责的《吐鲁番文书整理研究》和《1972—1974 年出土居延汉简整理与研究》，林甘泉主编的《中国封建土地制度史》，以及《中国经济通史》等都在此时被纳入规划或启动。这两次规划会议对新时期史学的指导思想、学科建设、人才培养、研究方向等方面都产生了深远影响。1991 年 6 月，中央决定在全国哲学社会科学规划领导小组下设全国哲学社会科学规划办公室（现改为"全国哲学社会科学工作办公室"），负责制订全国哲学社会科学发展规划和年度计划，采取设置课题指南投标等多种方式资助史学课题研究，在引领和推进史学研究上产生了重大作用，具有很高的学术声誉。

改革开放 40 多年，国家还重点投入组织实施了一批史学（含考古学）项目，扶持"绝学"、冷门学科等。如大家耳熟能详的夏商周断代工程、中华文明探源工程、《清史》纂修工程、《中华大典·历史典》编纂工程、《儒藏》工程、边疆历史与现状综合研究项目、抗战研究专项工程等。特别是在习近平总书记《在哲学社会科学工作座谈会上的讲话》（以下简称《讲话》）精神鼓舞下，以及中办、国办《关于实施中华优秀传统文化传承发展工程的意见》下发后，涵盖在"绝学"和冷门学科中的诸多史学学科受到党和国家的重视，史学学科建设更加丰富全面。

4. 开放的信息交流渠道逐渐形成

改革开放后的史学在理论方法、研究领域、交流空间上都不再是封闭式的。中国港澳台地区及国外史学研究信息被大量翻译、介绍进来。例如，1979 年创刊的《中国史研究动态》几乎每期都有相关的内容，《中国史研究》更成为海内外中国史学者理论与实践探讨的精神家园。随着国家经济实力的增强，越来越多的学者走出国门，也有更多海外学者到我国开展学术交流。国外众多重要的史学名著被翻译并引进到中国，如《剑桥中国史》系列、《中国近代史研究译丛》《哈佛中国史》系列、《汉译世界学术名著丛书》《海外中国研究丛书》《中外关系史名著译丛》《法国西域敦煌学名著译丛》《日本学者研究中国史论著选译》《世界汉学论丛》《海外中国研究丛书》《早期中国研究丛书》等都是代表。广泛的学术交流有力推进了学术发展，中外学者在很多历史问题的研究上拥有了更多相同或相似的主题与话语。

（二）研究领域的深化与学科体系构建的完善

40 多年来，中国史学呈现出繁荣昌盛、生机勃勃的局面，集中反映在研究领域的深化拓展与学科体系构建的进一步完善，在中国古代史、中国近代史、世界史、边疆史地、考古学的研究上都取得了瞩目的成绩。这里笔者择其主要方面做一简要回顾。

1. 中国古代史

中国古代史在通史、断代史、专门史研究上都取得丰硕成果，并具体体现在政治、经济、社会、思想、文化史等各个领域。

（1）通史与断代史著作丰富。"文化大革命"前范文澜在《中国通史简编》修订本基础上编纂的《中国通史》，范老去世后，由蔡美彪主持完成 10 卷本《中国通史》（后续补两卷至清朝灭亡）。郭沫若主编的《中国史稿》在其去世后由尹达主持，7 卷本《中国史稿》全部出齐。白寿彝主编

的 12 卷《中国通史》是 20 世纪末中国史学的扛鼎之作，吸收古今史书编纂
体裁优长，不仅在写作方式上开拓创新，也提出了诸多创见。21 世纪以来，
中国社会科学院历史研究所编纂的 5 卷本《中国通史》，面向社会大众，以
100 个专题的形式叙述了中国境内自远古人类起源到清朝灭亡的历史，获得
良好的社会反响。曹大为、商传、王和、赵世瑜总主编的《中国大通史》，
是最新出版的一套自史前至民国的通史，在编纂理念和编纂方式上体现出自
己的特色。上述通史就其内容说不全是古代史，但无疑是以古代史为主的。
与通史并列的断代史编纂在这一时期也取得重要成果。如杨宽的《西周史》
《战国史》，宋镇豪主编的 11 卷本《商代史》，林剑鸣的《秦史稿》和《秦
汉史》，王仲荦的《魏晋南北朝史》和《隋唐五代史》，韩国磐的《隋唐五
代史纲》修订本，陈振的《宋史》，李锡厚、白滨的《辽金西夏史》，吴天
墀的《西夏史稿》，周良霄、顾菊英的《元史》，韩儒林主编的《元朝史》，
南炳文、汤纲的《明史》，顾诚的《南明史》，王戎笙、李洵的《清代
全史》，李治亭主编的《清史》等。尽管上述通史或断代史的编纂还有缺憾
和不足，但有不少都是具有学科奠基性的，至今尚不可替代。

（2）政治史研究向纵深发展。政治史是史学研究的核心领域之一，是
解读历史发展变迁的重要方面。改革开放后，政治史研究突破了以前
的狭隘范围，在理论方法和研究对象上都向纵深发展。白钢主编的 10
卷本《中国政治制度通史》，摆脱了职官史的局限，全面梳理了先秦
至民国政治制度的发展历程。各时期政治制度的各个层面，如国体与
政体、皇权、机构、职官、仕进、考课与监察、法制、军事、礼制、外交、
阶级与阶层、政治人物评价、文书行政、政治运作形式、基层政治等，都有
极大推进，大都有一部或数部专著出版，断代政治史和专题性的通史也有丰
硕成果。政治文化与政治文明作为一种理论与方法开始进入研究者的视野。
政治史研究不再是静态描述，而是将政治史与制度史、社会史、文化史有机

结合起来，"活"的制度史研究受到重视。历代中原王朝政治史是重点，但少数民族政权政治史也受到关注。中外政治制度的比较研究在日知、刘家和、马克垚等推动下，围绕古代城邦制度、专制主义、封建制度等问题进行了热烈讨论。与政治史紧密相关的法制史研究取得骄人成绩。张晋藩总主编的 10 卷本《中国法制通史》，展现了 20 世纪中国法制史的研究水准，刘海年、杨一凡总主编的 14 卷《中国珍稀法律典籍集成》及《续编》，是中国法律典籍整理的重要成果。各断代法制史、法律思想史及众多法律文献整理也取得丰硕成果。[①] 军事史研究不再单纯作为政治史的一部分，对军事制度、军事后勤、军事思想、军事人物、军事文献等都进行了深入研究和整理。需要特别指出的是，众多古文书、古文献的发现，地方政府档案的整理出版，为政治史、法制史、军事史研究提供了珍贵的资料。

（3）经济史研究迎来高潮。40 多年来，经济史研究受到高度重视。一是一批研究机构建立和刊物创立。1977 年，中国社会科学院经济研究所在原经济史组的基础上建立了中国经济史研究室，1980 年历史研究所成立经济史研究组，近代史研究所成立经济史研究室，一批高校和科研机构也先后成立经济史研究所或教研室。与经济史研究相关的刊物、学会相继创办。1981 年，《中国农史》创刊；1982 年，《中国社会经济史》创刊；1986 年，《中国经济史研究》创刊；1985 年，中国商业史学会成立；1986 年，中国经济史学会成立。这些都直接推动了中国古代经济史的研究与繁荣。二是一批中国古代经济史资料整理出版。如王永兴的《隋唐五代经济史料汇编校注》，郭厚安的《明实录经济资料选编》，谢国桢的《明代社会经济史料选编》，傅筑夫、王毓瑚等的《中国经济史资料·秦汉三国编》《先秦编》，中国社会科学院历史研究所的《明清徽州社会经济资料丛编》（一、二辑）等，以及

---

① 参见陈晓枫、柳正权：《中国法制史研究世纪回眸》，《法学评论》2001 年第 2 期。

一大批行业、区域经济史料和传世文献、新出文献中的经济史料整理刊布。[①]
三是由于时代的变迁、视角的转化和吸收新的经济学理论与模式，经济史的
研究对象和方法都有了新的变化。传统经济史研究中的若干问题继续得到
关注，但研究重心的转移也十分明显。对中国古代经济的整体性、规律性问
题认识，以及从历史与现实关联的角度探讨古代社会经济的特点趋势加强。
中国封建经济结构的特点，中国封建社会为什么长期延续，商品经济与自然
经济，生产力发展水平，土地制度与阶级关系，传统经济的现代化，城镇与
市场，前近代经济结构与发展水平，"三农"问题等受到广泛关注。经济史研
究中的思想史、财政史、城市史、商业史、货币史、人口史、工业史、贸易
史等专门史、区域经济史、少数民族经济史，以及与经济史紧密相连的环境
史等都有了开创性的研究。四是马克思主义经济理论与中国实际相结合，在
社会经济形态、经济通史、断代经济史、专门经济史和区域经济史研究上均
取得了丰硕成果。如胡如雷用马克思主义经济学原理分析中国封建社会经济
撰写的《中国封建社会形态研究》，傅筑夫的《中国封建社会经济史》，中
国社会科学院历史研究所、中国社会科学院经济研究所、河北大学、郑州大
学协作完成的《中国经济通史》，林甘泉主编的《中国封建土地制度史》第
一卷，胡寄窗的《中国经济思想史》等都是代表。[②]

（4）社会史研究异军突起。改革开放之前，社会史研究还很难说是一门
独立的学科，其研究领域比较狭窄，而且主要附属于社会经济史或政治史。
改革开放后，人们逐渐认识到社会史研究的重要意义及广阔前景，对社会史
的关注空前高涨。40多年来，中国社会史学会的成立，南开大学中国社会史
研究中心、中国社会科学院历史所与近代史所社会史研究室、中山大学历史

---

① 参见王嘉川：《20世纪后半期中国古代经济史资料的整理与出版》，《河北学刊》2012年第1期。
② 参见李根蟠：《二十世纪的中国古代经济史研究》，《历史研究》1999年第3期；林甘泉：
《二十世纪的中国历史学》，《历史研究》1996年第2期。

人类学研究中心等机构的成立，以及《中国社会历史评论》《历史人类学》的创刊，为社会史研究搭建了良好的平台。尽管对社会史的学科定位以及概念理解还有不同意见，但其研究成绩是公认的。[①]社会组织与结构、宗族与家族、家庭与人口、婚姻形态、社会生活、社会问题、社会势力、风俗信仰、民间宗教、地域或区域社会、日常生活、社会文化、市民社会、社会流动与社会控制等研究，以及民间文献整理等方面都有代表性的论著出版。与社会史相关的疾疫史、医疗史、灾害史、性别史、乡村史，以及田野调查和口述史等都受到广泛重视。[②]以"国家与社会"为分析框架的理论模式，开始渗透史学研究领域，影响有逐步扩大趋势。其所预设的历史解释模式和研究范式，在新的问题意识形成、话语体系建构上均有突破，直接推动了中国历史长时段重大问题的研究，以及基层社会、社会结构变迁等具体问题的探讨，其含义已不是狭义的社会史所能涵盖的。

（5）思想史、文化史研究成就斐然。改革开放后，思想史研究脱离了教条主义束缚，在理论方法、研究内容、资料整理上都取得了重要成就。简帛资料的出土，极大丰富了先秦文献和思想史的研究，中国古代思想探源取得诸多突破性进展。儒家思想的历史地位有了新的评价，当然对于它在中国历史发展中的作用认识还不一致，关于"国学""新儒学"的兴起与争论就反映了这一点。思想史的研究领域明显拓宽，关注的问题增多，研究方法与研究视角呈现多元化趋势。侯外庐、邱汉生、张岂之主编的《宋明理学史》，任继愈的《中国哲学史》和《中国佛教史》，卿希泰的《中国道教思想史纲》，李泽厚的《中国古代思想史论》，刘泽华主编的《中国古代政治思想史》，葛兆光的《中国思想史》，匡亚明主编的《中国思想家评传丛书》

---

① 参见常建华：《改革开放 40 年以来的中国社会史研究》，《中国史研究动态》2018 年第 2 期。
② 参见郭松义：《中国社会史研究五十年》，《中国史研究》1999 年第 4 期；赵世瑜、邓庆平：《二十世纪中国社会史研究的回顾与思考》，《历史研究》2001 年第 6 期。

等都是代表。思想史中的专题性研究、人物、思潮、流派研究走向纵深和细化。与思想史相关联的自先秦至明清的学术史研究也取得很多新成果，如李学勤的《周易经传溯源》，卢钟锋的《中国传统学术史》，陈祖武的《中国学案史》《乾嘉学派研究》等。①文化史研究是极富时代意义的一门学科，20世纪二三十年代就开始起步，但新中国成立后一度沉寂。改革开放后，在史学研究的复苏、对传统文化现代化的反思，以及对中国未来发展的文化选择思考等因素影响下，文化史研究很快成为热点。1978年和1979年，复旦大学和中国社会科学院近代史研究所分别设立了文化史研究室，1988年中国艺术研究院创办中国文化研究室，1991年中国社会科学院历史研究所成立文化史研究室。西北大学、清华大学、山东大学、湖南大学、湖北大学等高校也成立了中国思想文化研究机构。一批以研究文化史为主题的刊物、论著的出版，有力促进了文化史学科建设与学术繁荣。萧克任编委会主任的《中国文化通志》，冯天瑜、何晓明、周积明著的《中国文化史》，郑师渠主编的《中华文化通史》，张岱年、方克立主编的《中国文化概论》，周一良主编的《中外文化交流史》，袁行霈主编的《中国地域文化通览》等均为代表。上海人民出版社、中华书局等出版机构出版的文化史丛书，推出了一批有分量的专著。文化专题史、断代文化史、民族文化史、区域文化史、中外文化交流史研究成绩斐然。物质文化、制度文化、精神文化研究向深入发展。文化史研究的发展带动了史学新的学科增长点建设。如中国社会科学院历史研究所文化史研究室编纂的《形象史学》，就是一个有益尝试。当然，文化史研究也存在着鱼龙混杂、对象不明的现象。

（6）其他学科。除上述成就外，中国古代史还有很多重要学科取得可喜进展。民族史在民族理论、民族起源、民族政权、民族人物、民族关系、民

---

① 参见张海燕：《二十世纪的中国思想史研究》，《中国史研究动态》2002年第1期；卢钟锋：《回顾与总结：新中国历史学五十年》，《中国史研究》1999年第3期。

族社会、民族思想文化、民族史学等领域的研究取得丰硕成果，推进了中华民族多元一体共识的形成。民族文献整理和民族考古新发现是新时期民族史研究的亮点。中外关系史研究在新时期显著深入。新的文献和考古资料的发现，加强了学科基础建设。我国古代与域外的陆路、海路交通，与中亚、西亚、东南亚、东北亚、南亚的经济文化交流研究十分活跃。特别是习近平总书记提出的"一带一路"倡议，推动了从"丝绸之路"向"一带一路"为中心的中外关系史研究。史学史研究在史学文本、断代史学、史学家、史学思想、史学批评、史学与社会、少数民族史学、中外史学比较等方面取得丰硕成果。[1] 历史地理研究在新时期的突出成就反映在学科基础建设和研究领域的深化开拓上。谭其骧主编的《中国历史地图集》、国家历史地图集编纂委员会编《中华人民共和国国家历史地图集》（第一册），史念海著的《河山集》（二、三集），侯仁之著的《历史地理学的理论与实践》等都具有重要学科意义。传统沿革地理仍然成果众多，但人文地理、城市地理、人口地理、自然地理、军事地理、交通地理、医学地理、科技地理，以及地理信息系统等新的分支广泛拓展。[2] 改革开放后，历史文献学的学科体系也日益完善。文献学理论、版本目录学、校勘学、辨伪学、辑佚学、藏书学都取得很大成绩。与历史文献学有密切关系的甲骨学、简帛学、敦煌学、徽学等古文书学研究取得了重要成就。徽学成为国际性学科，"敦煌在中国，敦煌学在国外"的状况得以根本改变。

2. 中国近代史

改革开放后，近代史研究在广度和深度上都大为拓展，出现了繁荣活跃的局面。

---

[1]　参见瞿林东：《中国史学史研究八十年》（下），《淮阴师范学院学报》2007 年第 3 期。
[2]　20 世纪历史地理相关成就参见葛剑雄、华林甫：《二十世纪的中国历史地理研究》，《历史研究》2002 年第 3 期。

（1）诸多重大问题的讨论。近代史分期是近代史学科建设的重要问题。在 20 世纪 50 年代后关于近代史分期问题讨论的基础上，李侃、陈旭麓、张海鹏等发表文章，提出应当按照社会性质来划分历史时期的看法，主张把近代史的下限划在 1949 年。[①]这一看法渐成主流，对学科建设具有重要意义。近代史研究的视角也更为宽阔，对近代史的基本线索、近代社会性质、近代化进程等重大问题展开了热烈讨论。学者对胡绳用阶级斗争的表现来做划分时期的标志和三次革命高潮的概念进行了讨论，展开了所谓"革命史范式"和"现代化范式"之争。如李时岳的《从洋务、维新到资产阶级革命》《中国近代史主要线索及其标志之我见》，以及与胡滨合写的《论洋务运动》等文认为，太平天国运动、洋务运动、维新运动、资产阶级革命"标志着近代中国历史前进的基本脉络"。而"洋务运动、维新运动和资产阶级革命，是近代中国前进的几段重要历程"。他们还认为："中国近代处于过渡时代。从独立国家变为半殖民地（半独立）并向殖民地演化，这是个向下沉沦的过程；从封建社会变为半封建（半资本主义）并向资本主义演化，这是个向上发展的过程。"因此，近代中国"陷入半殖民地半封建深渊"的提法是不能成立的。[②]李时岳等人的观点，引起了胡绳、苏双碧、荣孟源、张海鹏、苑书义、章开沅、戚其章等一大批学者的热烈讨论，也引起了两个"范式"主从关系的长期争论。尽管争论没有达成一致，但丰富了人们对中国近代史学科体系的认识。对于近代中国是半殖民地半封建社会一直没有太多异议。新时期有学者对近代中国社会性质也提出了不同意见，认为"两半"论把中国近代社会的半殖民地过程与半封建过程视为不可分割的统一整体是不当的。辛亥革命之前的中国仍是封建社会，辛亥革命以后的中国是半封建或半资本

---

① 张海鹏：《60 年来中国近代史研究领域有关理论与方法问题的讨论》，《近代史研究》2009 年第 6 期。

② 文章分别发表在《历史研究》1980 年第 1 期、《历史研究》1984 年第 2 期、《人民日报》1981 年 3 月 12 日。

主义社会（也有文章认为是资本主义社会），辛亥革命之前和之后，无论如何都不是半殖民地半封建社会。"'两半'论延误了我们反封建历史任务的完成"。[①] 这个看法当然会引起争论。如汪敬虞认为："近代中国由封建社会向半殖民地半封建社会的转变，这是历史的沉沦，不是时代的进步。半殖民地半封建，这是一个不可分割的整体。""用半殖民地半资本主义的提法取代半殖民地半封建的提法，以之为中国的近代社会定性，那既没有如实反映近代中国的历史现实，也不能正确指明中国未来的发展方向。"[②] 也有学者认为："究竟如何看待近代中国的半殖民地半封建问题，可以从学理上去分析，也可以从历史实践上去分析。但是任何学理的分析，都只能基于历史实践。"[③] 这个看法笔者认为是很中肯的。中国近代化的进程也是新时期讨论的重大问题，成果众多。但是在这场讨论中出现的只认同改良而否认革命的意义，竭力美化近代以来一些阻碍历史进步的人物，甚至反对将帝国主义与中华民族的矛盾视为近代中国社会的主要矛盾等看法，恐怕就不仅仅是学术意义上的争论了。

（2）学科体系的完善。新时期近代史的学科体系进一步完善，对近代史的认识也更加完整。不单是研究革命者，统治阶级历史，如晚清、北洋、民国统治者及其活动也成为重要研究对象。近代社会史和文化史的学科属性日渐成熟，一些学者出版了一批论著，取得丰硕成果。中国社会科学院台湾史研究中心和近代史研究所台湾史研究室的成立，推动了台湾史研究，台湾史的学科框架和学术体系已经建立。口述史、影像史获得学界认可，为近代史的资料收集与学科建设做出了贡献。

---

① 参见林有能：《中国近代社会性质的再认识——广东史学界的一场争论》，《学术研究》1988 年第 6 期；张海鹏：《60 年来中国近代史研究领域有关理论与方法问题的讨论》。
② 汪敬虞：《中国近代社会、近代资产阶级和资产阶级革命》，《历史研究》1986 年第 6 期。
③ 张海鹏：《60 年来中国近代史研究领域有关理论与方法问题的讨论》，《近代史研究》2009 年第 6 期。

（3）丰厚的研究成果。新时期近代史研究成果丰厚。一是通史编纂加强。如张海鹏主编的《中国近代通史》、李侃等主编的《中国近代史》等。二是晚清政治史研究深化。研究视角更广阔，讨论的问题更深入。尽管有不少意见分歧，但也取得很多共识。例如少数学者将鸦片战争视为中国传统朝贡贸易体系与近代条约通商体系之间的一场战争，但主流观点还是认为其性质是西方资本主义国家向中国发动的侵略战争。[1] 太平天国史在太平天国运动的性质、政权性质、政体性质，以及太平天国的宗教、军事、典章制度、人物评价等问题研究上都有深入讨论。虽然意见分歧还比较多，但对太平天国运动是一场具有农民战争、农民革命性质的认识仍是主流。此外，还包括洋务运动的积极意义受到更多肯定等。三是民国史研究蔚为大观。李新主编的多卷本《中华民国史》《中华民国史人物传》《中华民国史大事记》，是民国史研究的代表。对辛亥革命的性质、意义与作用的认识得到加深。南京临时政府的政治研究更为系统。北洋军阀研究较过去更全面，对其形成的历史原因、阶级属性、历史作用认识更丰富，个案研究增多。突破单纯的"革命史"框架后，对南京国民政府的研究视野更开阔，对国民党政权在中国历史上的地位和作用，以及其最终在大陆失败的原因认识与评价更丰富。四是革命史研究的学术性增强。李新、陈铁健主编的多卷本《中国新民主主义革命时期通史》，胡绳主编的《中国共产党的七十年》，中共中央党史研究室主持编写的《中国共产党历史》等都是这方面的代表。中共建党和国民革命史研究、苏维埃革命史研究、抗战及解放战争史研究，不仅许多具体史实问题研究得到深化，而且理论认识与宏观问题的讨论也更深入。世纪之交围绕胡绳提出的社会主义和资本主义关系、新民主主义理论的大讨论也是代表。五是近代中外关系史在帝国主义侵华史、外交史，以及近代中外关系专题史研究上都取得重要进展。中国社会科学院近代史研究所编写的《日本侵华七十年》

---

[1] 参见葛夫平：《新中国成立以来的鸦片战争史研究》，《史林》2016 年第 5 期。

《沙俄侵华史》，石源华著《中华民国外交史》是代表。近代中国不平等条约、租界、港澳史等专题史研究或从无到有或大大推进。六是近代思想史在理论研究、通史研究、资料整理、近代思想家和思想进程、思潮、学术思想等领域成果丰硕且有新的拓展。七是近代经济史研究围绕近代经济史的中心线索、资本主义发展水平、商会史、现代化、区域经济、前近代生产总值等问题，都有很多拓荒式的研究。八是近代社会史在社会结构与社会群体、城市与近代城市化进程、乡村与区域社会、社会问题与社会治理、民众生活、性别史研究以及社会史研究范式上都有重要突破。九是近代文化史在文化转型，市民社会与公共空间，近代新词语，符号、仪式与节日纪念，历史记忆等问题研究上取得了丰硕成果。

3. 世界史

改革开放以来的现实需要有力促进了世界史研究的繁荣发展。世界史研究在组织机构、学科建设、人才培养、学术成果上都取得可观成绩。一是学科建设卓有成绩。1978 年以后，世界史的相关学会、研究和教学机构纷纷建立。对外开放促进了世界史的学术交流，世界史的人才培养前景更广阔。1978 年，中国社会科学院世界历史研究所创办《世界历史》，其后各研究机构、高校相关刊物、集刊相继创办，这为世界史研究成果刊布创造了条件。西方世界史研究的众多重要理论与学术成果被翻译，如"汉译世界学术名著丛书""年鉴学派"著作、西方马克思主义史学论著、剑桥世界史系列等，极大开阔了世界史研究者们的视野，为世界史的学科建设奠定了坚实基础。二是在通史、区域史、国别史、专门史研究上成果较多。吴于廑在《中国大百科全书·外国历史卷》"世界历史"条中关于整体的世界史的一系列观点得到广泛认同，在通史与分期史撰写中得到体现。如吴于廑主编的《世界通史》，吴于廑、齐世荣主编的《世界史》，东北师范大学编写的《世界上古史纲》，刘家和主编的《世界上古史》，郭圣铭著的《世界文明史纲要（古代部分）》，朱寰主编的《世界上古中古史》，齐世荣主编的《人类文明的演进》，周一良等新编的世界史系列，马克垚主编的《世界文明史》，武寅总主编的《世界历史》等都是代表。亚洲史、欧洲史、非洲史、拉丁美洲史研究，国别史研究，世界经济史、政治史、文化史研究都成绩斐然，出版了大量的论著。①

4. 边疆史地研究

边疆史地是和国家边疆安全与稳定有重大关系的一门学科。边疆史地研究虽然有较长的历史，但新中国成立后的相当长时期内，边疆史地研究包含在广义的历史学范畴之内，还处于相对停滞的局面。改革开放后，在现实需要和相关学科发展的推动下，中国边疆史地研究重新起步。1983 年，中国社会科学院成立边疆史地研究中心（2014 年更名为"中国边疆研究所"），这是新中国第一个以中国边疆为研究对象的专业机构。1991 年，《中国边疆史地研究》创刊。几十年来，中国边疆研究所出版了"中国边疆史地研究丛书""边疆史地丛书""中国边疆史地文库""中国边疆史地研究资料丛书"等，为推动中国边疆史地研究做出了重要贡献。②20 世纪 80 年代以来，中国边疆史地研究成果丰硕，学者在对中国边疆研究的理论思考，历史上的中国疆域研究，中国封建王朝边疆政策、民族统治政策研究，近代中国边患与边界问题研究，近代中国边疆研究的思潮、群体、学者和著作研究等方面都取得重要成就。③进入 20 世纪 90 年代后，中国边疆史地研究进入了一个新的发展阶段。一是"中国边疆学"学科构建问题开始提出，在学科定位、学术

---

① 参见罗志田主编：《20 世纪的中国：学术与社会·史学卷》第 3 编；陈启能：《新世纪以来中国的世界史研究的进展》，张海鹏主编：《中国历史学 40 年（1978—2018）》，中国社会科学出版社 2018 年版。
② 部分内容参见马大正：《二十世纪的中国边疆史地研究》，《历史研究》1996 年第 4 期。
③ 参见马大正、刘逖：《二十世纪的中国边疆研究——一门发展中边缘学科的演进历程》，黑龙江教育出版社 1995 年版。

体系上的讨论，学科机构建立与人才培养的深度和广度上都取得较大成绩，建立中国边疆学的共识越来越多。[①]二是在北部边疆、东北边疆研究上成绩突出。如吕一燃著的《中国北部边疆史研究》、孟广耀著的《北部边疆民族史研究》、赵云田主编的《北疆通史》、林荣贵主编的《中国古代疆域史》、佟冬主编的《中国东北史》、程妮娜主编的《东北史》、张博泉著的《中华一体的历史轨迹》等。三是海疆史的构建。在新中国成立后海疆史初创基础上，20世纪70年代至80年代初，对海疆史开始了新的探索。20世纪80年代初至21世纪，中国海疆史研究在学术机构、人才培养和学术成果上稳步发展。代表性的成果有安京的《中国古代海疆史纲》，张炜、方堃主编的《中国海疆通史》，杨金森、范中义的《中国海防史》，曲金良主编的《中国海洋文化史长编》，李金明的《中国南海疆域研究》，李国强的《南中国海：历史与现状》，鞠德渊的《钓鱼岛正名：钓鱼岛列屿的历史主权及国际法渊源》，刘江永的《钓鱼岛列岛归属考——事实与法理》等。海疆史的资料整理、研究路径与方法也都有所拓宽。

5. 考古学

新时期的考古学收获丰硕，不仅推动了考古学及其分支学科的快速发展，培养了大批考古学人才，更为推动中华文明探源和中国历史研究做出了重要贡献。这里只能择其要者做大概的介绍。一是在旧石器时代考古上，人类起源研究取得重大突破。泥河湾盆地遗址、蓝田遗址的新发现，百色盆地遗址群以及长江以南多地区早期人类活动线索的发现，为人类起源"多地区进化说"以及东亚也是人类起源的重要地区提供了证据。二是新石器时代考古揭示了中华文明起源与早期国家形成的历程，中国史前文化的时空框架进一步完善。20世纪80年代初苏秉琦提出的中国史前文化"六大区系

---

① 参见厉声、冯建勇：《四十年来中国边疆史地研究的繁荣与发展》，张海鹏主编：《中国历史学40年（1978—2018）》，中国社会科学出版社2018年版。

类型"划分，到 21 世纪得到进一步验证完善，为古史重建和中华文明探源奠定了坚实基础。"多元一体""重瓣花朵""相互作用圈"等模式的提出，改变了过去单一中心论的认识，证明了统一多民族国家形成的史前基础。长江流域、黄河流域、淮河流域有关农业遗址的发现，如江西万年仙人洞、吊桶环，湖南道县玉蟾岩、内蒙古兴隆洼、甘肃大地湾、河南贾湖等，说明中国是远古农业的起源地之一。安徽凌家滩、辽西红山、浙江良渚、山西陶寺、陕北石峁等遗址，反映了远古中国从史前向文明的跨越。改革开放后，特别是 21 世纪关于中华文明的起源与早期国家的热烈讨论，以及所取得的许多重要理论与实践成果，与新石器时代考古工作是密不可分的。2001 年开展的"中华文明探源工程"，综合运用多学科攻关方法，有力推动了中华文明起源问题的研究。三是建立起中国特色的夏商周考古学体系。1996 年启动的"夏商周断代工程"，促进了三代年代学研究从单个分散遗址研究走向贯通、整合性研究，推动了三代考古学文化分期断代序列及其标尺的建立。三代考古学文化区系类型体系基本构建完成。先夏文化、先商文化、先周文化、早期秦文化和楚文化研究，突破传世文献的限制，在考古成果基础上向前大大推进。四是秦汉至明清考古在地域范围、内容上呈现新的特色。新时期在都城、城址考古的精细化，帝陵和墓葬考古的全面化，陶瓷手工业考古的多面化，边疆民族和中外文化交流考古上都取得新成绩。五是科技考古的崛起。以中国社会科学院考古研究所科技考古中心为代表的科技考古研究和教学机构纷纷建立，中国科技考古学会筹建，科技考古出版物众多。科技考古在碳十四年代学、数字考古、环境考古、人骨考古、动物考古、植物考古、食性分析、古 DNA 分析、冶金考古、玉石器研究、化学成分分析等领域，展现出广阔的前景。六是考古遗产保护与研究得到加强。新时期考古遗产保护的理论构建与文物保护法规建设更加丰富完善，形成了多级考古文化遗产资源保护利用的框架结构。在考古所的推动下，实验室考古快速推广。

考古遗产的学科建设与人才培养也较之前有很大进步。

（三）历史理论与史学理论的丰富发展

40 多年来中国历史学发展的一个重要成绩，是关于历史理论与史学理论不同特点的认识深化。学者认识到，马克思主义唯物史观是历史研究的理论指导，但不能替代具体的历史研究，也不能替代史学理论；历史理论是关于人类客观历史进程研究的理论与方法，史学理论则是关于史学自身研究的理论与方法。两者是既有联系又有区别的不同概念。正确区分这两个概念对于史学理论学科建设，以及更好地推动历史学的发展具有重要意义。[①] 今天，我们可以从广义上只使用史学理论这一概念，但实际上大家都知道其中包含了历史理论，反之亦然。40 多年来，对历史理论与史学理论的反思与探索，既艰难曲折，又有很多进展，甚至是突破性的进展。北京师范大学史学理论与史学史研究中心、中国社会科学院历史学部各研究所马克思主义史学理论研究室的建立，《史学理论》（1987 —1989）、《史学史研究》《史学理论研究》《史学理论与史学史学刊》《理论与史学》的创办，史学概论教材的编纂，教育部将史学理论列为二级学科，各地史学理论专业硕士、博士、博士后的招生与工作站的设立，全国史学理论研讨会的连续召开，"马克思主义理论研究和建设工程"教材建设等，使史学理论研究与人才培养有了自己的阵地。特别是 2019 年 1 月 3 日中国历史研究院历史理论研究所的成立，充分反映了中央对历史理论的重视，历史理论研究所必将为新时代历史理论研究做出更大贡献。以下笔者对 40 多年来历史理论与史学理论的研究做一简要回顾。

1. 对史学发展道路的深刻反思

史学是"文革"的重灾区。改革开放之初，史学界很快开始深入肃清"四

---

① 参见邹兆辰：《改革开放 40 年来的中国史学理论研究》，《史学史研究》2018 年第 3 期。

人帮"在史学领域里的流毒。同时，也结合真理标准大讨论，对马克思主义史学的发展道路与本质属性进行反思。黎澍在《历史研究》上先后发表了《中国社会科学三十年》《马克思主义与中国历史学》《马克思主义对历史学的要求》等文章，在回顾我国哲学社会科学曲折坎坷道路的基础上，强调必须吸取历史教训，改变对马克思主义肤浅、教条、简单、绝对、公式化的理解。深刻的反思解放了思想，促进了史学工作者以更加实事求是的态度理解马克思主义唯物史观。

2. 对重大历史理论问题的深入探讨

在重新学习理解马克思主义唯物史观的基础上，史学工作者对诸多重大历史理论问题进行反思与讨论。在历史发展动力问题上，一些学者仍然坚持阶级斗争是阶级社会发展的真正动力，但更多的学者认为阶级斗争是阶级社会发展的动力，却不是唯一动力。生产斗争、民族斗争、科技发展乃至物质利益都是历史的内容，不能用阶级斗争替代一切。而在一切社会形态中始终推动历史发展的动力只能是生产力。在社会形态问题上，五种社会形态说受到质疑，一些学者认为与历史发展的实际不符，不是马克思而是斯大林提出的，最多只能追溯到恩格斯。还有学者提出了三形态、四形态、六形态以及一元多线说。林甘泉在《世纪之交中国古代史研究的几个热点问题》一文中再次强调，以社会经济形态的变动来划分历史发展阶段，是马克思主义史学家的一贯主张，这也就是人们所谓的"五种生产方式"论。他论证了五种生产方式就是马克思主义创始人的理论而不是斯大林制造的，但马克思、恩格斯并不认为所有的国家和民族都必须依次经历这几种社会经济形态。社会形态讨论上的另一个热点是"封建"名实问题。有学者认为，"封建"一词是指"封邦建国"，将秦汉至明清称为封建社会是一种"泛封建观"，与"封建"的本义、"西义"和马克思、恩格斯的封建社会"原论"相悖。但更多学者认为作为政治体制的"封建"与社会形态的"封建"二者是不同的，学者从无混淆。"封建地主制"符合马克思主义学说的"原论"。更不能因为中国封建社会和欧洲在特征上有些不一样，就不能叫作"封建社会"。"泛封建观"说无论在理论还是方法上都存在诸多问题。[①]在历史创造者问题上，有学者提出历史是整个人类创造的，历史是人人的历史，所有人都参与了历史的创造，只提"人民群众是历史的创造者"有片面性，没有事实和理论根据。历史创造者与人人有自己的历史不是同一概念。在争论中，更多学者仍然坚持人民群众是历史的创造者这一唯物史观的基本原理，当然对人民群众在马克思主义史学中的地位也不能做教条式的理解，历史上剥削阶级中的杰出人物也对历史发展有贡献。新时期讨论的重大历史理论问题还有亚细亚生产方式、中国封建社会长期延续的原因、历史人物评价、文明起源理论、史论关系、民族关系、爱国主义、近代史的研究范式与核心概念等，不再列举。对诸多历史理论问题的探讨与争鸣，推动了史学界对唯物史观更加深刻的理解。认真研读原著，全面完整理解唯物史观，发展马克思主义，并科学运用于史学研究，是大多数史学工作者的共识。

3. 史学理论和方法的活跃与创新

思想的活跃推动了历史认识的发展与研究方法的创新。新时期，史学理论、史学方法的探讨与实践百花齐放。历史认识问题上取得重要成绩。不能以历史唯物主义的认识论完全取代历史认识的看法，受到老一辈马克思主义史学家的重视。如白寿彝主编的《史学概论》就把历史唯物主义和史学概论在课程教学内容上做出一定区别，既讲历史唯物主义，也讲史学理论。宁可在《什么是历史科学理论——历史科学理论学科建设探讨之一》及《什么是历史？——历史科学理论学科建设探讨之二》两文中，也对历史唯物主义和历史科学理论的关系，特别是对历史认识的对象、特点，以及与其他认识

[①]　参见中国社会科学院历史研究所、中国社会科学院经济研究所、中国社会科学杂志社《历史研究》编辑部编：《"封建"名实问题讨论文集》，江苏人民出版社 2008 年版。

的区分等做了开创性的探索。由此开展的关于历史认识的主体与客体、历史认识过程的特点及其检验、历史认识中的事实判断与价值判断等问题的大讨论，极大深化了史学理论的认识。[1]历史认识论作为史学理论研究中的一个重要问题不仅取得共识，而且在史学研究实践中取得重要成果，影响至今。

史学研究方法是史学研究主体史学家认识和揭示历史客体的一种手段。马克思主义唯物史观有自身的历史研究方法，但长期以来在实际运用中又存在着研究方法单一、理解教条化的问题。改革开放后，史学研究方法掀起热潮。揭示历史真相的史料搜集与整理方法受到重视，对唯物史观中的历史主义、阶级分析、比较研究等方法较之前有了更加深入的探讨，自然科学和社会科学中的系统论、控制论、信息论，计量方法、心理方法、模糊方法、跨学科方法等异彩纷呈，对历史编纂与历史表述方法也有不少有益的探讨。[2]21世纪以来，由于计算机技术的发展和文献数据库的大量建设，运用大数据推动历史研究的方法开启了新的尝试。

西方史学理论与方法的涌入是改革开放后史学理论建设的一个重要特点。中国社会科学院世界历史研究所唯物史观与外国史学理论研究室成立，以及相关高校西方史学理论与史学史学位点、刊物的创办，推动了西方史学理论研究的前进。诸多西方史学理论名著被翻译介绍到国内，如年鉴学派、兰克学派、西方马克思主义史学学派、西方历史哲学，特别是从思辨的历史哲学到分析的历史哲学，全球史以及其他具体的史学研究方法，如精神分析、心理分析、口述史、比较史学等。西方史学中的历史认识论、主要流派与史家、社会史等方面都有很多突破性研究。杨豫的《西方史学史》，郭小凌主编的《西方史学史》，何兆武、陈启能主编的《当代西方史学理论》，张广

---

[1] 参见张剑平：《新时期历史认识论研究的新成就》，《中国马克思主义史学研究》，人民出版社2009年版。

[2] 参见蒋大椿：《马克思、恩格斯著作中所见之历史研究方法》、《我国新时期史学方法研究的主要内容、基本特点和发展趋势》，《唯物史观与史学》，吉林教育出版社1991年版。

智的《现代西方史学》都是代表。进入 21 世纪，西方后现代主义史学、新文化史、环境史被国内学者更多关注，对史学理论研究与实践产生了重要影响，特别是后现代主义对历史研究的冲击与影响不容小觑。

（四）40 多年史学的成就与不足

改革开放 40 多年，是中华民族波澜壮阔向前发展的 40 多年，在党的解放思想、实事求是方针指引下，中国史学工作者勤奋努力，开拓进取，史学园地充满生机。以下笔者仅从几个方面谈一点体会。

一是马克思主义史学展现出强大的生命力。思想上的拨乱反正，使人摆脱了过去对马克思主义寻章摘句式的僵化与片面的理解。对马克思主义经典著作文本的深入研读，对马克思主义历史理论与史学理论的全面理解，使唯物史观以更加丰富的内涵展现给史学工作者。尽管在对唯物史观基本原理的讨论以及诸多历史理论问题的理解上还存在着分歧，但在马克思主义史学理论及其与相关历史理论问题具体结合上的认识已较 40 多年前大大深化。我们从众多关于新时期史学回顾的文章中不难看出，脱离封闭教条、丰富发展后的唯物史观，在历史的宏观研究、微观分析以及学科新的增长点上，都发挥出重要引领作用。正如有学者指出的那样："1978 年以后形成的多元化史学传统既保存了前两个传统（指实证史学传统和马克思主义史学传统——笔者注）中的许多重要内容，同时又吸收了 20 世纪后半期国际学术的许多新成就，是以前两个传统为基础的改进和发展，因此更与前两个传统可以互补。"①1978 年以后是否形成了多元化的"传统"我们暂且不论，但笔者认为新时期史学与马克思主义史学之间存在不可分割的关系的看法无疑是正确的。开放的、发展的唯物史观，是推动新时期史学发展的主动力。

---

① 李伯重：《中国社会经济史研究的回顾与展望》，张海鹏主编：《中国历史学 40 年（1978—2018）》，中国社会科学出版社 2018 年版。

二是史学与现实的关系被进一步厘清。古往今来，现实社会是许多重大历史问题研究的出发点，是许多史学问题提出的原点、史学学科建设的土壤，是史学家历史观念、研究方法产生的基础。在总结历史教训基础上，新时期史学不再简单附属于现实政治的需要，更不会因从属错误政治而歪曲历史事实。但如同所有科学直接或间接都与现实有密切联系一样，史学与现实社会的关系也受到更多学者的认同，并开展了更深入的思考。史学的现实功能既表现为对迫切需要的现实问题提出科学的意见建议，也表现为严谨、高水平的史学论著的撰写和出版，或为提高全民族文化素质的史学成果的大众化。瞿林东的文集《史学在社会中的位置》，从马克思主义立场出发，立足新时期，对古今史学的社会作用做了很好的探讨。

三是史学研究领域的拓宽与学科建设的发展。新时期史学研究领域百花争艳，学科建设更加完善。考古学中以史前考古成绩尤为突出。旧石器时代考古走向系统化、全面化，布局更完善，理论与方法不断发展；新石器时代考古重大发现不断涌现，古史重建的理论与方法层出不穷；夏商周重要遗址的考古发掘与分期断代的综合研究，已经建立起三代考古学体系。史前考古在揭示人类起源、中华文明起源的独特道路上做出了杰出贡献，为5000多年的文明史奠定了坚实的源头基础。中国古代史除了在通史、断代史研究力量配置上继续加强外，各专门史的研究领域大为拓展并朝着贯通性方向发展。新出材料带动的甲骨学、简帛学、敦煌吐鲁番学、徽学以及综合性的古文书学等，为学科建设提供了新的支撑。对中国近代史学科概念的讨论，对中国近代史的线索与"范式"的探讨，极大地丰富了近代史研究的内容。近代史发展中的更多问题得到更加客观公正科学的分析。世界史学科体系建设快速发展，不仅国别史、区域史以及世界历史发展中的若干重大问题有了新的探索，研究视野也逐渐从分散走向整体。以现代化理论还是马克思主义社会形态理论，抑或二者相统一的理论方法构建世界近现代历史理论体系的争论，丰富了对世界历史的认识。

当然，40多年史学发展中也存在很多不足，甚至比较严重的问题。马克思主义在史学领域里的边缘化现象客观存在。唯物史观在史学的学科体系、学术体系、话语体系构建中的指导作用受到削弱。一些学者对马克思主义史学研究成果的反思与否定，确实存在着理论指导与方法上的偏差，得出的结论很难令人信服，但却有一定的影响。年轻的史学工作者较少在马克思主义理论学习上下功夫，能够并善于运用唯物史观者不多，史学研究中的"碎片化"倾向还比较普遍。尽管对史学研究的"碎片化"还存在不同看法，但这一现象引起不少史学工作者的关注和忧虑也是事实。盲目跟随西方话语体系，缺乏与中国历史实际相结合，史学研究脱离现实、回避现实而躲进象牙塔的现象也不罕见。上述现象虽是史学在客观发展过程中的认识问题，但也值得重视。至于历史虚无主义、"新清史"中的某些错误观点在史学领域里的传播与影响，则需要我们批判与警惕。

三、新时代史学研究的展望

新中国70年波澜壮阔，风雨兼程。中国史学研究走过了一段艰难曲折但又成绩辉煌的道路，为我们这个悠久的史学大国谱写了史学新篇章。党的十九大报告指出："经过长期努力，中国特色社会主义进入了新时代，这是我国发展新的历史方位。中国特色社会主义进入新时代，意味着近代以来久经磨难的中华民族迎来了从站起来、富起来到强起来的伟大飞跃，迎来了实现中华民族伟大复兴的光明前景。"在新时代中国特色社会主义建设的伟大进程中，在实现中华民族伟大复兴的征程中，史学应该也有能力承担起自身的历史使命。这里谈几点粗浅的认识。

（一）必须坚持以唯物史观指导史学研究

19世纪中叶左右，马克思、恩格斯在当时历史条件下，将唯物主义与辩证法相结合探讨人类历史，经过艰苦细致的研究，发现了唯物史观。正如恩格斯后来所回顾的那样："马克思和我，可以说是唯一把自觉的辩证法从德国唯心主义哲学中拯救出来并运用于唯物主义的自然观和历史观的人。"[①] 马克思、恩格斯在《德意志意识形态》《哲学的贫困》《共产党宣言》《〈政治经济学批判〉序言》《卡尔·马克思〈政治经济学批判〉》《社会主义从空想到科学的发展》英文版导言等论著中，对唯物史观的概念、内涵与命名不断丰富完善。[②] 而"自从《资本论》问世以来，唯物主义历史观已经不是假设，而是科学地证明了的原理"[③]。从哲学层面看，唯物史观包含着唯物主义和辩证法的本体论和认识论，从史学层面看，唯物史观包含着以唯物和辩证的方法分析观察人类历史的诸多原理。唯物史观的创立，为历史研究提供了科学的理论指导，使历史学成为一门科学。虽然改革开放后，人们对唯物史观与历史科学的关系做了更为深入的区分，对唯物史观基本原理的理解也有不同意见，但承认唯物史观的科学性是史学研究的指南，仍是史学界的主流。

众所周知，史学是一门古老的学问。前事不忘，后事之师，对历史经验的总结和对历史规律的探讨同样有着古老的渊源。在《左传·庄公十一年》中鲁国大夫臧文仲就有"禹、汤罪己，其兴也悖焉；桀、纣罪人，其亡也忽焉"的历史规律总结。司马迁"究天人之际，通古今之变"的精神，更是中国古代史学家追求的崇高目标。当然，历史唯心主义与唯物主义相交织，天命观、五德终始观、三统观、朴素的唯物观都曾是古代解释历史发展规律的学说。但古往今来，在阐释人类社会历史发展一般规律的理论上，唯物史观是最有说服力的。新时代我们仍然要、也必须要坚持以唯物史观指导史学研究，其主要原因在于：第一，唯物史观是科学的理论。第二，这是由社会

---

① 《马克思恩格斯文集》第9卷，人民出版社2009年版，第13页。
② 参见蒋大椿：《唯物史观与历史研究》，《唯物史观与史学》，吉林教育出版社1991年版。
③ 《列宁专题文集：论辩证唯物主义和历史唯物主义》，人民出版社2009年版，第163页。

主义国家性质所决定的。我国宪法"总纲"明确规定"社会主义制度是中华人民共和国的根本制度","中国共产党领导是中国特色社会主义最本质的特征",第二十四条指出，国家倡导"进行辩证唯物主义和历史唯物主义的教育"。中国共产党的领导和社会主义制度，决定了马克思主义在意识形态领域的主导地位。以马克思主义的重要组成部分唯物史观作为历史研究的指导思想，是国家性质所决定的。第三，史学研究的内在规律使然。20世纪初唯物史观传入中国并与史学研究相结合已经走过了百年历程。中国马克思主义史学在唯物史观指导下从无到有，从弱小到壮大，从异端到主流，走过了极不平凡的世纪之路。其所取得的重要成果，在推动史学研究的理论与实践上，在深化中国历史认识上，在为民族独立、国家富强的道路探索上所做出的贡献，是其他学派所无法比拟的。新时代，只有坚持以唯物史观为指导，我们的史学才能有强大的生命力，才能有光辉灿烂的前景。

（二）必须坚持唯物史观与中国历史实际相结合

唯物史观是关于人类社会历史发展一般规律的科学理论，它不能取代具体的史学研究，也不能包揽对一切国家和民族具体历史的解读。但是，唯物史观的魅力正在于它一旦与具体历史实际相结合，就能够为史学研究提供正确的方向。唯物史观与中国史学研究的关系也是如此。百年来，尽管在唯物史观与中国历史实际相结合上取得了巨大成绩，但不可否认，在中国马克思主义史学发展进程中，偏离唯物史观的"左"倾现象，违背实事求是原则、脱离实际的情况仍有发生。林甘泉曾总结出新中国成立后这方面的四个主要表现[①]，大家可以参考，这些看法都十分中肯。

处理好理论与实际的关系，对任何一个学派来说都十分重要。马克思主义史学研究中的理论和实际，就是要把唯物史观理论方法通过史学研究

---

① 参见林甘泉：《我仍然信仰唯物史观》，《林甘泉文集》，上海辞书出版社2005年版。

的主体史学家，与客体（即具体的历史材料）相结合，得出符合本国、本民族历史发展道路的科学结论。这里要处理好三个问题，一要认真学习唯物史观，真正从文本、原理上全面掌握唯物史观的核心要义，而不是一知半解。习近平总书记在《讲话》中指出，马克思主义理论体系和知识体系博大精深，"不下大气力、不下苦功夫是难以掌握真谛、融会贯通的"。二要以发展的眼光来看待唯物史观。唯物史观是开放的科学理论体系，有着与时俱进的品格。如同习近平总书记所指出的那样，"什么都用马克思主义经典作家的语录来说话，马克思主义经典作家没有说过的就不能说，这不是马克思主义的态度"。必须结合新的实践不断进行理论创新。对史学工作者来说，这个"实践"就是史学实践，就是要求史学工作者通过扎实的具体史料研究，不断揭示出科学真理。三要以正确的态度对待唯物史观与历史研究。既不能空谈唯物史观忽视历史材料，也不能置唯物史观于不顾，只陷入细碎的历史问题之中或唯西方史学流派是从。要继承中国马克思主义史学的优良传统，在马克思主义中国化的理论指导下，探索中国历史发展的特点。

（三）新时代史学研究工作者的责任与担当

党的十八大以来，中国特色社会主义进入新时代，史学研究也进入了新时代。以习近平同志为核心的党中央对历史和历史科学高度重视。习近平总书记发表了系列重要讲话，特别是《讲话》和《致中国社会科学院中国历史研究院成立的贺信》（以下简称《贺信》），为新时代中国史学指明了前进方向，提供了根本遵循，是鼓舞全国史学工作者的强大力量。新时代史学工作者应当自觉担负起使命与责任。

一是史学研究要与新时代中国特色社会主义伟大事业联系起来。《贺信》指出："历史是一面镜子"，"新时代坚持和发展中国特色社会主义，更加需要系统研究中国历史和文化，更加需要深刻把握人类发展历史规律，在对历史的深入思考中汲取智慧、走向未来"。史学作为党领导下的哲学社会科学的重要组成部分，其重要任务就是要从历史的角度，研究阐述好中国特色社会主义道路在中华大地上形成的必然，以马克思主义为指导，从对历史的深入研究中把握规律，汲取智慧。

二是史学研究要从继承弘扬中华优秀传统文化的高度为建设中国特色社会主义发挥独特优势。《讲话》指出："世界上伟大的哲学社会科学成果都是在回答和解决人与社会面临的重大问题中创造出来的。""中华民族有着深厚文化传统，形成了富有特色的思想体系，体现了中国人几千年来积累的知识智慧和理性思辨。这是我国的独特优势。"史学是中华优秀传统文化最深厚的载体，史学研究应当深入系统研究中华优秀传统文化的思想体系、知识智慧、理性思辨及当代价值，用"充分地掌握了的历史资料"，分析它们在各历史时期的思想先导、求新变革、锐意进取中的历史作用，为回答现实重大问题提供史学支持。

三是史学研究要解决好为什么人的问题。《讲话》指出："为什么人的问题是哲学社会科学研究的根本性、原则性问题。我国哲学社会科学为谁著书、为谁立说，是为少数人服务还是为绝大多数人服务，是必须搞清楚的问题。"其实，历史学就其主流来说，从来都有一个为什么人的问题。人民群众是历史的创造者，是唯物史观最基本的原理，是马克思主义史学的灵魂，也是马克思主义史学的根本。坚持唯物史观与坚持为人民研究历史是相统一的，它达到了古往今来其他史学流派所没有达到的高度。史学工作者必须坚持这个导向。相反，如果我们的史学脱离了人民、脱离了时代，"就不会有吸引力、感染力、影响力、生命力"。

四是史学研究要为加快构建中国特色哲学社会科学的学科体系、学术体系、话语体系贡献力量。2004 年，中共中央印发《关于进一步繁荣发展哲学社会科学的意见》，并实施马克思主义理论研究和建设工程，迈出了中国特色学术观点创新、学科体系创新和科研方法创新步伐，在史学界产生了广泛热烈的影响，15年来取得了丰硕的成果。习近平总书记在《讲话》中指出："坚持以马克思主义为指导，是当代中国哲学社会科学区别于其他哲学社会科学的根本标志，必须旗帜鲜明加以坚持。""要按照立足中国、借鉴国外，挖掘历史、把握当代，关怀人类、面向未来的思路，着力构建中国特色哲学社会科学，在指导思想、学科体系、学术体系、话语体系等方面充分体现中国特色、中国风格、中国气派。"习近平总书记在《贺信》中更明确提出"加快构建中国特色历史学学科体系、学术体系、话语体系"的具体任务。构建中国特色历史学的"三个体系"，是党和国家的要求，是时代赋予的使命。这份重任，史学工作者必须担当。

历史研究并不仅仅是史学工作者的事业，更是人民的事业、党和国家的事业。"历史研究是一切社会科学的基础"，对历史的正确认识，代表着一个国家和民族哲学社会科学的水准，标志着一个国家和民族的认识高度，也反映出一个国家和民族的成熟度。正因为如此，习近平总书记将历史思维能力列为领导干部必须具备的"六种思维能力"之一，对历史学寄予深厚的希望。习近平总书记的历史观"是站在为人民谋幸福、为民族谋复兴、为世界谋大同的战略高度认识历史和历史科学，我们必须认真学习，深刻体会"[1]。我们是一个拥有数千年优秀史学传统的大国，是一个拥有深厚马克思主义史学基础的大国，只要全国广大史学工作者"坚持历史唯物主义立场、观点、方法，立足中国、放眼世界，立时代之潮头，通古今之变化，发思想之先声"，就一定能够"推出一批有思想穿透力的精品力作，培养一批学贯中西的历史学家，充分发挥知古鉴今、资政育人作用，为推动中国历史研究发展、加强中国史学研究国际交流合作作出贡献"[2]。

---

① 高翔：《今天，我们需要什么样的历史学》，《光明日报》2019年6月17日。
② 习近平：《致中国社会科学院中国历史研究院成立的贺信》，《人民日报》2019年1月4日。

史学在构建中国特色哲学社会科学中的作用

2016 年 5 月 17 日，习近平总书记在哲学社会科学工作座谈会上的讲话（以下简称《讲话》）①，是引领新时代我国哲学社会科学发展的纲领性文献。《讲话》站在建设当代中国特色社会主义伟大事业的高度，思想深刻，内涵丰富，系统完整，就如何加快构建具有中国特色、中国风格、中国气派的哲学社会科学做了全面阐述。作为一名亲身参加这次座谈会的史学工作者，备受鼓舞。这里就史学研究与中国特色社会主义道路，以及史学在构建中国特色哲学社会科学中的作用等问题谈一点自己的体会。

一、史学与中国特色社会主义道路

马克思和恩格斯在《德意志意识形态》中指出："我们仅仅知道一门唯一的科学，即历史科学。"2015 年，习近平总书记在致国际历史科学大会的贺信中说："历史研究是一切社会科学的基础"。与其他哲学社会科学一样，史

① 习近平：《在哲学社会科学工作座谈会上的讲话》，《人民日报》2016 年 5 月 19 日。下引《讲话》不再注明。

学作为一门古老的学问，在人类文明的历史进程中曾经发挥过知识变革、经验总结、资政育人、思想先导的作用，是认识人类社会发展规律、推动人类前进发展和社会进步的重要力量。在中华民族伟大变革的当代，史学工作者应根据习近平总书记的《讲话》精神，把史学研究自觉地与中国特色社会主义建设紧密联系起来。习近平总书记在《讲话》中指出："哲学社会科学是人们认识世界、改造世界的重要工具，是推动历史发展和社会进步的重要力量，其发展水平反映了一个民族的思维能力、精神品格、文明素质，体现了一个国家的综合国力和国际竞争力。一个国家的发展水平，既取决于自然科学的发展水平，也取决于哲学社会科学发展水平。"坚持和发展中国特色社会主义"哲学社会科学具有不可替代的重要地位"。习近平总书记明确指出了哲学社会科学在人类文明进程中的作用，在坚持和发展中国特色社会主义中的作用，这是对包括史学在内的哲学社会科学的充分肯定，也是对当代中国哲学社会科学工作者提出的要求。今天，史学作为党领导下的哲学社会科学的一个重要组成部分，史学工作者的一项重要任务，就是要从历史的角度，研究阐释好中国特色社会主义在中华大地上形成发展的历史必然性，从优秀传统文化中吸取治国理政的历史经验。

首先，史学要为正确理解和认识中国人民选择中国特色社会主义道路，追求中华民族伟大复兴中国梦，坚定文化自信，提供坚实的理论基础和强大的精神动力。习近平总书记在《讲话》中指出："绵延几千年的中华文化，是中国特色哲学社会科学成长发展的深厚基础。我说过，站立在960万平方公里的广袤土地上，吸吮着中华民族漫长奋斗积累的文化养分，拥有13亿中国人民聚合的磅礴之力，我们走自己的路，具有无比广阔的舞台，具有无比深厚的历史底蕴，具有无比强大的前进定力，中国人民应该有这个信心，每一个中国人都应该有这个信心。我们说要坚定中国特色社会主义道路自信、理论自信、制度自信，说到底是要坚定文化自信。文化自信是更基本、更深沉、更持久的力量。历史和现实都表明，一个抛弃了或者背叛了自己历史文化的民族，不仅不可能发展起来，而且很可能上演一场历史悲剧。"中华民族波澜壮阔、生生不息的 5000 多年文明史，近代以来反帝反封建，争取民族独立富强的 170 多年斗争史，中国共产党成立以来 90 多年的奋斗史，新中国成立 70 年的发展史，党的十一届三中全会 40 多年来的改革开放史，是中华民族一脉相承的历史，是中华民族的"文化养分"。史学工作者应当坚决摈弃历史虚无主义和文化虚无主义，深入研究探索这些历史发展阶段的内在联系，为阐释中国特色社会主义道路的必然性提供"历史底蕴"，树立全民族的历史自信与文化自信。

其次，史学要为继承与弘扬中华优秀传统文化、建设中国特色社会主义发挥独特优势。习近平总书记在《讲话》中指出："世界上伟大的哲学社会科学成果都是在回答和解决人与社会面临重大问题中创造出来的。""中华文明历史悠久，从先秦子学、两汉经学、魏晋玄学，到隋唐佛学、儒释道合流、宋明理学，经历了数个学术思想繁荣时期。"中华民族深厚的文化传统"形成了富有特色的思想体系，体现了中国人几千年来积累的知识智慧和理性思辨。这是我国的独特优势"。丰厚的中华优秀传统文化是我们最深厚的软实力，也是中国特色社会主义植根的文化沃土。史学是中华优秀传统文化最重要的载体。史学应当深入研究、系统阐述中华优秀传统文化中的思想体系、知识智慧、理性思辨，用"充分地掌握了的历史资料"，分析它们在各个时期的思想先导、求新变革、锐意进取中的历史作用，为回答今天中国特色社会主义建设中面临的重大问题提供支持；史学应当深入研究中华优秀历史文化的核心价值理念，为培育社会主义核心价值观提供精神源泉与历史支撑。

最后，史学要为中国特色社会主义建设提供历史借鉴。习近平总书记在《讲话》中指出："中国古代大量鸿篇巨制中包含着丰富的哲学社会科学内容、治国理政智慧，为古人认识世界、改造世界提供了重要依据，也为中华文明提供了重要内容，为人类文明作出了重大贡献。"习近平总书记还指出："人类社会每一次重大跃进，人类文明每一次重大发展，都离不开哲学社会科学的知识变革和思想先导。"历史中包含着丰富的智慧与经验，解决中国的问题必须立足中国大地。历史是最好的老师，习近平总书记在十八届中共中央政治局第十八次集体学习时曾指出："在漫长的历史进程中，中华民族创造了独树一帜的灿烂文化，积累了丰富的治国理政经验，其中既包括升平之世社会发展进步的成功经验，也有衰乱之世社会动荡的深刻教训。我国古代主张民惟邦本、政得其民，礼法合治、德主刑辅，为政之要莫先于得人、治国先治吏，为政以德、正己修身，居安思危、改易更化，等等，这些都能给人们以重要启示。治理国家和社会，今天遇到的很多事情都可以在历史上找到影子，历史上发生过的很多事情也都可以作为今天的镜鉴。中国的今天是从中国的昨天和前天发展而来的。要治理好今天的中国，需要对我国历史和传统文化有深入了解，也需要对我国古代治国理政的探索和智慧进行积极总结。"①党的十八大以来，以习近平同志为核心的党中央治国理政新思想新实践中，充分吸收中华优秀传统文化的丰富内涵，使之成为推进中国特色社会主义伟大事业建设的重要组成部分。

二、史学研究必须坚持唯物史观的指导

习近平总书记在《讲话》中指出："面对社会思想观念和价值取向日趋活跃、主流和非主流同时并存、社会思潮纷纭激荡的新形势，如何巩固马克思主义在意识形态领域的指导地位，培育和践行社会主义核心价值观，巩固全党全国各族人民团结奋斗的共同思想基础，迫切需要哲学社会科学更好发挥作用。"我国史学虽然有着悠久的传统，产生了许多伟大的史学家和史学

---

① 习近平：《牢记历史经验历史教训历史警示 为国家治理能力现代化提供有益借鉴》，《人民日报》2014 年 10 月 14 日。

作品，但是科学历史观指导下的历史研究是在唯物史观产生以后。当前，史学领域也如同其他哲学社会科学一样，面临着许多严峻的挑战。马克思主义被"边缘化、空泛化、标签化"，"失语""失踪""失声"的情况在史学界也存在。史学界必须以习近平总书记《讲话》精神为指引，坚持以马克思主义为指导，发挥史学研究在巩固马克思主义意识形态阵地中的堡垒作用。

第一，史学工作者必须认识到坚持唯物史观的指导是当代中国史学发展的必然性。习近平总书记在《讲话》中强调："坚持以马克思主义为指导，是当代中国哲学社会科学区别于其他哲学社会科学的根本标志，必须旗帜鲜明加以坚持。""马克思主义尽管诞生在一个半多世纪以前，但历史和现实都证明它是科学的理论，迄今依然有着强大生命力。"当代中国史学研究正是在马克思主义进入中国后，与中国历史实际相结合的产物，它不仅改变了传统史学的指导思想、研究范式、话语体系，科学阐释了中华民族前进发展的道路与规律，更在近代以来中国人民争取民族独立、国家富强的过程中提供了强大的历史支撑。正如习近平总书记在《讲话》中所指出的那样："我国哲学社会科学坚持以马克思主义为指导，是近代以来我国发展历程赋予的规定性和必然性。在我国，不坚持以马克思主义为指导，哲学社会科学就会失去灵魂、迷失方向，最终也不能发挥应有作用。"但是，史学工作者的任务并没有完成，继续推进马克思主义与中国历史实际相结合的中国化、时代化、大众化，继续发展 21 世纪马克思主义史学、当代马克思主义史学，仍然是史学工作者肩负的使命。

第二，史学工作者必须认真全面学习马克思主义唯物史观的基本理论，做到真懂、真信。习近平总书记在《讲话》中指出："坚持以马克思主义为指导，首先要解决真懂真信的问题。哲学社会科学发展状况与其研究者坚持什么样的世界观、方法论紧密相关。人们必须有了正确的世界观、方法论，才能更好观察和解释自然界、人类社会、人类思维各种现象，揭示蕴含在其中的规律。马克思主义关于世界的物质性及其发展规律、认识的本质及其发展规律等原理，为我们研究把握哲学社会科学各个领域提供了基本的世界观、方法论。只有真正弄懂了马克思主义，才能在揭示共产党执政规律、社会主义建设规律、人类社会发展规律上不断有所发现、有所创造，才能更好识别各种唯心主义观点、更好抵御各种历史虚无主义谬论。"历史学是探讨人类社会发展规律的科学。当前，史学研究中碎片化倾向依然普遍，从具体问题出发多，理论观照少；就古论古多，探讨规律少；从古为今用的角度思考史学研究不足；淡化、边缘甚至否定、歪曲马克思主义的倾向仍然存在，历史虚无主义、文化虚无主义在一定范围内仍然盛行，这就要求我们史学工作者必须认真研读马克思主义基本理论，以严谨求实、冷静钻研的态度来坚持马克思主义，而不是一知半解，浅尝辄止。只有真学、真懂、真信马克思主义，才能掌握真谛，融会贯通，从真正意义上发挥马克思主义史学的科学价值。

第三，史学工作者必须解决好史学研究为什么人的问题。习近平总书记在《讲话》中指出："为什么人的问题是哲学社会科学研究的根本性、原则性问题。我国哲学社会科学为谁著书、为谁立说，是为少数人服务还是为绝大多数人服务，是必须搞清楚的问题。"人民群众是历史的创造者，是唯物史观一条最基本的原理。传统史学是中华文化的优秀遗产，传统史学中的精华在传承文明、治国安邦上发挥过积极作用，但不容否定的是，受时代影响与阶级局限性的原因，传统史学的本质目的是为历代统治阶级服务的，为剥削阶级服务的，不能也不可能真正揭示历史发展规律，揭示人民群众在历史发展中的作用。只有唯物史观指导下的中国马克思主义史学，才真正关注到人民群众在历史创造中的作用，真正做到为人民大众服务，为党和国家服务。坚持唯物史观与坚持为人民研究历史是高度统一的。因此，史学工作者必须坚持以人民为中心的研究导向。如果史学研究脱离了人民，如同习近平总书记所指出的那样"就不会有吸引力、感染力、影响力、生命力"。

第四，史学工作者必须认识到发挥史学研究经世致用价值的重要意义。习近平总书记在《讲话》中指出："坚持以马克思主义为指导，最终要落实到怎么用上来。""世界上伟大的哲学社会科学成果都是在回答和解决人与社会面临的重大问题中创造出来的。研究者生活在现实社会中，研究什么，主张什么，都会打下社会烙印。"经世致用是我国史学的优良传统。唐代刘知幾说："史之为用，其利实博，乃生人之急务，为国家之要道。"清代龚自珍说："欲知大道，必先为史。"坚持唯物史观的根本目的，是要发挥史学在推动我们这个伟大时代变革中的积极作用。习近平总书记指出："历史表明，社会大变革的时代，一定是哲学社会科学大发展的时代。当代中国正经历着我国历史上最为广泛而深刻的社会变革，也正在进行着人类历史上最为宏大而独特的实践创新。这种前无古人的伟大实践，必将给理论创造、学术繁荣提供强大动力和广阔空间。这是一个需要理论而且一定能够产生理论的时代，这是一个需要思想而且一定能够产生思想的时代。"今天，史学研究工作者有幸身处这一社会变革时代，应当深入挖掘中华优秀传统文化的宝贵资源，坚持马克思主义基本原理，坚持用发展着的马克思主义为指导，结合中国特色社会主义的伟大实践，"立时代之潮头、通古今之变化、发思想之先声，积极为党和人民述学立论、建言献策，担负起历史赋予的光荣使命"。

三、构建具有中国特色的史学体系

习近平总书记在《讲话》中指出，加快构建中国特色哲学社会科学"要按照立足中国、借鉴国外，深挖历史、把握当代，关怀人类、面向未来的思路，着力构建中国特色哲学社会科学，在指导思想、学科体系、学术体系、话语体系等方面充分体现中国特色、中国风格、中国气派"。构建具有中国特色的史学体系也应按照习近平总书记的要求，从以下三个方面入手。

第一，体现继承性、民族性。习近平总书记在《讲话》中指出："哲学社会科学的现实形态，是古往今来各种知识、观念、理论、方法等融通生成的结果。"构建具有中国特色的史学体系如同其他哲学社会科学一样，按照习近平总书记的要求，要融通把握好三方面的资源：一是马克思主义资源，包括马克思主义基本原理、马克思主义中国化形成的成果及其文化形态。史学应以马克思主义唯物史观和中国化的马克思主义历史理论为指导，立足现实，探讨中国历史的发展道路、人类文明发展的普遍规律，使史学成为中国特色社会主义哲学社会科学学科发展中的"最大增量"之一。二是中华优秀传统文化资源。中华民族有着悠久的史学传统，其中包含着丰富的营养，史学工作者应当继承这份丰厚的遗产，使之成为构建中国特色史学体系的重要资源，为推动中华文明创造性转化、创新性发展做出贡献。史学工作者应当弘扬优秀中华文化精神，激活中华文明的生命力，"让中华文明同各国人民创造的多彩文明一道，为人类提供正确精神指引"。三是国外哲学社会科学的资源。我们要吸取其他国家和民族哲学社会科学的精华，古为今用，洋为中用，融会贯通，使之成为推进史学创新的"有益滋养"，立足中国历史实际，推出"独创性的研究成果"。

第二，体现原创性、时代性。习近平总书记在《讲话》中指出："我们的哲学社会科学有没有中国特色，归根到底要看有没有主体性、原创性。"史学也是如此。我们不能跟在西方史学的后面亦步亦趋，或者一切唯西方理论方法至上，盲目接受他们的理论体系、话语体系，不从中国历史实际出发，不关注、不提出、不回答、不解决中国问题，而应体现出新时代中国史学的创新精神，在阐释中国特色社会主义发展道路上、在解决中国特色社会主义进程中所面临的重大问题上、在习近平总书记构建人类命运共同体的思想上发挥出积极作用。习近平总书记指出："理论的生命力在于创新"，"理论思维的起点决定着理论创新的结果"。史学研究应当秉承创新精神，在唯物史观和中国化的马克思主义理论指导下，从5000多年的中华文明发展中揭示规律，从当代中国特色社会主义伟大实践，特别是改革开放的伟大实践中总结出理论，为当代中国的伟大社会变革提供新思想、新理念。

第三，体现系统性、专业性。习近平总书记在《讲话》中指出："中国特色哲学社会科学应该涵盖历史、经济、政治、文化、社会、生态、军事、党建等各领域，囊括传统学科、新兴学科、前沿学科、交叉学科、冷门学科等诸多学科，不断推进学科体系、学术体系、话语体系建设和创新，努力构建一个全方位、全领域、全要素的哲学社会科学体系。""要突出优势、拓展领域、补齐短板、完善体系。"就史学领域来说，落实习近平总书记的讲话精神我们仍然有很多工作要做，一要加强马克思主义史学理论学科建设，彻底改变马克思主义在史学部分领域"边缘化""失声""失语"的状况；二要加快完善历史学学科体系建设，打造具有中国特色的历史学学科体系；三要注重巩固发展已有的史学优势学科；四要重视保护具有重要文化传承意义价值的"绝学"、冷门学科，使史学学科体系健全扎实、优势突出。在注重传承文化、基础研究的同时，也要重视史学服务于社会、服务于大众的应用性特点。

史学研究与其他哲学社会科学一样，要按照习近平总书记的要求，坚持党的领导，坚持百花齐放、百家争鸣的方针。杜绝仍然存在的学术浮夸、学术不端、学术腐败、急功近利、东拼西凑、粗制滥造、逃避现实、闭门造车等不良学风。树立良好的学术道德，自觉遵守学术规范，把做人、做事、做学问统一起来，真正做到为祖国、为人民做学问。

把握习近平新时代中国特色社会主义思想的历史维度

历史继往开来，历史是人民的伟大事业。全面深入学习贯彻党的十九大精神，需要理解党的十九大报告的历史站位。报告在许多方面以科学的历史观、宏阔的历史视野，阐述了习近平新时代中国特色社会主义思想的深刻内涵与伟大意义，也使这篇闪耀着马克思主义真理光辉的纲领性文献建立在深厚的历史基础之上。作为一名史学工作者，我就这个问题谈一点学习体会。

一、从历史维度阐明中国特色社会主义进入新时代

中国特色社会主义是改革开放以来党的全部理论和实践的主题，这是一个现实问题，也是一个历史问题。党的十九大报告全面回顾了党的十八大以来五年所取得的历史性成绩与历史性变革，指出："十八大以来的五年，是党和国家发展进程中极不平凡的五年。""取得了改革开放和社会主义现代化建设的历史性成就。""五年来的成就是全方位的、开创性的，五年来的变革是深层次的、

根本性的。五年来，我们党以巨大的政治勇气和强烈的责任担当，提出一系列新理念新思想新战略，出台一系列重大方针政策，推出一系列重大举措，推进一系列重大工作，解决了许多长期想解决而没有解决的难题，办成了许多过去想办而没有办成的大事，推动党和国家事业发生历史性变革。这些历史性变革，对党和国家事业发展具有重大而深远的影响。"这一进步发展的历史观，体现了习近平新时代中国特色社会主义思想充满着辩证唯物主义和历史唯物主义的基本精神，也清晰地阐述了中国特色社会主义进入新时代的历史依据。

党的十九大报告还从历史维度阐述了中国特色社会主义进入新时代的伟大意义。中国特色社会主义进入新时代，不仅是十八大以来党领导人民取得的历史性成就和历史性变革，它还有着更为深远的历史意义。报告从历史与现实相结合的高度，用了"三个意味着"来阐释新时代的历史意义。首先，"意味着近代以来久经磨难的中华民族迎来了从站起来、富起来到强起来的伟大飞跃，迎来了实现中华民族伟大复兴的光明前景"。其次，"意味着科学社会主义在二十一世纪的中国焕发出强大生机活力，在世界上高高举起了中国特色社会主义伟大旗帜"。最后，"意味着中国特色社会主义道路、理论、制度、文化不断发展，拓展了发展中国家走向现代化的途径，给世界上那些既希望加快发展又希望保持自身独立性的国家和民族提供了全新选择，为解决人类问题贡献了中国智慧和中国方案"。因此，中国特色社会主义进入新时代，在中华人民共和国发展史上、中华民族发展史上具有重大意义，在世界社会主义发展史上、人类社会发展史上也具有重大意义。把新时代中国特色社会主义放在近代以来中华民族的历史发展中，放在社会主义革命、建设、改革的历史进程中，放在世界社会主义的历史进程中，放在当今世界发展中国家寻求现代化途径，以及解决人类问题的历史视野中考察，体现了习近平新时代中国特色社会主义思想的历史厚度与广度。也正是用历史与现实相结合的眼光审视新时代中国特色社会主义，十九大报告作出了我国现阶段社会主要矛盾的变化与两个"没有变"的重大科学判断，即我国社会主要矛盾已经转化为人民日益增长的美好生活需要和不平衡不充分的发展之间的矛盾，但我国仍处于并将长期处于社会主义初级阶段的基本国情没有变，我国是世界最大发展中国家的国际地位没有变。

二、从历史维度阐明新时代中国共产党的历史使命

中国特色社会主义最本质的特征是中国共产党领导，中国特色社会主义制度的最大优势是中国共产党领导，这是习近平新时代中国特色社会主义思想所明确的核心内容。报告从历史的角度深刻分析了中国共产党的诞生在近代以来中华民族艰难前行中的伟大意义，指出中华民族有 5000 多年的文明历史，中华文明为人类做出了卓越贡献。鸦片战争后，中国陷入了内忧外患的黑暗境地，无数仁人志士为了民族复兴进行了不屈不挠、前仆后继、可歌可泣的斗争，进行了各式各样的尝试，但终究未能改变旧中国的社会性质和中国人民的悲惨命运。十月革命一声炮响，给中国送来了马克思列宁主义。中国的先进分子从马克思列宁主义中看到了解决中国问题的出路。1921 年中国共产党应运而生，从此，中国人民谋求民族独立、人民解放和国家富强、人民幸福的斗争就有了主心骨，中国人民就从精神上由被动转为主动。

实现中华民族伟大复兴是近代以来中华民族最伟大的梦想。中国共产党一经成立，就义无反顾肩负起实现中华民族伟大复兴的历史使命，团结带领人民进行了艰苦卓绝的斗争，谱写了气吞山河的壮丽史诗。经过 28 年的浴血奋战，完成了新民主主义革命，成立了中华人民共和国。完成了社会主义革命，确立了社会主义基本制度，推进了社会主义建设，完成了中华民族有史以来最为广泛而深刻的社会变革。破除阻碍国家和民族发展的一切思想和体制障碍，开辟了中国特色社会主义道路。

在上述科学总结的基础上，党的十九大报告得出了我们比历史上任何时

期都更接近、更有信心和能力实现中华民族伟大复兴目标的科学结论。但是这一伟大梦想尚未实现，全党必须准备付出更为艰巨、更为艰苦的努力，必须进行伟大斗争，必须建设伟大工程，必须推进伟大事业，仍是新时代中国共产党的历史使命。

三、从历史维度阐明习近平新时代中国特色社会主义思想的理论与实践来源

时代是思想之母，实践是理论之源。中国共产党的建立和走社会主义道路是近代以来中国人民的历史选择，中国特色社会主义道路是改革开放以来中国共产党和中国人民的历史选择，中国特色社会主义制度是中国共产党和中国人民的伟大创造。习近平新时代中国特色社会主义思想正是建立在这个深厚的历史基础之上的。

时代和实践既是现实的，也是历史的。党的十九大报告把中国特色社会主义放在改革开放大的历史视野中看待，指出："改革开放之初，我们党就发出了走自己的路、建设中国特色社会主义的伟大号召。从那时以来，我们党团结带领全国各族人民不懈奋斗，推动我国经济实力、科技实力、国防实力、综合国力进入世界前列，推动我国国际地位实现前所未有的提升，党的面貌、国家的面貌、人民的面貌、军队的面貌、中华民族的面貌发生了前所未有的变化，中华民族正以崭新姿态屹立于世界的东方。"党的十八大以来国内外形势变化和我国各项事业发展，给我们提出了新时代坚持和发展什么样的中国特色社会主义、怎样坚持和发展中国特色社会主义的重大时代课题。

围绕这个重大时代课题，我们党坚持以马克思列宁主义、毛泽东思想、邓小平理论、"三个代表"重要思想、科学发展观为指导，坚持解放思想、实事求是、与时俱进、求真务实，坚持辩证唯物主义和历史唯物主义，紧密结合新的时代条件和实践要求，以全新的视野深化对共产党执政规律、社会主

义建设规律、人类社会发展规律的认识，进行艰辛理论探索，取得重大理论创新成果，形成了习近平新时代中国特色社会主义思想。由此可见，习近平新时代中国特色社会主义思想是时代与实践的产物，也是我们党以辩证唯物主义和历史唯物主义观点和方法，对共产党执政规律、社会主义建设规律、人类社会发展规律进行科学探索所取得的成果，是对马克思列宁主义、毛泽东思想、邓小平理论、"三个代表"重要思想、科学发展观的继承和发展，开辟了马克思主义中国化的新境界和中国特色社会主义发展的新局面。

四、从历史维度阐明新时代中国特色社会主义的基本方略

党的十九大报告注重从人类文明史、中华民族 5000 多年的历史、近代以来的历史、社会主义革命建设与改革开放的历史中吸取经验，并贯穿在新时代坚持和发展中国特色社会主义的基本方略中。

首先，从历史中获得道路、理论、制度自信。党的十九大报告坚持人民是历史创造者的思想，将中国特色社会主义发展道路与近代以来中国人民长期奋斗的历史逻辑、理论逻辑、实践逻辑相结合，科学论证了中国特色社会主义的历史基础、理论基础、实践基础。报告坚决反对脱离特定的社会条件和历史传统来抽象评判政治制度，而是站在人类政治文明史的高度，指出世界上没有完全相同的政治制度模式，不能将某一种政治制度定于一尊。

其次，从历史中获得文化自信。报告强调文化在国家与民族发展中的灵魂作用，强调文化自信和文化繁荣兴盛与中华民族伟大复兴之间不可分割的联系，强调文化自信是一个国家、一个民族发展中更基本、更深沉、更持久的力量。坚守中华文化本位。明确了中国特色社会主义文化源自中华民族 5000 多年文明历史所孕育的中华优秀传统文化，熔铸于党领导人民在革命、建设、改革中创造的革命文化和社会主义先进文化，植根于中国特色社会主义伟大实践。报告要求培育和践行社会主义核心价值观，必须深入挖

掘中华优秀传统文化蕴含的思想观念、人文精神、道德规范，结合时代要求继承创新，让中华文化展现出永久魅力和时代风采。要求加强思想道德建设应当加强爱国主义、集体主义、社会主义教育，引导人们树立正确的历史观、民族观、国家观、文化观。

最后，从历史中借鉴一切有益经验，创造性转化、创新性发展中华优秀传统文化。在坚持全面深化改革上，报告要求吸收人类文明有益成果，构建系统完备、科学规范、运行有效的制度体系，不断推进国家治理体系和治理能力现代化。在坚持推动构建人类命运共同体上，报告主张促进和而不同、兼收并蓄的文明交流。在巩固和发展爱国统一战线上，报告强调要铸牢中华民族共同体意识，加强各民族交往交流交融。在坚持"一国两制"，推进祖国统一上，报告指出将推动两岸共同弘扬中华文化，促进心灵契合。在坚持和平发展道路，推动构建人类命运共同体上，报告呼吁要尊重世界文明的多样性，以文明交流超越文明隔阂、文明互鉴超越文明冲突、文明共存超越文明优越。在建设高素质专业化干部队伍上，报告强调坚持德才兼备、以德为先，坚持五湖四海、任人唯贤。在夺取反腐败斗争压倒性胜利上，报告指出只有以反腐败永远在路上的坚韧和执着，深化标本兼治，保证干部清正、政府清廉、政治清明，才能跳出历史周期率。凡此等等，都具有广阔的历史文化背景，深厚的历史文化内涵。

党的十九大报告在最后部分豪迈宣告："大道之行，天下为公。站立在九百六十多万平方公里的广袤土地上，吸吮着五千多年中华民族漫长奋斗积累的文化养分，拥有十三亿多中国人民聚合的磅礴之力，我们走中国特色社会主义道路，具有无比广阔的时代舞台，具有无比深厚的历史底蕴，具有无比强大的前进定力。"这更是将中国特色社会主义道路与数千年中华文明史紧紧联系在一起，是数千年传承不辍的中华历史文化为中国特色社会主义奠定了坚实基础。

深入领会习近平关于文化遗产的思想理论

中华民族 5000 多年的文明史，近代以来无数仁人志士为了民族复兴不屈不挠、前仆后继、可歌可泣的斗争史，中国共产党团结带领人民建立新中国的革命史，确立社会主义基本制度、完成中华民族有史以来最为广泛而深刻社会变革的社会主义建设史，开辟中国特色社会主义道路的改革开放史，给我们留下了宝贵的物质文化遗产、精神文化遗产和制度文化遗产，是中华优秀文化的核心。

党的十八大以来，以习近平同志为核心的党中央高度重视文化遗产的历史意义与作用，将其作为新时代治国理政新理念、新思想、新战略的组成部分。党的十九大庄严宣告，中国特色社会主义进入新时代，习近平新时代中国特色社会主义思想成为我们党的指导思想。在习近平新时代中国特色社会主义思想中，关于文化遗产的思想理论占有重要位置。

一、产生于丰厚土壤

历史是文化的载体，文化是历史的血脉。中华民族素有记录历史、学习历史、传承历史、借鉴历史的优良传统，善于从历史中总结与继承宝贵的文化遗产，这是中华民族绵延不断、始终保持旺盛生命力的源泉。

在这个土地广袤、人口众多、历史积淀深厚的国家建设社会主义，必须坚持中国特色，必须懂得中国国情，必须走中国道路，须臾也离不开历史思维。因此，习近平同志指出："历史是最好的教科书。"他多次强调历史、现实、未来是相通的，历史是过去的现实，现实是未来的历史。他十分重视吸取历史经验，并指出："治理国家和社会，今天遇到的很多事情都可以在历史上找到影子，历史上发生过的很多事情也都可以作为今天的镜鉴。"要治理好今天的中国，既需要对我国历史和传统文化有深入了解，也需要对我国古代治国理政的探索和智慧进行积极总结。可以说，习近平关于文化遗产的思想理论，是中华优秀传统文化在当代的传承和发展，是中国特色社会主义建设的迫切需要，也是他关于历史与现实之间紧密相连的深邃思考。

在习近平关于文化遗产的思想理论中，中国近现代以来的历史一直是他关注的重点，也是他思考中国特色社会主义道路形成与发展的重要起点。他指出："领导干部学习历史，要注重学习鸦片战争以来我国近现代历史和党史，加深对近现代中国国情和中国社会发展规律的认识。"他从近现代以来中国历史发展道路中总结归纳出中国人民的两大历史任务、核心问题，科学阐述了中国人民选择经过新民主主义走向社会主义道路的必然性，划清了中国共产党领导下的革命与旧式改良、起义运动、革命的根本区别。在党的十九大报告中，习近平同志更是明确指出："中国特色社会主义政治发展道路，是近代以来中国人民长期奋斗历史逻辑、理论逻辑、实践逻辑的必然结果。"党的十八大以后，他多次论述中国梦与中华民族伟大复兴的关系，都以近现代以来的中国历史为出发点。中国梦是一幅中华民族伟大复兴的蓝图，也是习近平关于文化遗产的思想理论在治国理政中的具体体现。

党史、国史与改革开放的历史是中华民族 5000 多年波澜壮阔的历史上最为壮观的一页。2016 年，在庆祝中国共产党成立 95 周年大会上的讲话中，习近平同志将中国共产党成立以来的历史归纳为"三个伟大贡献"。在党的十九大报告中，他又系统总结了党的成立、社会主义基本制度确立、改革开放开辟中国特色社会主义道路的历史意义，高度评价党的十八大以后取得的历史性变革、中国特色社会主义进入新时代的重大意义。这都为习近平关于文化遗产的思想理论的形成增添了强大自信。

还应当看到，坚持不懈地重视读书学习和丰富的政治实践，是习近平关于文化遗产的思想理论形成的深层因素，特别是中华优秀文化与人类文明史的学习，为它的形成奠定了坚实基础。

二、具有丰富内涵

习近平关于文化遗产的思想理论内涵博大，既包括中华优秀文化中的物质文化、精神文化和制度文化，也包括人类文明所创造的一切优秀文化遗产。

习近平同志高度重视物质文化遗产。在河北正定工作期间他就指出，我们保管不好文物，就是罪人，就会愧对后人。在福建工作时，他为福州市内的名人故居、历史建筑普遍做了政府挂牌保护，并指出保护历史文物是国家法律赋予每个人的责任，也是实施可持续发展战略的重要内容。在浙江工作期间他指出："杭州应在保护文化遗存、延续城市文脉、弘扬历史文化方面，发挥带头作用，做得更好。"在中央工作特别是担任总书记以后，他仍然把物质文化遗产的保护挂在心头。在北京考察时他指出："历史文化是城市的灵魂，要像爱惜自己的生命一样保护好城市历史文化遗产。"在西安调研时他指出："要把凝结着中华民族传统文化的文物保护好、管理好。"2016 年，他又作出了"保护文物功在当代、利在千秋"的重要批示，要求各级党委和政府增强对历史文物的敬畏之心，树立保护文物也是政绩的科学理念，统筹好文物保护与经济社会发展，全面贯彻"保护为主、抢救第一、合理利用、加强管理"的工作方针，使文物保护成果更多惠及人民群众。党的十九大将"加强文物保护利用和文化遗产保护传承"作为坚定文化自信的一个部分写进报告中，使之成为习近平新时代中国特色社会主义思想的组成部分。

习近平同志高度重视精神文化遗产。他在中央党校 2011 年秋季学期开学典礼上指出："我们要学习中华民族优秀的传统文化和高尚的精神追求。历经磨难而不衰的中华文明，蕴涵着丰富而宝贵的思想文化遗产。"他在十八届中央政治局第十八次集体学习时指出："中华传统文化源远流长、博大精深，中华民族形成和发展过程中产生的各种思想文化，记载了中华民族在长期奋斗中开展的精神活动、进行的理性思维、创造的文化成果，反映了中华民族的精神追求，其中最核心的内容已经成为中华民族最基本的文化基因。"在哲学社会科学工作座谈会上，他再次指出："中华民族有着深厚文化传统，形成了富有特色的思想体系，体现了中国人几千年来积累的知识智慧和理性思辨。这是我国的独特优势。"

在习近平关于文化遗产的思想理论中，丰厚的精神文化遗产不仅指中华优秀传统思想文化，同样也包括近代以来无数仁人志士救亡图存的民族复兴思想文化，社会主义革命、建设、改革中创造的革命文化和社会主义先进文化。如在纪念邓小平同志诞辰 110 周年座谈会上，他将中国特色社会主义的开创，作为邓小平同志留给我们最重要的思想和政治遗产。又如 2017 年 10 月 31 日在参观中共一大会址时，他说："建党时的每件文物都十分珍贵、每个情景都耐人寻味，我们要经常回忆、深入思索，从中解读我们党的初心。"

习近平同志高度重视制度文化遗产。他将中国特色社会主义政治制度的开辟归根于"中国的社会土壤"，归根于"历史传承和文化传统"，从而将中国特色社会主义制度与中华优秀制度文化结合在了一起。他高度重视从传统制度文化中吸取有益的经验，指出要治理好今天的中国，需要对我国历史和传统文化有深入了解，也需要对我国古代治国理政的探索和智慧进行积极总结。党的十八大以来以民为本、从严治吏、选人用人、反腐倡廉等治国理政方略，都可以看出他借鉴我国历史上优秀制度文化遗产的影子。

习近平同志高度重视人类文明所创造的一切优秀文化遗产。他主张吸取和借鉴全人类，包括资本主义国家创造的一切优秀文化成果。党的十八大以后，习近平同志既重视学习借鉴中华优秀传统文化，又始终强调要"用人类创造的一切优秀思想文化成果武装自己"，倡导"我们要虚心学习借鉴人类社会创造的一切文明成果"，"应该从不同文明中寻求智慧、汲取营养，为人们提供精神支撑和心灵慰藉，携手解决人类共同面临的各种挑战"。党的十九大将"要尊重世界文明多样性""推动构建人类命运共同体"等写入报告，正是习近平关于文化遗产的思想理论在新时代中国特色社会主义思想中的体现。

三、彰显鲜明时代特色

习近平关于文化遗产的思想理论是继承与发展的文化遗产观。古语说："前事之不忘，后事之师。"善于从文化遗产中总结规律，是中华民族一次次登上文明高峰的重要经验。

我们党的几代领导人都非常重视文化遗产的传承与弘扬，毛泽东、邓小平、江泽民、胡锦涛都发表过许多重要论述。习近平关于文化遗产的思想理论，正是在继承中华优秀文化遗产观和我们党几代领导人文化遗产观基础之上，根据新时代中国共产党人历史使命的新发展。

习近平关于文化遗产的思想理论是以人民为中心的。他在福建工作时就指出，珍贵的历史文物，不仅属于我们，也属于后代子孙，任何个人和单位都不能为了谋取眼前或局部利益而破坏全社会和后代的利益。在主政浙江时，他要求将西湖周围珍贵的历史文化遗存一定要保护好、利用好，传承下去，发扬光大。2014 年在北京考察时他指出："传承保护好这份宝贵的历史文化遗产是首都的职责，要本着对历史负责、对人民负责的精神，传承历史文脉。"他将历史文物看作激发爱国热情、凝聚人民力量、培育民族精神的重要载体，多次要求文物工作者要"让收藏在博物馆里的文物、陈列在广阔大地上的遗产、书写在古籍里的文字都活起来"，从而为中华民族的伟大复兴提供强大的文化自信。

习近平关于文化遗产的思想是科学辩证的思想。他以辩证唯物主义和历史唯物主义的科学态度对待一切文化遗产。他多次强调物质文化遗产是不可再生的宝贵资源，必须坚持"保护第一，开发第二"的理念，既坚决禁止破坏性开发，也要防止建设性破坏。即使对文物项目的维修也要坚持保护第一、做到整旧如旧，坚持质量第一、做到进度服从质量。在他看来，保护文物并不是说一点也不能动，把保护和发展对立起来，而是要在坚持保护的前提下进行适度合理开发和建设，通过适度合理开发和建设来实现保护与发展的"双赢"。这一思想完全符合我国目前物质文化遗产保护的实际。

习近平同志既反对文化虚无主义，也强调必须以科学辩证的态度对待传统文化。他强调要坚持古为今用、以古鉴今，坚持有鉴别的对待、有扬弃的继承，而不能搞厚古薄今、以古非今，努力实现传统文化的创造性转化、创新性发展，使之与现实文化相融通，共同服务于时代的任务。这为我们科学对待一切精神文化遗产和制度文化遗产指明了方向。

人类文明是在延续中前进的，每一个人都离不开前人所创造的文化遗产。习近平关于文化遗产的思想理论是对古往今来一切优秀文化遗产思想的继承与发展，是以人民为中心的文化遗产观，是科学辩证的文化遗产观，是实现中华民族伟大复兴中国梦的文化遗产观，是新时代做好文化遗产工作的根本遵循。

习近平的历史借鉴观与中华优秀传统文化

今天，人类物质文明与精神文明都取得巨大成绩，但解决面临的许多难题仍然"需要运用人类历史上积累和储存的智慧和力量"。党的十八大以来，习近平总书记本着对传统文化和人类文明尊重与思考的态度，多次提出挖掘与借鉴历史经验，为推进国家治理体系和治理能力现代化而服务，形成了新时代治国理政的历史借鉴观。

一、历史借鉴观的核心内涵

学习是一种借鉴，借鉴是一种更深刻的学习。历史是最好的老师，也是最好的教科书。在中华民族快速发展的今天，习近平总书记始终强调学习并汲取优秀传统文化中的养分，一贯重视历史借鉴。他指出："怎样对待本国历史？怎样对待本国传统文化？这是任何国家在实现现代化过程中都必须解决好的问题。我们党在领导革命、建设、改革的进程中，一贯重视学习和总结历史，一贯重视借鉴和运用历史经验。历史虽然是过去发生的事情，但总会以这样那样的方式出现在当今人们的生活之中。"①因此，要治理好今天的中国，需要对我国历史和传统文化有深入了解，也需要对我国古代治国理政的探索和智慧进行积极总结。从这一思想出发，习近平总书记从多角度阐述了他的历史借鉴观的具体内涵。

一是借鉴我国历史上治国理政的经验。他指出，在漫长的历史进程中，中华民族创造了独树一帜的灿烂文化，积累了丰富的治国理政经验，其中既包括升平之世社会发展进步的成功经验，也有衰乱之世社会动荡的深刻教训。他强调，在中国的史籍书林之中，蕴涵着十分丰富的治国理政的历史经验。其中包含着许多涉及国家、社会、民族及个人的成与败、兴与衰、安与危、正与邪、荣与辱、义与利、廉与贪等方面的经验与教训。因此"我们学习历史，要结合我们正在干的事业和正在做的事情，善于借鉴历史上治理国家和社会的各种有益经验"。比如，中国历史上很多人主张"儒法并用""德刑相辅"，就是主张思想教育手段要和法制处置手段并用。又比如，中国历史上凡是有作为的政治家都非常重视人才问题。再比如，我国历史上经过科举制等途径，探索出了把人才的培养与任用分为两类：通才与专才。这个选人用人的历史经验，在今天仍值得我们深入研究。

二是借鉴我国历史上反腐倡廉的经验与教训。读史可以明智，可以观成败、鉴得失、知兴替。我国古代反腐倡廉的许多思想和实践，体现了我国古代思想家、政治家对廉政问题的缜密思考，体现了我国古代政治文明的卓越智慧。习近平总书记强调，历史的经验值得注意，历史的教训更应引以为戒。深入推进党风廉政建设和反腐败斗争，需要坚持发扬我们党在反腐倡廉建设长期实践中积累的成功经验，需要积极借鉴世界各国反腐倡廉的有益做法，也需要积极借鉴我国历史上反腐倡廉的宝贵遗产。研究我国反腐倡廉

---

① 习近平：《牢记历史经验历史教训历史警示 为国家治理能力现代化提供有益借鉴》，《人民日报》2014 年 10 月 14 日。

历史，了解我国古代廉政文化，考察我国历史上反腐倡廉的成败得失，可以给人深刻启迪，有利于我们运用历史智慧推进反腐倡廉建设。我们党把党风廉政建设和反腐败斗争提到关系党和国家生死存亡的高度来认识，是深刻总结了古今中外的历史教训的。

三是借鉴中华优秀传统文化蕴含的思想观念、人文精神、道德规范。党的十八大报告首次提出了富强、民主、文明、和谐、自由、平等、公正、法治、爱国、敬业、诚信、友善的社会主义核心价值观。党的十九大报告再次强调社会主义核心价值观是当代中国精神的集中体现，凝结着全体人民共同的价值追求，要"深入挖掘中华优秀传统文化蕴含的思想观念、人文精神、道德规范"。习近平总书记指出："中华优秀传统文化是中华民族的精神命脉，是涵养社会主义核心价值观的重要源泉。"他认为，培育、弘扬与践行社会主义核心价值观，不能离开中华优秀传统文化。他指出："中华文明绵延数千年，有其独特的价值体系。中华优秀传统文化已经成为中华民族的基因，植根在中国人内心，潜移默化影响着中国人的思想方式和行为方式。今天，我们提倡和弘扬社会主义核心价值观，必须从中汲取丰富营养，否则就不会有生命力和影响力。"他在许多讲话中，还具体探讨了中华民族在世代发展过程中形成的爱国、民本、自强、和同、信义、仁善、德治、均平等观念，指出这些富有鲜明民族特色的思想与理念，随着时代推移和变迁而不断与时俱进，有其自身的连续性和稳定性，"有其永不褪色的时代价值"。

四是借鉴人类文明的一切优秀成果。传承中华文化，绝不是简单复古，也不是盲目排外，而是古为今用、洋为中用，辩证取舍、推陈出新。习近平总书记的历史借鉴观是开放的历史借鉴观。早在 1996 年，他就指出："我们既要立足本国，弘扬中华民族优秀文化，又要面向世界，吸取和借鉴全人类，包括资本主义国家创造的一切优秀文化成果。"党的十八大以后，他在高度重视学习借鉴中华优秀传统文化的同时，又始终强调要"用人类创造的一切优秀思想文化成果武装自己"，倡导"我们要虚心学习借鉴人类社会创造的一切文明成果"。他还深刻指出这种借鉴是时代的需要，指出"中国人民正在为实现中华民族伟大复兴的中国梦而奋斗，需要从历史中汲取智慧，需要博采各国文明之长"。

二、历史借鉴观与中华优秀传统文化

中华民族悠久的文化中，素有重视记录历史、学习历史、借鉴历史的传统，强调政治家治国理政应当从现实出发，总结历史经验、历史规律，根据时代的变化而取舍、发展，实现国家的长治久安。历史与国家发展，历史与政治兴衰，在中华文明的发展历程中呈现出高度紧密的关系。从历史中获得的爱国主义、民本思想、忧患意识等治国思想与方略，是我国历史上许多重大时期社会变革的精神源泉。

例如，秦统一中国后，以秦始皇为代表的新兴地主阶级政治集团，对统一国家内部推行什么样的政治体制进行过激烈争论，而最终否认了分封制，全面采取郡县制的管理方式，正是李斯等一批政治家正确总结周以来历史经验的结果。汉初刘邦以"马上得天下，马上治天下"自负，拒绝从历史中吸取经验，经郦食其、叔孙通、陆贾等人的说服，终于懂得了礼仪教化的重要意义，遂命陆贾"试为我著秦所以失天下，吾所以得之者何，及古成败之国"，于是陆贾"粗述存亡之征"，撰成《新语》十二篇。从历史中吸取经验教训，及时调整秦代严刑峻法、横征暴敛的统治政策，实行清静无为、与民休息的国策，影响着汉初几代君主的施政方针。"文景之治"的出现与此有直接关系。魏晋时期，建立汉国的刘渊自称："吾每观书传，常鄙随（何）、陆（贾）无武，绛（周勃）、灌（婴）无文，道由人弘，一物之不知者，固君子之所耻也。"建立后赵的石勒虽不识字，却很注意学习历史，让人读给他听。有一次使人读《汉书》，当听到郦食其劝汉高祖立六国时，大惊道："此法当失，云何得遂有天下！"当听到留侯（张良）谏，才说"赖有此耳"。这两位君主都不是汉族士大夫出身，而属少数民族，他们或对汉史人物有精深的研究，或对历史有深刻的见解，这对他们当时的政权建设都起到了巨大作用。唐初名臣魏徵不仅是一位出色的政治家，也是一位著名的史学家，他对唐太宗的劝谏很多都是以历史经验为依据的。唐太宗李世民也十分重视历史学习，他曾说："朕睹前代史书，彰善瘅恶，足为将来之戒……将欲览前王之得失，为在身之龟镜。"通过研习历史，他不仅认识到"以古为镜，可以知兴替"的道理，而且深感"大矣哉，盖史籍之为用也"。通过《贞观政要》一书，我们不难看出"贞观之治"的出现，与唐太宗为首的政治集团重视历史经验的总结借鉴有着莫大的关系。

统一多民族国家以及中华文明长期延续的特点，使中国历史发展既艰难曲折又波澜壮阔，呈现出自身的规律。而善于总结与继承历史经验，是中华民族一次次登上人类文明高峰的重要基础。习近平总书记指出："当代中国正经历着我国历史上最为广泛而深刻的社会变革，也正在进行着人类历史上最为宏大而独特的实践创新。"这一深刻的"社会变革"与"宏大而独特的实践创新"就是中国特色社会主义道路，这是中华民族5000多年历史上从未有过的大变局。

因此，习近平总书记的历史借鉴观源于中华优秀传统文化，是中华优秀传统文化在当代的传承，是发展新时代中国特色社会主义的需要，也是他关于历史与现实之间紧密相连的深邃思考。

三、历史借鉴观的理论方法

学习历史既要有科学的历史观方法论，更要有创造性转化创新性发展的理念。没有完全相同的历史条件与历史环境，我国历史上一切优秀的政治家、思想家，既不会胶柱鼓瑟，也不会妄自菲薄，总是在善于继承创新的基础上不断开辟未来。《大学》中所讲的"苟日新，日日新，又日新"精神就是创造与创新的精神，是数千年来中华文化不断得以前行的重要思想基础。党的十八大以来，习近平总书记高度重视中华优秀传统文化的继承与弘扬，不仅发表了一系列重要讲话，也形成了历史借鉴观的科学理论方法。

首先，坚决摒弃以历史虚无主义的态度来对待中华传统文化，高度强调继承传统文化的重要性与必要性。"不忘本来才能开辟未来，善于继承才能更好创新。""我们不是历史虚无主义者，也不是文化虚无主义者，不能数典忘祖、妄自菲薄。"中国特色社会主义文化，源自中华民族5000多年文明历史所孕育的中华优秀传统文化。历史与现实都证明，一个抛弃或背叛自己历史文化的民族不仅不可能发展起来，而且很可能上演一场历史悲剧。习近平总书记的一系列论断指明了继承中华优秀传统文化的重要意义。事实就是如此，中华文明是没有中断的文明，在5000多年的历史长河中，我们祖先所创造的物质文明、制度文明与精神文明源远流长、博大精深，对今天仍然具有很深刻的影响。其中无数的经验与教训、成功与失败，不仅对我们今天治国理政，坚持道路自信、理论自信、制度自信、文化自信有很重要的借鉴意义，也对每个人，特别是党员领导干部树立正确的世界观、人生观、价值观很有益处。

其次，必须以马克思主义的立场、观点、方法对待传统文化。继承与弘扬传统文化不等于墨守成规，借鉴传统文化更不等于以传统文化为指导。习近平总书记在强调继承传统文化的同时，也在强调必须以科学辩证的态度对待传统文化，要从今天的视角来审视、看待传统文化。他指出："传统文化在其形成和发展过程中，不可避免会受到当时人们的认识水平、时代条件、社会制度的局限性的制约和影响，因而也不可避免会存在陈旧过时或已成为糟粕性的东西。这就要求人们在学习、研究、应用传统文化时坚持古为今用、推陈出新，结合新的实践和时代要求进行正确取舍，而不能一股脑儿都拿到今天来照套照用。要坚持古为今用、以古鉴今，坚持有鉴别的对待、有扬弃的继承，而不能搞厚古薄今、以古非今，努力实现传统文化的创造性转化、创新性发展，使之与现实文化相融通，共同服务以文化人的时代任务。"[①]

最后，为传统文化的创造性转化创新性发展树立了典范。党的十八大以来，习近平总书记治国理政的战略，从许多方面吸取、借鉴了传统文化精华，并与时代发展紧密相连，赋予了传统文化新的内涵，发挥出传统文化经世致用的时代价值，是传统文化创造性转化创新性发展的典范。截至2016年12月9日，十八届中央政治局37次集体学习有9次与历史或历史理论学习有关，其中5次与传统文化直接相关。习近平总书记关于传统物质文化、制度文化、精神文化的许多表述，展现出他对传统文化创造性转化创新性发展的敏锐思考。例如历史上的"一带一路"、反腐倡廉、国家治理、法治与德治、爱国主义、传统美德等，涉及国家层面、社会层面、家庭与个人层面各方面，已经融为党中央治国理政的重要组成部分。

[①] 习近平：《在纪念孔子诞辰2565周年国际学术研讨会暨国际儒学联合会第五届会员大会开幕会上的讲话》，《人民日报》2014年9月25日。

一个民族的历史是一个民族安身立命的基础

——兼评历史虚无主义 *

在人类历史长河中，中国拥有 5000 多年绵延不绝的文明史。源远流长、丰富多彩、一脉相承的中华文明，不仅为人类文明做出了杰出贡献，也塑造出独立自主、自强不息、不屈不挠，富有高度历史感、时代感的中华民族。习近平总书记在纪念毛泽东同志诞辰 120 周年座谈会上的讲话中指出："历史就是历史，历史不能任意选择，一个民族的历史是一个民族安身立命的基础。"讲话深刻揭示正在率领中华民族实现伟大复兴中国梦的中国共产党人，坚持以辩证唯物主义和历史唯物主义的立场、观点、方法来看待和分析历史，用博大的胸襟、宽广的胸怀来认识本民族的历史，是中华民族优秀历史文化的接续人、传承者。

一、历史不能任意选择

唯物史观认为人类社会的发展是一种自然历史发展过程，是追求着自

---

* 杨艳秋、高希中同志参与了本文写作。

己目的的人的活动，但又要受内在的一般规律支配的历史。人类史与自然史的根本区别，在于人类史是人类自己创造的。唯物史观肯定历史不能任意选择，把客观历史与唯心主义哲学家头脑中"想象的活动"的"历史"相分离。因此，尊重客观历史，尊重人类伟大实践活动所创造的历史，是唯物史观观察历史的出发点。正是在这个意义上，恩格斯说："历史就是我们的一切。"

从唯物史观来看，历史不能任意选择还在于物质资料的生产是人类社会生活的全部基础，人们的物质关系是其他一切关系的基础。物质资料的生产方式制约着人类社会的过程及其变化，而生产力是物质资料生产方式的决定性因素。生产力自身的发展，推动着生产方式的不断变革，推动着人类社会有规律地逐渐由低级向高级的阶段式演进。政治关系、法律形态、思想观念意识的变化，无不从属于这一经济关系的演变。因此，人类的历史是一个无法割断的客观过程，正如马克思所说："人们自己创造自己的历史，但是他们并不是随心所欲地创造，并不是在他们自己选定的条件下创造，而是在直接碰到的、既定的、从过去承继下来的条件下创造。"人们之所以不能"随心所欲地创造"历史，根本在于"人们不能自由选择自己的生产力"，也就不能自由选择由该时代物质关系所决定的时代属性。这一点，古今中外，英雄和大众，概莫能外。

唯物史观不仅揭示出历史不能任意选择的科学原理，同时也告诉我们如何正确地认识历史、看待历史，从历史发展的全部真实情形出发去诠释历史。无论是对待曾经的历史过程还是历史人物，都要放到一定的历史环境中去考察。

中华民族有波澜壮阔、生生不息的5000多年文明史，有近代以来反帝反封建、争取民族独立富强的170多年斗争史，有中国共产党成立以来90多年的奋斗史，有新中国成立以来70年的发展史，有党的十一届三中全会以来40

多年的改革开放史，这些都是人民书写和创造的历史，其间有成功也有失败，有辉煌灿烂也有苦难曲折，昭示着历史的必然。这些历史同样也是不能任意选择的。我们必须坚持用唯物史观的态度来分析，绝不能以历史虚无主义的态度想当然地割裂历史、虚构历史、歪曲历史、否定历史；绝不能通过历史个别现象而否认历史活动的本质，孤立地分析历史的阶段错误而否定历史运动的整体过程。

二、中华民族的历史是中华民族安身立命的基础

中华民族创造了源远流长的中华文化。考古发现证实，中国是远古人类起源的重要地区，中华文明是人类最古老的文明之一，黄河流域、长江流域、珠江流域、辽河流域和北方草原文化区，都是中华文明的摇篮。在距今 5000 年左右的龙山时代，中国跨入了文明时代的门槛。在长期的历史进程中，多元一体，以中原为核心的文明中心区，不断向周边民族传播着先进的文明成果，同时吸收融汇着周边各民族文化的精华。各地区、各民族从分散到会合，从交流到凝聚，政治、经济和文化不断积累、融贯、演化、发展，因差异而竞争，因竞争而壮大。历经商周、秦汉、魏晋南北朝、隋唐、宋元、明清几个重要历史发展阶段，中华民族创造出傲立于世的灿烂文明。

中华民族曾遭受过无数来自内部的矛盾与冲突，来自外部的挑战与威胁，自然灾害、社会动荡、政权分合、王朝更替、外部入侵等，都曾造成历史发展过程中的艰难曲折，但国家统一和民族融合始终是历史发展的主流。中华民族一次次战胜灾难，一次次渡过难关，统一的多民族国家得以不断巩固和发展。明末清初，"中国"已经成为一个具有主权国家的概念，至清代，以汉族为主体的多民族国家最终形成，构建出今日中国版图的基本格局。清末，梁启超首先使用了"中华民族"一词，高度凝练概括了生活在中华大地上的各民族共同体。统一国家内各民族间的政治、经济、文化交流愈益频繁而不

可分割，中华民族的发展达到前所未有的高度。统一多民族国家是我们祖先留下的珍贵遗产。

习近平总书记指出："中华文化积淀着中华民族最深沉的精神追求"，"是中华民族生生不息、发展壮大的丰厚滋养"。在中华民族历史进程中，产生和形成了为整个民族所认同的富有强大生命力的民族精神与优秀文化传统。诸如筚路蓝缕、以启山林的开拓精神，艰难困苦、玉汝于成的顽强意志，舍生取义、视死如归的英雄气概，海纳百川、虚怀若谷的博大胸怀，修齐治平、治国安民的政治理想，"载舟""覆舟"、居安思危的忧患意识，革故鼎新、自强不息的执着追求。再如"人生自古谁无死，留取丹心照汗青"的气节，"苟利国家生死以，岂因祸福避趋之"的担当，"鞠躬尽瘁，死而后已"的奉献，"天下兴亡，匹夫有责"的责任，等等，这些精神财富是中华民族自强不息的精神源泉。在漫长而曲折的中华民族发展史上，不论是成就与辉煌还是痛苦与挫折，不论是盛世初开的如歌岁月还是风雨如晦、不绝如缕的艰难时局，这些精神都曾经激励过无数仁人志士，为国家和民族的进步而奋斗献身。

习近平总书记指出："中华优秀传统文化是中华民族的突出优势"，"是我们最深厚的文化软实力"。中国历史发展道路曲折而独特，内容博大而宏富。数千年来，无论其中所包含的历史人物、历史事件、历史发展过程、思想文化及其价值观念，还是其中所包含的制度文明、科技文明、社会文明、精神文明，都已成为人们总结历史经验教训、传播与弘扬民族精神的不竭源泉。先贤们正是这样站在一代又一代前人创造的历史基础上，探索治国安邦之道，探求社会万象和宇宙万物的内在通变之理，不断开拓进取。中华优秀文化是各民族共同创造的，也是各时期各民族共同发展前进的基础。历史证明，任何时期，正确总结和继承优秀传统文化，发挥其积极作用，社会就能进步，国家就有希望，民族就有尊严。近代以来，中华民族饱受欺凌，胸怀家国而寻救亡之道、放眼全球而求自强之路的有识之士，在前所未有的内忧外患中为争取民族独立、自由富强而抗争，优秀传统文化就是支撑他们的骨气和底气。

历史是根基，是认同，是传承。一个民族的历史深刻影响着一个民族未来的走向，历史留给我们的珍贵遗产，是我们安身立命、继续前行的基础。历史虚无主义思潮无视中华民族悠久的文明和灿烂的文化，甚至公然篡改中国文明起源，全盘否定中国历史文化的优秀传统，将中华民族丑化为"愚昧""丑陋"，充满"奴性"、缺乏创造力、安于现状、逃避现实的化身，进而错误地理解中国近现代历史发展道路，虚构出"告别革命""范式转换"等命题，全面抹杀先辈的革命史，抹杀我们民族独立斗争的历史，抹杀伟人领袖的历史功绩，歪曲中国共产党领导的革命和建设史。这些历史虚无主义论调既与马克思主义唯物史观根本对立，也与中华优秀传统文化的实际历史作用相违背。事实证明，一个成功的民族，其成功是建立在尊重本民族历史遗产的基础之上。一个"虚无自己"的民族，绝不会有"反省历史"的能力。无视历史、割裂历史、假设历史、否定历史只会导入歧途。

三、中国特色社会主义道路是历史的必然

历史不能任意选择，也就是说，人们必须按照历史规律和时代要求，作出郑重的历史选择。20 世纪初，先进的中国共产党人运用马克思主义深入研究中国革命道路，领导中国人民建立了新中国，使中国历史从此进入了生机无限的新阶段。这一过程不仅没有脱离中国历史实际，而且紧密结合了中国的历史与现实。

中国特色社会主义道路的选择，同样基于对中国和世界历史的深刻观察与思考。今天的中国由历史的中国发展而来。中国特色社会主义道路是对具有中国特色的新民主主义革命道路和社会主义改造道路的历史继承与发展。新民主

主义革命的胜利、社会主义制度的建立，成功实现了中国历史上最根本、最伟大的社会变革，为当代中国发展进步奠定了根本政治前提和制度基础，中国共产党在社会主义建设中取得的独创性理论成果和巨大成就，为开创中国特色社会主义提供了宝贵的经验、理论准备与物质基础。党的十一届三中全会后，我们进入了以改革开放为标志的历史新时期，中华民族发生着有史以来最深刻、最伟大的变化。中国特色社会主义正是几代中国共产党人继往开来，艰辛探索社会主义建设规律，领导人民艰苦奋斗的智慧和心血结晶，是党和人民90多年奋斗、创造、积累的成就，是数千年中华文化在当代中国结出的智慧之花。

东方有东方的历史，西方有西方的历史。习近平总书记指出："世界上没有放之四海而皆准的具体发展模式，也没有一成不变的发展道路。历史条件的多样性，决定了各国选择发展道路的多样性。人类历史上，没有一个民族、没有一个国家可以通过依赖外部力量、跟在他人后面亦步亦趋实现强大和振兴。"[1]我们需要继承全人类的优秀文化遗产，但历史证明，照抄照搬他国模式却只能是死路一条。中华民族有自身的历史传统，有自己深邃的历史智慧，"我们走自己的路，具有无比广阔的舞台"。中国特色社会主义道路贯穿于中国共产党领导中国革命、建设、改革的整个历史进程中，是近现代中国历史发展的必然结果，也是基于中国的基本国情，在新的伟大实践中所作出的历史性选择。

"产生于过去的现在，孕育着伟大的未来"，我们党领导的革命、建设、改革伟大实践，是悠久的中华文明接续奋斗的历史过程，是一项救国、兴国、强国，进而实现中华民族伟大复兴的完整事业。只有中国特色社会主义这条道路能够引领中华民族实现伟大复兴。"勿忘昨天的苦难辉煌，无愧今天的使命担当，不负明天的伟大梦想"，站在新的历史起点，中国共产党人一定不负民族重托，创造中华文明新的辉煌。

---

[1]　习近平：《在纪念毛泽东同志诞辰120周年座谈会上的讲话》，《人民日报》2013年12月27日。

历史唯物主义与历史虚无主义琐谈

中国崛起和中国道路业已展现出的世界意义，给当前中国史学研究带来了新的视野。今天，我们无论是走中国特色社会主义道路，还是解决所面临的许多重大现实问题，都离不开从历史的角度加以审视，离不开对许多重大历史问题的认识。因此，如果不能正确地阐释历史，就不能科学而合理地认识现在、引领未来。2014 年 10 月 13 日，习近平总书记在中共中央政治局第十八次集体学习时指出："怎样对待本国历史？怎样对待本国传统文化？这是任何国家在实现现代化过程中都必须解决好的问题"，"我们不是历史虚无主义者，也不是文化虚无主义者，不能数典忘祖、妄自菲薄"。[1]但是，在实现中华民族伟大复兴中国梦的进程中，在中国史学发展欣逢前所未有的良机之际，却有某些人不断秉持历史虚无主义的立场、观点和方法，从历史领域入手，以"反思""解放思想""重新评价""理性思考""范式转换""还原真相"等

---

[1] 习近平：《牢记历史经验历史教训历史警示 为国家治理能力现代化提供有益借鉴》，《人民日报》2014 年 10 月 14 日。

为名头，肢解、曲解中国传统文化，否定、歪曲近现代以来的中国历史发展道路。一段时间以来，这股思潮不仅在史学领域弥漫，向文学、影视、网络传媒流传，而且打着反历史虚无主义的旗号，以"理论化""学术化"的新姿态出现，指向也更加明确。正确的历史认识是现实的起点，是否能够正确看待历史特别是本民族历史，更是一个民族成熟与否的重要标志。因此，辨析历史虚无主义思潮的实质，还原其本来面目，既是关系到中国史学健康发展的问题，也是关系到如何正确认识中华传统文化、中国近现代以来历史发展道路的问题，更是关系到国家和民族未来发展方向的大问题。

一、历史虚无主义的历史观

当前我们应当关注的历史虚无主义历史观，是一种以主观、孤立、片面、曲解的态度与方法来分析、解读中华传统文化，解读中国近现代以来的历史发展道路，进而宣扬并传播错误历史知识和历史观的思潮。这种历史观简单粗暴、主观臆断、东拼西凑、凌乱不堪，既无严谨的内在逻辑，更谈不上科学的研究态度，至多是一个个虚无历史的"主意"，还够不上一个"主义"的学术理论标准。因而，他们的历史观与绝大多数严谨的史学工作者、理论工作者、文学创作者的研究探索，完全不可同日而语。

历史虚无主义历史观全盘否定中华传统文化的渊源、内涵及其存在价值，否定传统文化在中华文明传承中的历史意义，否定中华民族自强不息、创造统一多民族国家的伟大历史进程和民族精神。当然，其结论最后还是放在当代：由于我们的传统文化是"卑鄙"的文化，是"病态"的精神，所以中国2000多年的治理也好不了；我们老祖宗的"头"没有开好，因此，今天的中国政治、文化也不可能比得上西方；要赶上别人，必须彻底消灭中国传统文化，追随西方，全盘"西化"。

历史虚无主义历史观在如何看待近现代以来的中国历史发展道路上，全盘否定鸦片战争以来中国人民反帝反封建、争取民族独立和自由的革命运动的合法性，否定中国共产党领导下的中国人民在新民主主义革命、社会主义建设和改革开放时期取得的政治、经济、社会、文化等各方面的成就。某些论著肆意贬低、攻击、丑化近代以来为争取民族独立和人民解放做出杰出贡献的历史人物，竭力歌颂、美化那些已被历史定论的腐朽人物、阻碍历史进步的人物甚至外来侵略势力。[1]

历史虚无主义历史观正在向大众媒体传播，在某些历史题材的文学、影视作品中，"否认历史的客观存在"，"虚无和歪曲历史，不能公正地分析和认识历史，不能客观地描述和表现历史，任意践踏、随意评说、肆意消费历史"[2]等现象不一而足。由于缺乏科学历史观的支撑，缺乏对基本历史知识的尊重，在某些历史题材的文学、影视作品中，马克思主义唯物史观荡然无存，中华民族历史被随意曲解，作为历史创造者的广大人民群众被拒于视野之外，使广大读者和观众对许多重大历史问题、历史事件、历史人物的性质产生严重误解。旧的甚至封建的历史观复活，帝王将相的历史作用与人格魅力被无限夸大。某些历史上阶级矛盾相对缓和的时期，被无限放大为了不起的"和谐""盛世"。封建意识形态中腐朽、消极、落后的思想观念沉渣泛起，观众不但不能从中受到正面、正确的历史教育，反而获取错误的历史观。这些作品肢离、曲解、胡乱编造本来很清楚的历史，将最基本的历史知识张冠李戴，致使虚假错伪贯穿其中，观众不能从其所传递的历史信息中获得起码的历史真实。结果是历史题材的文艺作品、影视作品层出不穷，"历史热"一浪高过一浪，反而使读者和观众数典忘祖，淡漠传统。[3]

这些已经被学者们批驳得很彻底的历史虚无主义历史观，显然已经

---

① 参见梁柱、龚书铎主编：《警惕历史虚无主义思潮》，人民教育出版社 2006 年版。

② 张江：《文学"虚无"历史的本质》，《光明日报》2014 年 4 月 4 日。

③ 参见卜宪群：《历史题材文艺作品的创作与传播：敬惜历史文化资源》，《人民日报》2014 年 1 月 14 日。

难以有市场。于是，某些人不得不更换方式，以新的面目出现。近来，他们以"探讨"历史虚无主义的"学术"源流为名，以"批判""教条主义历史虚无主义"为题，以对历史虚无主义作"类型上的区分"为手段，从虚无中华传统文化、虚无近现代以来中国历史发展道路的历史观，直接走向了虚无马克思主义、虚无20世纪以来的社会主义道路、虚无当代中国主流意识形态的历史观。他们虽然以"批判"历史虚无主义为名，表面上看将历史虚无主义的"理论化""学术化"层次"提升"了，但实际上不仅没有什么新的内涵，而且其本质目的也更加一目了然。不过，这也提醒我们应当关注历史虚无主义思潮的新动向。

二、历史虚无主义的基本方法与立场

历史虚无主义分析、观察历史的基本方法是孤立、片面和曲解。这种方法无论是化实为虚、化虚为实、化有为无、化无为有，还是化零为整、化整为零，所得出的结论既不尊重历史发展规律，也不符合客观历史事实，只能是其主观意志与客观立场的真实反映。

首先，历史虚无主义采取孤立、片面的方法观察分析中华传统文化。什么是传统文化？一般来说，是指从祖先传承下来的物质文化、精神文化和制度文化的总和。除物质文化外，任何一种传统文化都有精华和糟粕的区分，中华传统文化也不例外。但是，传统文化又是一个动态的概念，是在历史变化中形成的。任何一个国家和民族在其历史发展进程中，都不可能抛弃或离开传统文化，这是一个基本常识。历史证明，取代原始社会的奴隶制社会里，仍有原始信仰和原始制度等遗存。取代奴隶社会的封建社会也吸取了旧制度中的很多因素，例如，主张"克己复礼"的旧秩序维护者孔子，不仅在封建社会里获得崇高地位，而且奴隶制下国家治理的核心概念"礼"，也在封建社会得以改造、继承，礼法合治、德主刑辅，构成了秦汉至明清封建政治文化的显著特征。渊源于先秦的诸子百家思想特别是儒家思想，在封建社会得到发扬光大。物质文化的前后继承自不待言，精神文化的继承也没有停止。在出土的秦汉文献中，广泛存在先秦文化典籍，就是一个证明。在汉儒那里，"五帝""三王""万世不易法，古今同纪纲"的表述，更形成了尧舜禹汤以降的道统意识。唐宋明清时期，治统与道统结合，政治秩序与文化秩序、社会秩序相统一，成为统治阶级倡导的主流意识形态。可见，文化的继承性非常清楚。中华民族正是在物质文化、精神文化、制度文化的代代传承中创造了一次次的文明高峰，这是古今中外严谨治史者的共识。在我国历史上社会形态的更迭时期，在某些王朝的交替之际，在近现代社会变革进程中，的确出现过一些对历史文化过激、片面甚至错误的看法与行为，但绝不像某些学者所说的那样，几乎所有王朝都带着政治目的将前朝"虚无化""否定前朝的历史"，特别是否定"慈爱、友善、诚实、守信、好学、勤奋"等原则。这一点，简单翻翻史书就可知道，真不知这些人从何处能拿出证据！即便像秦始皇这种历史上曾被视为"暴君"的人，其所创立的制度不仅为后朝所继承，也被历代有为有识的政治家、思想家、史学家所肯定。即便像汉初那样激烈的"过秦"思潮也没能阻碍"汉承秦制"的历史事实发生。当然，如何对待传统文化，是一个大课题，是一切现代化进程中的国家和民族都曾经遇到的问题，并不限于中国。我们承认历史上在这方面出现过问题，今天也还存在着不少有待解决的问题，但这是一个认识程度的问题，与某些人对传统文化完全持否定态度的历史虚无主义历史观完全不同。

其次，历史虚无主义采取孤立、片面的方法观察分析中国近现代历史。分析具体历史事件、历史人物，探讨历史发展进程，揭示历史发展规律，必须建立在掌握或尽可能掌握全部历史资料的基础之上，必须从当时的全部历史实际出发，必须坚持科学的历史观，而绝不能主观臆断，任意肢解、曲解。鸦片战争及其后的一系列战争、列强瓜分中国与不平等条约的签订、太平天国运动、洋务运动、戊戌变法、义和团运动、辛亥革命、五四运动等重大事件，构成了近代中国历史发展的主要内容。对这些事件及活动于其中的人物如何分析、如何评判，甚至包括近代中国的社会性质，近代中国究竟走革命还是改良道路等问题，学者们都可以从学术层面进行研究。但历史虚无主义者的"研究"范式并不是这样。他们不顾历史事实，将坚持近代中国属于半殖民地半封建社会性质的学者的成果，以及坚持中国近代的历史任务是反帝反封建、争取民族独立国家富强的学者的成果，都视为从属于政治意识形态需要的产物，是以"政治"解释历史的没有科学理性的方法。他们不顾近代中国已经发生的客观历史事实，将历史建立在完全"假设"的基础上，给中国近代历史的发展设计出了另一条"光明大道"。他们甚至不惜否定中华数千年来的爱国主义精神传统，将爱国主义视为一个"伪问题"，将爱国主义"虚无"掉，从而为那些已经被历史定论的近代反动人物涂脂抹粉、摇旗呐喊、翻案招魂。他们故意混淆严谨历史学家的辛勤劳动成果与普通人对历史看法之间的关系，以人人都有历史"解释权"为借口，为历史虚无主义历史观的存在寻找理由。

历史虚无主义孤立、片面、曲解历史的观点是由其立场决定的。因此，无论其花样如何翻新，观点如何"新奇"，读起来多么隐晦艰涩，最后矛头都必然指向马克思主义，指向20世纪以来的社会主义道路，指向当代中国政治体制、主流意识形态。其手法一是借批判"教条主义马克思主义"为名，将马克思主义与启蒙思想、基督教、儒家（他们称为"儒教"）相提并论，通过粗糙不堪、逻辑混乱的"比较"后认为，只有启蒙思想才最符合人类文明的"实际进程"；马克思主义将历史"终结"在共产主义，是与基督教、儒教相重合的历史图式，因而马克思主义就是历史虚无主义。二是将指导20世纪以来社会主义实践的马克思主义指责为"教条主义"的马克思主义，是与政治相结合的产物，是极端的历史虚无主义，是一种政治意识形态；由于这种意识形态只能与"原始""愚昧"的群体结合，形成破坏人类文明的巨大力量，其结果必然带来严重的"现实灾难"，其代表就是苏联和中国。三是认为当前应当"警惕""批判"的不是那些否定中华优秀传统文化，曲解中国近现代历史发展道路，丑化攻击代表近现代以来进步力量的领袖人物等这些"虚的""未必存在"的历史虚无主义历史观，而是应当批判"教条主义意识形态""庸俗社会学"的"马克思主义"；赤裸裸地提出要让"管理者"调整心态，变革体制，让那些"尊重历史、实事求是"，"还原"了太平天国、洋务运动、戊戌变法、义和团运动、辛亥革命、新文化运动、五四运动、抗日战争、"大跃进""文化大革命"等历史事件和诸多历史人物"真相"的所谓"新的研究"，为改革开放提供"理论支持"和"决策参考"。历史虚无主义者的以上表述，不仅清晰地将其与严谨的学术研究区别开来，也将其立场、态度展露无遗。

三、历史唯物主义与历史虚无主义

从表面上看，历史虚无主义也在研究"史实"，探讨历史发展的"规律"，关注"历史"与现实的关系，但它与历史唯物主义是背道而驰的。只要运用历史唯物主义的基本观点和方法来辨识，历史虚无主义的本质就会暴露出来。

首先，唯物史观认为，历史事实是历史研究最基本的出发点，历史研究必须充分、准确地占有资料，必须严谨、客观地对待自己所运用的资料。"在自然界和历史的每一科学领域中，都必须从既有的事实出发"[①]。这些历史事实不是片面的、孤立的，而必须是"与所研究的问题有关的全部事实，而不是抽取个别的事实"。历史虚无主义则不是这样，其"研究"的出发点服从于其立场，或根本不顾中华民族5000多年来的优秀传统文化，不顾近现代以来中

---

① 《马克思恩格斯文集》第9卷，人民出版社2009年版，第440页。

国人民的伟大历史创造，或只截取他们所需要的"史料"，或断章取义，孤立解读。他们将历史建立在"假设"的基础之上，对真实发生过的历史作出假设的判断，再将他们假设出来的"历史"视为应当真实发生的"历史"，并从中寻找"内在联系"。于是，中国近现代历史上不该发生太平天国运动、义和团运动，不该发生抵抗外来侵略、争取民族独立和国家富强的革命运动，更不该发生马克思主义传入中国并与中国实际相结合而产生的社会主义道路；近现代中国人民应该对外向列强俯首称臣，对内向代表腐朽、落后生产关系的旧势力妥协。那样，中国就会有一条比今天更加"辉煌"的"光明大道"。于是，凡是与他们假设出来的历史相违背的发展道路、历史人物、思想观念，必然受到种种丑化、歪曲、攻击、指责。

其次，唯物史观认为，"研究必须充分地占有材料，分析它的各种发展形式，探寻这些形式的内在联系"。唯物史观的创立者马克思和恩格斯对他们所生活时代的历史学资料和成果作了尽可能全面的搜集整理和分析研究，这是历史唯物主义理论体系形成的重要历史基础与思想根源之一。在运用翔实历史资料的基础上，唯物史观还对人类社会发展的统一性和多样性、必然性和偶然性、从低级向高级的发展过程等重大问题，作了精辟的具体分析和抽象分析。历史虚无主义则是将历史资料及其所"研究"的对象建立在选择的基础上，并不是从所有的历史资料出发，更不是"站在现实历史的基础上"来分析历史发展的形式及其内在联系，而是以既定的"原则"作为"研究"出发点，反过来将其"研究"结论强加于客观历史之上。例如，他们选择否定的只是中国历史上人民大众反抗暴政压迫的农民革命、近代以来争取民族独立反抗外来侵略的革命以及社会主义革命，但却不否定其他革命。在历史研究中，他们把一个人的"实际人品和实际行动"与"一个人对自己的想法和品评"不加区别，将阶级和各个党派的言辞和幻想与其"本来面目""实际利益"和"真实本质"混为一谈。所欲溢美者，曲为之辞；所欲攻伐者，罔顾事实，甚至伪造史料，完全脱离了历史的本来面目和实际发展过程，将历史的"内在联系"建立在主观唯心之上。

最后，历史虚无主义者不仅虚无客观的历史事实，虚无唯物史观所揭示的历史发展科学规律，就连发生在不远处的、最基本的史学常识也不顾。例如，20世纪以来的中国马克思主义史学从没有否定传统史学、近代实证史学优秀成果的历史意义和价值，没有否定人类文明诞生以来一切优秀文化的历史进步意义和价值。时至今日，国外各种严谨史学流派的理论与方法已广泛被中国史学家所吸纳，并成为学科发展新的增长点。当代中国史学绝非如某些人所说的那样，用马克思主义唯物史观替代一切具体历史研究，用革命史观和阶级斗争史观解释一切历史，将唯物史观以外的其他方法简单抛弃而"只允许一种声音存在"，更没有将历史虚无主义与正常学术研究中的不同学术观点相混淆，这是有目共睹的事实。

史学研究当然不等同于时事政治，但这并不意味着史学研究可以脱离现实。如果今天连"爱国"和"卖国"这些基本价值观都被"虚无"了，还不应该引起史学工作者重视吗？

第二章

中国古代社会建设与民族关系

古代国家秩序与社会秩序的一般关系

——以中国历史为中心的探讨

一、国家与社会：一个理论视角

国家是"从社会中产生但又自居于社会之上并且日益同社会相异化的力量"，而"社会是以共同的物质生产活动为基础而相互联系的人类生活共同体"。在人类文明的发展史上，先有社会而后有国家，国家是以社会存在为基础的。因此，"国家决不是从外部强加于社会的一种力量。……国家是社会在一定发展阶段上的产物"[①]。社会不仅在自身分化的基础上产生了国家，而且国家的基本形式、结构与职能都与社会的特定发展阶段有关。因此，"国家是整个社会的正式代表，是社会在一个有形的组织中的集中表现"[②]。国家与社会的基本关系及其特点决定了国家具有公共权力的性质。有了国家，才不至于"在无谓的斗争中把自己和社会消灭"，才可能"把冲突保持在'秩序'

---

① 《马克思恩格斯选集》第 4 卷，人民出版社 2012 年版，第 186 页。
② 《马克思恩格斯选集》第 3 卷，人民出版社 2012 年版，第 668 页。

的范围之内"。国家与社会既相矛盾又相统一。作为公共权力的国家不仅是阶级统治的工具，代表了统治阶级的利益，也有平衡社会各个阶级、阶层利益的特点，这个特点体现了国家与社会之间的统一性。但是，国家又是凌驾于整个社会之上的"特殊的公共权力"，是统治阶级"借以实现其共同利益的形式"，是"一个阶级镇压另一个阶级的机器"。因此，作为阶级统治工具的国家与社会之间必然又有矛盾和对立的一面。这种矛盾和对立除了阶级关系的因素外，也还有国家共同体和社会共同体在具体利益诉求上的分歧与对立。国家为了维护统治阶级利益，为了维护统治阶级中极少数人的利益等诸多因素而往往与社会产生某种局部性的乃至整体性的矛盾。而社会，特别是具有共同利益、血缘关系、价值取向的社会组织、社会势力，或为了抵抗国家秩序对其进行干预，或为了表达、追求自身的意向、要求，也往往与国家产生冲突。在这种矛盾冲突的交织过程中，为了维护正常的社会秩序和统治秩序，国家既利用掌握政治、经济、文化等资源的特殊地位吸收、改造、协调各种社会力量服务于国家，又对危害国家统治的社会势力实施控制、打击。社会产生国家，国家与社会既相对立又相统一，是我们分析国家与社会之间关系的视角之一。

政治社会学从"市民社会"与政治国家的关系入手为我们分析国家与社会又提供了另一种视角。"市民社会"有广义与狭义两种含义。从狭义的角度看，市民社会作为一个现实存在的阶层，只能是近代资本主义产生以后的产物。但与国家相对立的"市民社会"则主要是指独立于国家政治秩序之外的社会组织和力量，是国家发展到一定程度以后，国家与社会相分离的产物①，也有学者认为是指"存在于家庭与国家之间的独立社会活动领域的专有名词"②。这样的"市民社会"在前资本主义时代是否存在，学术界有不同

① 参见孔德元：《政治社会学导论》第七章，人民出版社2001年版。作者界定的"市民社会"是指："对应于政治国家的社会公共生活领域，是一种独立于政治国家的由各类自主、自治、合法、非政治的民间组织和团体构成的社会力量。"
② 毛寿龙：《政治社会学》，中国社会科学出版社2001年版，第243页。

看法。马克思主义认为"在过去一切历史阶段上受生产力所制约、同时也制约生产力的交往形式，就是市民社会"，"市民社会包括各个个人在生产力发展的一定阶段上的一切物质交往。……始终标志着直接从生产和交往中发展起来的社会组织，这种社会组织在一切时代都构成国家的基础以及任何其他的观念的上层建筑的基础"。① 马克思主义关于"市民社会"的理解与当代"市民社会"的研究理论固然还有很多差异，但我们认为"市民社会"作为一种理论分析工具是可以用于历史上国家与社会关系研究的。

作为一种分析工具的"市民社会"理论有如下重要论点：第一，"市民社会"是一种独立于国家权力之外的民间力量（"市民社会"本身也可译为"民间社会"）。因此，"只要存在不受制于国家权力支配的自由社团，市民社会便存在了"②。这种力量可以对国家秩序产生影响。第二，"市民社会"包括了不能被国家所淹没的社会公共领域。在这些领域，"市民社会"表现出独立于国家而维护社会的自主性。第三，"市民社会"与国家之间既可以有良性的互动，又可以形成与国家相抗衡的力量。第四，"市民社会"在社会的国家化与国家的社会化之间形成一个中间地带。③ 第五，在一定生产方式基础上构成的"市民社会"是特定时期国家的基础。长期以来，运用这种理论进行中国古代国家与社会关系的研究不仅存在于西方汉学界，而且也逐渐引起了中国学术界的关注。其原因是这种理论所涵盖的国家与社会之间的关系，可以为研究者提供一种新的理论分析手段，可以促进我们对中国古代历史多方面、多角度的认识。当然关于"市民社会"的理解并非完全一致，乃至言人人殊，其概念是否能够用于中国古代国家与社会关系问题的分析也存在不

---

① 《马克思恩格斯全集》第3卷，人民出版社1995年版，第40—41页。
② 参见邓正来、J.C.亚历山大编：《国家与市民社会：一种社会理论的研究路径》第一部分，中央编译出版社2002年版，第6—7页。
③ 以上归纳吸收了孔德元《政治社会学导论》以及邓正来、J.C.亚历山大编《国家与市民社会：一种社会理论的研究路径》中的若干观点。

同意见，如一些学者指出的那样，使用这个概念极易产生两个误导："其一是将理论模式设定为研究的出发点，遂在中国的历史与现状中寻觅一些符合既有理论模式之前提的事实作为根据；二是依循这种路径或既有模式，对中国多元且多重性的历史现象进行切割，或者说对中国原本可以做两可性解读或解释的经验材料做片面性的解读或做片面性的评论及批判。"① 这是我们需要谨慎并注意的问题。

二、中国古代国家秩序与社会秩序形成中的若干特点

国家秩序是国体与政体的合一。国体是社会各阶级在国家政权中的地位，它体现了占统治地位的阶级对其他社会阶级、阶层的统治关系；政体是政权的组织形式，反映了国家以何种方式组织和管理政权。二者的合一构成了国家秩序的具体形态。社会秩序有广义和狭义之分，广义的社会秩序是指包括社会各阶级、阶层在内的社会群体的组织形式，包括国家秩序在内；狭义的社会秩序则是指由血缘、地域、经济、宗教、文化等多种因素构成的特殊社会群体的组织形式，它们与国家秩序之间的关系是复杂的，既可能构成国家秩序形成与发展的重要基础，也可能构成不依赖于国家政治组织而独立存在于社会之中的一种民间秩序、社会势力。我们探讨中国古代国家秩序与社会秩序的关系即是从广义和狭义两个层面上来进行的。

大体来说，中国古代国家秩序与社会秩序的关系经历了三个大的发展阶段。

第一个阶段是夏商周三代。三代贵族等级分封制的国家秩序是与当时社会组织结构未能充分分化的状况相适应的。学者们揭示在中国古代国家形成的途径上，氏族内部阶级对立与斗争的特点并不明显，国家由部落间

---

① 参见邓正来、J.C.亚历山大编：《国家与市民社会：一种社会理论的研究路径》之《导论》，中央编译出版社 2002 年版，第 19 页。

兼并、征服，由社会职能转化而形成的特征则更为突出。①因此，三代国家秩序的重要特点之一是血缘性的"族"组织残留严重，三代国家就是通过对一个个"族"的统治来实现地域性行政统治的。②"族"的分布，也就是国家行政统治所达到的地域。以"族"的形态实施社会控制，必然要利用其内部的社会组织，即具有血缘关系的家族公社和农村公社进行统治。学者们揭示出三代国家组织与社会组织合二为一，政治权力与社会权力一致，国家秩序与社会秩序表现出高度的统一性，是符合历史实际的。

春秋战国时期是中国古代国家秩序与社会秩序关系发展的第二个重要阶段。在春秋近 300 年的时间中，国家秩序与社会秩序都在发生着缓慢的变化。其表现如下：

从国家秩序来看，周天子的权力走向衰落，各诸侯国势力迅速崛起。诸侯国内的君臣关系虽然还具有宗法血缘等级分封制的色彩，但突破这种色彩的权力结构却在逐步向社会底层延伸。社会秩序也在发生着缓慢的变化。国家间的战争，列国内部卿大夫与公室之间、卿大夫之间的纷争，使原先静态的土地所有制发生了变化，土地占有的不稳定性日益明显。土地除了在贵族之间流动外，公社农民也逐渐可以永久地占有土地，不再定期分配，私有化的历程大大加速。③土地关系的变动，使社会阶级结构发生着变化，社会秩序也出现了某种程度的变动。其特点是贵族阶级的层层衰落和下层社会阶级地位的上升，封

---

① 晁福林先生指出："从古史记载中，找不到多少尧舜禹的时代不可调和的阶级矛盾的迹影，有的只是社会职能的空前强化。这正是中国早期国家形成的关键时期的情况。可以说，中国早期国家并非阶级矛盾不可调和的产物，而只是在一定社会发展阶段上的建立在众邦之上的社会权力组织。"（见晁福林著：《先秦社会形态研究》，北京师范大学出版社 2003 年版，第 86 页。）

② 关于这方面的研究侯外庐先生在《中国古代社会与亚细亚生产方式》《中国古代"城市国家"的起源及其发展》（载《侯外庐史学论文选集》，人民出版社 1987 年版）等文章中有详细论述。

③ 参见林甘泉主编：《中国封建土地制度史》第一卷第一章第二节，中国社会科学出版社 1990 年版。

闭的阶级阶层关系被逐渐突破。战国列国是在春秋国家的基础上发展起来的，但战国时期的国家秩序与社会秩序已发生了剧烈的变化。从国家秩序来看，各国经过变法运动建立了不同于宗法贵族等级分封制的区域性的专制主义中央集权。这种国家秩序是以君主为代表的中央集权力图控制并掌握所有的社会分配资源。国家与社会中的每个个人建立直接的政治联系也成为可能。

从社会秩序看，春秋时期业已松动的阶级关系在战国得到进一步发展。地主制的出现表明封闭的贵族宗法血缘关系在经济领域开始松动。当然这一时期的地主制发展还不充分，获得地主身份的途径往往不是依靠经济手段，而是依靠政治手段。国家把掌握的各种资源分配给那些为国家服务并做出积极贡献的勋贵手中，他们成为早期地主阶级的重要来源之一，也使早期地主阶级不可避免地带有强烈的身份性色彩。战国时期独立自耕农的出现，反映了原先广泛存在于社会基层的家族公社和农村公社业已瓦解为地域化的个体村落，但此时的自耕农主要还只是与封建国家发生经济关系。除了这两大阶级分化出来之外，战国还存在着士、侠、豪强、属吏、依附农、奴隶等其他社会阶层。在这种社会里，人的自由流动大大加速，等级分封体制也被县乡里的行政体制所取代。国家秩序与社会秩序相分离的特征已经较为明显。但在乡里基层社会中，依赖民间社会自然秩序实施统治的特征同样明显。秦汉乡里三老、长老、父老、孝悌力田等具有教化职能的非正式吏员的设置，反映了国家全面控制社会秩序的企图和对利用民间秩序实施统治的高度重视。

在战国社会中，与国家秩序相对立的各种社会势力也已经产生，如从法家对某些社会阶层的指责中已可窥见一斑。但是我们也要看到，战国国家秩序的建立主要是自上而下的，与法家所积极推动的变法运动有极大的关系，国家秩序的形成明显高于社会秩序的分化，带有速成的性质。因此，法家虽然主张国家大力改造民间社会，但在不同地区、不同国家是有很大差异的，实际效果也不能估计过高。

秦汉至明清是中国古代国家秩序与社会秩序关系发展的第三个大阶段。历经 200 多年的历史发展，战国列国大体都建立了区域性的专制主义中央集权。秦的统一，又使这种分立的、区域性的专制主义中央集权被统一的专制主义中央集权所替代。在此后 2000 多年的封建国家形态中，国家秩序与社会秩序经历了复杂的变化过程，也经历了不同的发展阶段。大体来说，体现国家秩序的皇权制度、官僚制度、行政管理制度、意识形态制度的建立、发展和完善，反映了国家对社会的控制力度比以往大大加强，也反映了国家将整个社会置于其控制之下的企图。贵族分封制构成国家秩序的另一个序列，但一般来说，贵族对其领地只是拥有衣食租税的经济权力，而没有分享政治统治的权力，也就是说没有治民权。2000 多年间封建国家秩序的发展变化大体是围绕专制主义中央集权的加强与完善为核心的。在这个基本原则下，国家秩序要求社会秩序与其保持高度的一致，对于破坏国家秩序的任何社会势力，国家都采取严格防范、严厉打击的措施。为了使社会秩序与国家秩序能够保持高度的一致，国家还力图打破现有的自然社会组织，将国家秩序向最基层的民间社会延伸。秦汉以后，脱离国家秩序控制的纯粹自然村落已经很难存在了。

中国封建社会前后期国家秩序与社会秩序的关系并非一成不变的。前期，国家在掌握政治权力分配的同时，又掌握了以土地为核心的大量社会经济资源。因此，中国封建社会前半期，在政治、经济、文化等领域中都明显表现出国家秩序空前强大的特点。中国封建社会的阶级斗争在前期也突出表现为国家与整个社会之间的直接对立。包括农民在内的社会阶级及其他各种社会势力，在社会矛盾激化时往往把斗争矛头直指国家就反映了这一点。中国封建社会的后半期，随着均田制的瓦解和地主制经济的深入发展，土地自由买卖加速，国家直接控制的土地、人口日益减少，自耕农的佃农化使他们与国家之间的人身依附关系大为松动。国家对社会的经济控制由直接的、全体居民的人头、户头控制逐步演变到对土地、财产、户等的控制。[①]由此，在阶级关系和身份领域，身份性地主及身份性的等级关系在社会中的地位与作用下降，非身份性的社会等级关系作用上升，这种转变使社会秩序在封建社会后半期有更加独立化发展的趋势。宋至明清，无论在城市还是乡村，民间社会及其组织秩序的发展层次远比前期要高。中国封建社会阶级斗争的形式由前期劳动者与国家的直接对立演变为后期"现实的要求"[②]，就是国家秩序与社会秩序领域中阶级关系愈益分化的表现。

社会的国家化是专制主义中央集权的基本要求。但是，社会秩序也有自身的发展规律。统一国家广袤国土中的地域性差异，古代国家形成过程中血缘残余的遗存，自给自足的自然经济占主导地位的社会生产力状况，以及因血缘、地域、经济、文化等因素构成的各种社会力量，在不同时期也以特殊的形式生存并发展，使秦汉及其以后的社会秩序呈现出千姿百态的景观，并对国家秩序产生深刻影响。这些社会秩序及其代表的表现形态多种多样，他们有的力图摆脱国家秩序控制而追逐自身的经济利益，如商人和豪强地主；有的力图树立独立于国家权威之外的社会权威，如旧贵族、游侠、宗族、坞堡主、宗教领袖等。他们在特定时期形成的社会组织往往构成一定的社会势力，封建国家对他们或采取打击措施，或采取联合与吸纳的办法，使社会秩序与国家秩序能够协调发展。在阶级关系上，封建国家内部也并非简单的表现为地主阶级和农民阶级的对立，这两大阶级中的不同阶层，特别是地主阶级中的非统治阶层，如中小地主、非身份性地主，由于利益关系的不同，往往与地主阶级中占统治地位的阶层有所不同，甚至构成不同于国家秩序的另一种社会价值取向。在乡村治理发挥重要作用的乡里领袖和乡绅阶层，其

① 参见胡如雷：《中国封建社会形态研究》第20章，生活·读书·新知三联书店1979年版。
② 参见侯外庐：《中国封建社会前、后期的农民战争及其纲领口号的发展》，载《侯外庐史学论文选集》，人民出版社1987年版。

行为既代表了国家秩序，也表现出独立于国家秩序之外的若干特点。

唯物史观认为，社会决定国家，而不是国家决定社会。国家与社会之间是一个相互作用的历史过程。中国封建社会的所谓"盛世"，大都是建立在国家秩序和社会秩序之间比较协调的基础之上的。我们在考察中国古代国家秩序及其发展道路的同时，不能忽视社会秩序的作用；在考察社会秩序及其发展过程的同时，又不能忽视国家秩序的作用。在中国封建社会的前半期，专制主义中央集权在社会的国家化上做出了巨大努力，这种国家秩序的建立对于中国古代社会与文明的发展起了积极的推动作用。而中国封建社会后半期，无论在土地制度、商品生产和商业流通领域以及社会阶级关系上都出现了新的变化，这些变化表现出社会秩序要求突破国家秩序，要求国家秩序与社会秩序协调发展的积极愿望。但是，以专制主义中央集权为典型特征的国家秩序在中国封建社会后半期并没有完全顺应这股历史潮流，没有注重这一社会秩序的重大变化而作出积极调整，反而更多的是压制、破坏和阻碍。这使中国封建社会后半期尽管也出现过综合国力的短暂强盛，但终究不免走向衰亡的历史命运。

三、中国古代国家秩序与社会秩序的辩证关系

首先，由特定时期物质生产方式所决定的社会秩序是国家秩序的基础，但国家秩序又有其独立的发展过程，并对社会秩序有巨大的反作用。战国以降的中国古代社会逐步建立了专制主义中央集权的封建国家，这个政权的政治基础是地主阶级，但我们又不能将战国以降的国家政权与地主阶级、地主阶级中的某个阶层甚至某个地主完全相等同。国家与社会的分离，土地占有的不稳定性和地主阶级内部的升降变动剧烈，以及王朝变动频繁等特点，使地主阶级的管理权力必须从单个地主那里游离出来，由代表地主阶级的国家

机器实施集中的、职业化的官僚制管理。[①]这个统治集团所代表的整体利益与地主阶级的局部利益，甚至与专制主义的最高代表——皇权的利益也并不是绝对统一的。这种不一致性，使国家秩序与社会秩序之间的关系在不同历史时期、同一历史时期的不同阶段表现出复杂多样性。其次，秦汉以降国家秩序与社会秩序之间的相互分化愈益突出，由经济、宗族、宗教、民族、文化等多重因素构成的新的社会秩序逐步产生，其中有的与国家秩序相结合，有的与国家秩序相脱离，甚至具有了独立于国家权威之外的特征。[②]新的阶级的出现，阶层、等级的分化，使原先相对简单的阶级关系复杂化了，也使国家与社会各阶级的关系，社会各阶级、阶层之间的关系日益复杂化。这种复杂化不仅表现在统治阶级与被统治阶级之间的阶级对立，有时也表现在统治阶级各阶层之间的矛盾对立，以及国家与各种社会势力之间的矛盾和对立。最后，国家作为社会"公共权力"的作用更加突出。"公共权力"是国家与生俱来的基本职能之一，而不是外在力量强加在国家身上的。一方面，国家作为占统治地位的阶级利益的代表，它所推行的各种制度必然要体现出占统治地位阶级的利益；另一方面，作为"公共权力"机关的国家，作为全体居民代表的国家，又需要"把冲突保持在'秩序'的范围以内"。这种"秩序"是古代社会文明能够得以不断进步和发展的基础，也使古代国家和社会表现出既相矛盾又相融合的特征。我们试从以下几个方面略论之。

---

① 楼劲、刘光华对此有细致的解剖："与春秋战国时期小家庭取代家族基础上的共同体而成为社会基本生产单位的过程相伴发生的，是地主取代了世袭贵族的社会主导地位。但是，并不凝固地占有土地及其上的劳动者的地主，是不能像世袭贵族那样现成或直接地成为特定区域的统治者的。强制性的公共权力，显然难以紧紧地附着于日益流动的地权。在这种基础上，国家的统治便不再分解为各个地主的统治，而只能以代表阶级整体利益，并能在地主对土地的控制过程中起重要保障作用的专门化的官僚体系来集中的进行。"见楼劲、刘光华著：《中国古代文官制度》，甘肃人民出版社 1992 年版，第 31 — 32 页。

② 参见毛汉光：《中国中古社会史论》第一篇"中古统治阶层之社会基础"，上海书店出版社 2002 年版。

（一）政治与社会领域中国家秩序与社会秩序的关系

在政治领域中，古代国家也适当把政治权力和政治身份分配给被统治阶级，使被统治阶级可以在一定程度上通过制度化的途径与国家建立政治联系，从而使阶级矛盾和对立关系在政治领域中得以调节、缓和。古代国家在政治领域中调节、缓和阶级、阶层的利益关系并不起源于封建时代，如晁福林先生就研究过商周国家在这个方面的职能。但晁先生认为"就商周时代来说，国家机构通过调节各集团、各阶层的利益和关系以缓和冲突的作用，远比后代为甚"①的观点，我们不能完全赞同。晁先生将商周时代国家与部族的联合，以及商周国家按照被征服部族既有的血缘社会关系、政治关系进行统治的措施视为当时国家对社会集团利益关系的调节方式，当然是卓识。但这是商周国家还不能打破基层社会组织关系实施直接统治，只能按照现有社会秩序管理的表现。从国家调节社会阶级、集团关系的职能上来看，这种方式还是不健全的，甚至是较为粗糙、散漫的。应当说战国以降的封建政权面对日益分化的社会阶级、阶层状况，面对直接统治的全体社会居民，面对日益增多并且日益复杂的社会事务，调节社会阶级关系的重要性和复杂性比先秦时代愈益突出，手段也更加丰富。首先，国家给予更多居民获得政治参与的机会，从形式上使社会大多数阶级、阶层拥有一定的政治身份成为可能。其次，国家注重吸收各阶层的优秀人才参与行政管理，使被统治阶级中的部分优秀人物也能够上升到统治阶层。战国时期被称为"布衣驰骛之时"，汉初被称为"布衣将相之局"，是社会阶级关系大变动的象征与结果。此后，除极个别时期外，历代人才选拔制度最基本的特色是逐步拓宽选拔途径，摈除贵族化和民族化因素，扩大选拔范围，吸收更多的优秀人才进入官僚队伍，使中国古代官僚队伍成为中国古代社会优秀人才最为集中的

---

① 参见晁福林：《先秦社会形态研究》，北京师范大学出版社 2003 年版，第 67 页。

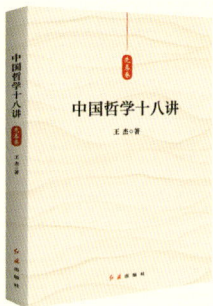

本书主要选取先秦时期儒家思想发展的视角，从原始宗教与神人的关系开始讲起，追本溯源，梳理中国哲学发展的路径，厘清中国哲学主干上的硕果，揭示中国哲学精神的基本内核，给读者展示出一个完整的中国思想进化的过程，清楚认识到中华传统文化在国家治理、个人修养等方面的直接、间接作用，以为现实服务。

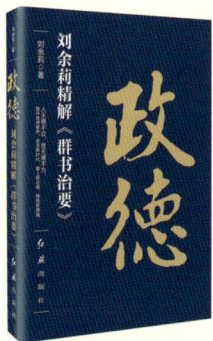

定价：58.00 元

国无德不兴，人无德不立。政德建设是全面从严治党的内在要求，与中国传统"为政以德"思想一脉相承。本书从治国宝典《群书治要》中选取历代圣贤的政德实践智慧，按"严私德、守公德、明大德"三个体系，结合党政工作之需，进行精要解析。以古论今、古为今用，旨在帮助领导干部深入学习政德精神，提升综合素质，成就新作为。

定价：68.00 元

《传习录》是中国历史上极为罕见的"立德、立功、立言"三不朽的圣人王阳明的重要著作，包含了王阳明的主要哲学思想。上卷经王阳明本人审阅；中卷里的书信出自王阳明亲笔，是他晚年的著述；下卷虽未经本人审阅，但较为具体地解说了他晚年的思想。此版在叶圣陶点校版的基础上重新整理，查缺补漏，再做修订。

定价：45.00 元

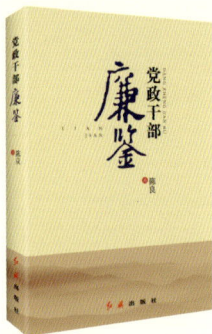

本书收录了作者近几年来关于古代清官廉吏、惩治贪腐与廉政文化等方面文章。这些文章既讲了温彦博、包拯、海瑞、于成龙等历代清官廉吏的廉政故事，也讲了蔡京、高俅、贾似道等臭名昭著的贪官污吏的贪腐历程，深入挖掘和探讨我国历史上廉政建设的经验和教训，语言通俗生动，故事引人入胜，文笔犀利流畅，适合广大党政干部阅读。

定价：48.00 元

党的各级领导干部要努力把马克思主义哲学作为自己的看家本领。本书遵循从哲学之道到工作之术这一主线，系统阐述辩证唯物主义唯物论、唯物辩证法、实践认识论、历史唯物主义、马克思主义人学等核心内容、思维方式及工作方法，是党员领导干部更好地学习马克思主义哲学、提升工作能力非常实用的指导性读物。

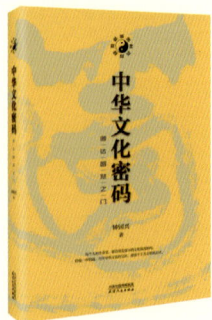

定价：58.00 元

什么是中华文化的密码？什么是中华文化的精华、糟粕和误区？中华文化的思维方式是什么？作者选择了零至九这十个最基本、最简单但也是最重要的数字，阐释其在中华文化中特定、丰富的含义，解析其中蕴含的中华文化所独有的思维方法，为读者提供了理解中华文化精神的全新视角。

定价：42.00 元

地方。最后，国家通过特殊政策、特殊管理，使统治阶级内部不同集团的政治关系在不同的历史条件下得以调整。古代国家阶级关系的缓和调整并不仅限于相互对立的阶级之间。统治阶级内部不同阶层之间也有相互关系的缓和、调整问题。举例来说，贵族与官僚同属于统治阶级，战国以降，国家给予贵族适当的甚至优厚的经济待遇、政治特权待遇，但却与实施国家行政管理的官僚队伍逐步区别开来。在任官资格上贵族往往不仅没有特殊的优势，甚至还有更多的限制。① 当然，对贵族政治权力的限制并不表示国家与贵族在阶级关系上的对立，而是加强专制主义中央集权的需要，或者说仅仅是专制君主严格防范贵族凭借特殊身份危害皇权独尊的需要，而客观上对于封建国家扩大阶级基础，调整阶级关系也是有益的。又如豪强地主、大商人，无疑是封建统治阶级的政权基础之一，但出于缓和阶级关系，维护统治阶级整体利益，以及维护社会稳定的需要，历代国家往往对他们采取限制、打击措施。这种限制和打击当然也不是阶级斗争的表现。历代国家除了实施专制主义中央集权化的直接行政统治外，还采取设立特别政区、设立特别管理机构等多种方式协调统治阶级中不同阶层、不同地区，甚至不同类型统治阶级之间的政治关系。中国古代国家秩序与社会秩序的辩证关系还表现在社会秩序的国家化形式突出，而实际上国家秩序又必须依赖社会秩序的特点。从战国时期开始，社会的国家化表现在国家企图将一切社会组织都纳入国家秩序。如战国开始

① 我们对中国古代贵族的含义理解并不明确，如《现代汉语词典》（商务印书馆 1996 年版）"贵族"条解释为："奴隶社会或封建社会以及现代君主国家里统治阶级的上层，享有特权。"按："统治阶级的上层"及"享有特权"并不能作为确定贵族的唯一标准，甚至主要标准。我们认为，贵族应是指对职位、爵位具有世袭性占有的社会特殊阶层。贵族的特点在于重血统。应当把贵族与官僚，特别是高级官僚有所区别。就中国古代来说，先秦官僚世卿与世禄合一，具有贵族特征。战国以后，严格意义上的贵族政治只存在于极少数时期。绝大多数时期则是皇权政治。参见田余庆：《东晋门阀政治》，北京大学出版社 1991 年版。阎步克先生在《品位与职位》一书中也指出："从'重爵'到'重官'，各种权益开始逐渐向'官'倾斜，这意味着与贵族政治相关的'爵本位'时代已成明日黄花，官僚政治的'官本位'时代已降临人世。"（中华书局 2002 年版，第 108 页）

的户籍制度是编制到每个家庭的。户籍制的严密、完善，是国家控制社会能力的表现，贯穿于整个封建社会。社会国家化的高度发达也表现在历代国家的行政管理体制延伸到乡里村落，而乡里村落的居民则被纳入国家行政体制的编制与管理，乃至日常生活都要受到行政组织的干预。社会的国家化还表现在国家对社会意识形态领域的控制，对社会异动势力的控制、打击，以及社会势力的官僚化等方面。以上所展示出来的特点使中国古代的国家秩序从形式上看具有很强的社会控制能力。但这只是一方面，在具体的行政运作上，特别是在基层社会，国家秩序又表现出对社会秩序的依赖性。秦汉乡里的三老、长老、父老、孝悌力田等不是国家的在编吏员，不享受俸禄，但却是参与国家基层社会事务管理的重要人物。北魏的宗主督户制和三长制，也是利用既有的社会自然秩序贯彻国家秩序的。明清乡绅对于国家治理基层社会的重要性更是大家所熟知的。但是正如我们对中国古代社会秩序的国家化应当有正确的评价一样，对于国家秩序依赖民间秩序实施统治的性质也应当有正确的评价。学界有人把这种依赖视为乡村"自治"，乡里领袖视为"民间代表"，甚至给予很高的地位，恐怕还要从概念和史实的角度更加慎重考虑。

（二）经济领域中国家秩序与社会秩序的关系

在农业、工商业等不同经济领域、不同地区的经济领域以及不同时期不同部门的经济领域中，国家秩序与社会秩序之间都存在着错综复杂的关系。国家秩序既有维护正常社会经济秩序的公共权力职能，又有违反经济规律而引发社会秩序动荡甚至崩溃的破坏作用。限于篇幅，这里只简要分析国家秩序是如何在社会经济领域中发挥其公共权力职能的。第一，统一的专制主义中央集权国家有利于集中人力物力修建大型公共工程，促进社会经济的发展。从这些公共工程中受益的当然不仅仅是统治阶级，其他社会各阶级、阶层也能从中获益。第二，历代有远见的统治者所采取的轻徭薄赋、节省民力、限制土地兼并等经济措施，客观上使生产关系得以调整，把阶级剥削和压迫限定在一定范围之内，使生产力与生产关系的结合处于一个较为稳定的环境之中。中国历史上的"文景之治""贞观之治""洪武之治"等所谓"盛世"的重要表现之一，就是经济领域中的社会秩序相对繁荣和稳定。我们知道，生产力是推动社会经济发展的根本因素，但是生产力并不是纯粹自发地形成的，近来有学者认为"阶级社会的生产力产生于各种生产中阶级合作的方式和方法"①的看法虽有失偏颇，但其中也包含着若干合理因素，这个合理性就在于国家在经济领域中有着调节生产关系的责任与能力。第三，国家通过掌握公共经济资源的分配权力缓和、调节社会阶级关系。历代国家，特别是封建社会前半期的国家，掌握着以土地为中心的大量经济资源。国家按照不同原则将这些经济资源分配给社会各阶层，从而使阶级矛盾关系在经济领域中得到缓和。例如，从战国秦汉的"名田宅"制到西晋、唐的占田、课田制、均田制，无不包含着国家控制土地兼并的深层含义。除此之外，历代国家还在天灾人祸、动乱之余等特殊历史时期，将国家拥有的土地、山林、矿产、苑囿等资源分配给社会，使社会矛盾得到一定程度的缓解。第四，国家通过政策调控，使不同地区、不同门类的社会经济能够协调发展，使各阶级、阶层在经济关系上的矛盾得以缓和。例如，在农业上，通过"重农抑商"政策及其他减轻农民负担的政策保护为国家提供赋税、徭役来源的小农经济，使农民能够维持简单的再生产能力。通过徙民政策使土地供应的紧张关系得到局部缓和。在工商业上，国家通过官营和官府控制商品生产、商业流通等方式，在一定时期使牵涉到国计民生的商品生产能够有计划地进行。官营商品生产除了便于交流生产技术的积极作用外，也在其他方面发挥过一定的历史作用。第五，历代专制主义中央集权国家秩序的加强"巩固了国家的统一，维护了社会的安定，也使人身依附关系逐步减轻。这些都有利于我国古代商

---

① 任奇正：《历史上阶级合作的特征及作用》，《史学理论研究》2001 年第 2 期。

品经济的发展，特别有利于商品流通的繁荣"①。这对于社会秩序的稳定和发展也是十分有益的。

（三）思想文化领域中国家秩序与社会秩序的关系

古代国家在意识形态领域中调节国家秩序与社会秩序的表现之一，是在一定程度上将社会思想上升为统治思想，使国家主流意识形态与社会思想表现出某种重合性。唯物史观认为，"统治阶级的思想在每一时代都是占统治地位的思想"。但是我们不能作机械的理解。即不能把每一时代的主流意识形态仅仅看成是统治者根据自身所处阶级、阶层的需要而凭空设计出来的思想理论。例如，封建国家的主流意识形态是儒家思想占统治地位。儒家思想的法典化是在汉代。②对此，学者们大都从统治者的选择和儒家思想内在的分化来论述其地位确立的原因，这当然是不错的。但是也要看到，任何思想的出现都是一定社会思潮的产物③，不是政治家、思想家的凭空想象。儒家思想被汉代统治阶级定于一尊并绵延不绝，不仅是儒家思想中所包含的内容符合统治者的需要，也与儒家思想有着深厚的历史背景并符合中国社会历史发展的特点有关④。尽管先秦兴起的诸子百家无不有一定的社会基础，在传统社会中也有一定影响，但是可以说没有哪一家学派能够像儒学这样与社会有如此紧密的联系，有如此顽强的生命力。对长者的尊重和对以血亲关系为核心的孝的观念以及其他道德规范的高度重视，是传统社会秩序的重要特点之一。儒

---

① 参见胡如雷:《中国封建社会形态研究》，生活·读书·新知三联书店1979年版；冷鹏飞:《中国古代社会商品经济形态研究》第178页与结语，中华书局2002年版。
② 参见侯外庐:《中国思想通史》第二卷，人民出版社1992年版，第46—47页。
③ 杨向奎先生曾说:"一个时代有一个时代的思潮；一种社会有一种社会的思潮。这种思潮凝集在个人身上，就是思想家或哲学家。"参见杨向奎:《宗周社会与礼乐文明》，人民出版社1992年版，第207页。
④ 姜广辉先生在其主编的《中国经学思想史》第一卷中说:"儒家经典之所以适膺其选，是因为它适应了当时宗法血缘社会的需要……它不仅要能适应当时政治的需要，也要能反映社会共同体的价值理念。"（中国社会科学出版社2003年版，第13页）

学与社会关系的这个特点正是统治阶级之所以选择儒学作为正统意识形态的重要原因。中国历史上也有个别时期佛、道思想得到特别的推崇，但它们在社会中的影响层面远不如儒学深厚，并且有被儒学日益同化的倾向。[①]

儒学是封建统治阶级运用思想文化手段调整国家与社会关系的一个重要工具，但并不是唯一的工具。如汉初统治者选择黄老思想，就比儒学更符合社会的实际需要。黄老思想的弥漫及其对统治者政策制定的影响，在一定程度上避免了汉初阶级矛盾关系的激化是众所周知的历史事实，而黄老思想明显有发自社会的特点。如果说儒学、黄老思想统治地位的形成更多的是国家与社会之间思想互动的反映，其结果使不同阶级、阶层之间的关系从中得以调节、缓和的话，那么法家思想地位的确立，则是统治阶级调整内部关系、加强社会控制的需要。法家思想不像儒家那样有广阔的社会基础，并且法家思想自产生伊始就以其强烈的工具性色彩受到统治者的青睐。但是法家思想也不是某些政论家所批判的那样属于暴政的理论，是与社会完全脱节的理论。法家所主张建立的国家秩序与社会秩序不仅代表了春秋战国之际社会变革中新兴地主阶级的希望和要求，也体现了脱离宗法血缘贵族政治下众多社会阶层，包括新兴的农民阶级的要求。正是法家思想的影响才使战国以降自耕农稳定拥有小块土地成为可能，并获得相应的法律上的保障，为具有"功"和"能"的社会各阶层人物获得爵位、参与政治铺平了道路，也为统治阶级建立新兴的封建国家、管理新兴的官僚阶层提供了思路和手段。因此，法家思想在缓和、调节阶级关系，体现国家"公共权力"上同样起了重要作用。汉宣帝说"汉家自有制度，本以霸王道杂之"，足见在儒学获得崇高地位的汉代，法家思想仍是统治者所必须依靠的工具。

[①]　刘毓璜在《先秦诸子初探》一书中归纳儒学的演变，指出魏晋是"老庄之儒"，南北朝隋唐是"浮屠之儒"，宋元明是"理学""心学"之儒，明清之际甚至有"申韩之儒"的说法。这正是儒学与时迁徙的结果。（江苏人民出版社1984年版，第248页）

关于中国古代社会建设问题的一点思考

中国古代文明具有历史悠久、内涵丰富、传承久远等诸多特点。绵延数千年的古代国家在社会治理上积累了丰富的经验，体现了中华文明的智慧，当然也留下了诸多教训。系统总结我们祖先在社会建设问题上所取得的成就，找寻其不足是一个很大的课题，我们这里只是从宏观的角度谈一些粗浅的看法。

一、古代社会建设的理论问题本质上是古代国家与社会的关系问题

在人类文明的发展历史上，先有社会而后有国家。国家是社会发展到一定程度以后的产物。一般来说，国家随着阶级的产生而产生，随着阶级的消灭而自行消亡，国家是阶级统治的工具。社会则是由于共同物质条件而互相联系起来的人群。社会不仅在自身分化的基础上产生了国家，而且国家的基本形式、结构与职能都与特定的社会发展阶段有关。从这个意义上看，是社会决定了国家，社会的经济形态、社会组织、社会结构都深刻影响着国家形

态的发展。这就是说，国家是以社会存在为基础的。任何时期的国家都需要顺应社会实施统治而不是相反。

由于"国家是整个社会的正式代表，是社会在一个有形的组织中的集中表现"①，所以国家机器的功能就不只是单纯的暴力，而是具有"公共权力"的特点。从理论上看，国家具有公共权力的性质才使社会领域中相互斗争的各阶级不至于"在无谓的斗争中把自己和社会消灭"，才可能"把冲突保持在'秩序'的范围以内"②。国家与社会既相矛盾又相统一的特点，决定了作为公共权力的国家不仅是阶级统治的工具，代表了统治阶级的利益，也有代表社会各个阶级、阶层利益的特点，这个特点体现了国家与社会之间的统一性。

充分认识到古代国家与社会具有对立统一的特点对我们研究历史上社会建设问题具有重要理论意义。例如，我们在研究历史上的国家问题时不能只注重国家的阶级性质，只注重国家的暴力性质，而且要关注到代表剥削阶级利益的国家也有与其他社会阶级合作的另一面，这种合作实际反映了国家与社会、社会与国家之间相互协调的问题。特别是在研究国家的职能时，我们不能只停留在对国家机器的静态描述上而忽视其动态的变化过程；不能以专制主义中央集权将古代国家的政治体制一言以蔽之，从而忽视其与社会组织特别是基层组织、社会势力间的多重关系；不能只注重国家机器的政治职能而忽视其在经济、社会、思想文化多领域中的作用。

社会建设有广义和狭义两种含义。广义的社会建设是指政治、经济、思想文化等多领域中国家与社会的关系；狭义的社会建设则指独立于政治、经济、思想文化建设之外的社会与国家之间的一般关系。例如，历史上的社会保障、社会救助、社会治安、社会公益事业、环境保护、社会道德

---

① 《马克思恩格斯选集》第3卷，人民出版社2012年版，第668页。
② 《马克思恩格斯选集》第4卷，人民出版社2012年版，第187页。

建设等都属于狭义的社会建设。这两个方面都是社会建设问题研究的重要内容，构成了国家社会建设的立体画卷。

二、古代国家社会建设以国家与社会相分离为基本前提

人类进入文明社会以后，由于国家形态及其发展阶段的不同，国家与社会之间的相互关系也不同。以中国古代来说，进入文明社会以后，由于血缘性的"族"组织没有被彻底打破，因而地域关系在国家结构中主导地位的形成经历了漫长的历史时期。具体地说，在夏商周三代，国家与社会相分离的特点并不明显。国家组织与社会组织、政治权力与社会权力基本合二为一，国家秩序与社会秩序表现出高度的统一性。这样的文明形态中，国家的社会建设，特别是狭义上的社会建设职能是较为有限的。战国以后，以专制主义中央集权为特征的郡县乡里行政组织取代了具有宗法血缘关系的等级分封制，官僚制取代了世卿世禄的贵族制，国家与社会的分离愈益加速，社会建设的重要意义日益凸显。而在秦汉大一统的国家形成后，社会建设更成为国家管理的一个重要方面。

中国古代国家的社会建设问题研究既有必要性也有可能性。从中国历史的实际发展过程看，专制主义中央集权的国家形态从秦汉至清代，存在了2000多年。如果撇开王朝变更的因素看，大体相同的政治体制实施了对社会如此长久的控制，显然不是简单地用阶级斗争理论所能够作唯一解释，必然还有其更为深刻的社会背景。但是这个方面的研究我们还不够。例如，20世纪以来学术界对中国封建社会为什么能够长期存在及延续进行过热烈的讨论，但由于时代的限制，学者们较少从古代国家社会建设与社会稳定关系的角度来探讨封建社会能够长期延续的原因。实际上，历代封建国家不仅十分重视社会建设问题，而且在许多方面取得了卓有成效的成就。正是这种成就的取得，才使中国古代社会在十分复杂的历史条件下，能够获得较为持续的

发展，文明没有中断。这说明，中国古代社会建设问题本身可以构成一个专门的研究对象。

既往史学界在古代国家的政治制度研究上已经做了大量工作，虽然可以给我们提供足资借鉴的参考，但与社会研究之间有相互脱节的现象，因而这些研究往往是静态的、孤立的，看不见其与社会之间的互动关系。这些年来，关于古代社会的研究无论在具体问题上还是理论视角上都比以前有了很大的进展，如各种类型的社会通史，专题性的社会通史和断代史陆续问世，从而出现了将社会建设与社会问题作为一个独立研究对象的趋势。国家与社会之间的互动关系，特别是基层社会组织与国家政权的关系愈益引起人们的重视，从而改变了过去主要从国家机器对社会实施单向控制的思维来思考中国古代国家与社会关系的模式。这些视角可以给我们提供若干新的思路。

传统的文献材料在社会建设问题上虽然没有留下很多独立完整的史料，但亦非无根可寻。如果我们变换视角，传统文献中的许多资料仍有很多可挖掘的内容。秦汉简帛、敦煌文书、徽州文书与明清档案等材料的发现与整理也为社会建设问题的研究注入了新鲜血液，从而为我们从多角度研究社会建设提供了可能。

古代社会建设中有许多值得关注的重大问题。例如，社会建设关系到社会稳定，而阶级、阶层关系的利益协调在社会稳定中尤其具有特殊的意义。秦汉以降，中国古代国家秩序与社会秩序之间的相互分化愈益突出，由血缘、经济、宗教、文化等多重因素构成的新的社会秩序逐步产生，其中有的与国家秩序相结合，有的与国家秩序相脱离，甚至具有了独立于国家权威之外的特征。新的阶层、等级的分化，使原先相对简单的阶级关系复杂化了，也使国家与社会各阶级的关系，社会各阶级、阶层之间的关系日益复杂化。这种复杂化不仅表现在统治阶级与被统治阶级之间的阶级对立，也表现在统治阶级各阶层之间的矛盾对立，以及国家与各种社会势力之间的矛盾和对立。

国家不仅对影响社会稳定的社会势力采取坚决打击的措施，也采取吸收和同化的办法，扩大统治的社会基础，促进社会稳定。在不断加深社会国家化的同时，历代国家也十分重视依靠民间社会的自然秩序实施统治，重视国家秩序与社会秩序的协调发展。

古代国家的社会建设当然不仅仅是一个阶级关系、社会关系相互协调的问题，社会建设还包括许多具体的方法和措施。例如，历代国家在遇到重大社会问题时采取什么样的措施？有什么样的经验教训值得总结？历代国家是通过什么样的社会保障措施维持社会基本稳定的？历代国家是如何处理农民、农村、农业问题的？结果如何？历代国家是怎样处理宗教问题的？历代国家是怎样处理灾疫问题的？历代国家是怎样处理与各种社会势力关系的？历代封建王朝兴盛、衰落的社会基础是什么？历代边疆问题与社会稳定有什么样的关系？历代国家在思想道德建设上究竟做了什么？效果如何？凡此等等，都需要我们从史实的角度予以总结。

历代的社会建设思想与具体社会建设内容之间也有着辩证关系。中国古代的思想家大都有着经世的忧患意识。他们在不同历史条件下阐述的思想往往都不是空乏的议论，而是有着现实的基础。思想与社会之间的互动关系，使古代思想家关于社会建设思想内容也十分丰富。其中有些思想在当时被转化为历史现实，有的在后世不同的历史条件下得以局部实现，当然也有些思想始终只停留在理论层面上。但这些毕竟都是中国古代文化中的遗产，其中有糟粕，但也有精华。哪些是精华？哪些是糟粕？需要我们认真总结。

一个时代的社会建设是受多重因素制约的，社会建设能否实现协调、稳定，是每个时代统治阶级都需要面对的，也是无法回避的重大问题。历史证明，解决好这些问题，一个时代的社会就会相对稳定、繁荣，解决不好这些问题，社会就会出现动荡，乃至国家的灭亡、王朝的变革。

秦王朝社会建设思想初探

有学者在关于秦代历史的札记中提出秦代（指秦始皇时代）没有"提出一个理想来"，并指出当时所有的诏书"没有一个说建国的目的在哪里"，秦始皇只是四处立碑歌功颂德，表扬自己的功劳，要求天下人都要守法，而"他的守法，守的不是社会的安定，其所谓法的目的仅仅是维持他个人的权威，并没有目标"。因此，结论认为秦代是一个"没有社会基础支持"的帝国。如此看来，曾经横扫六合、统一六国的秦始皇亲手建立了一个帝国，却又彻底站在了这个帝国的对立面，并破坏了它。尽管这些观点有汉初的"过秦"论作支持，但对秦始皇及其所建立的秦王朝来说仍然有失公允。

对历史的认识不能简单化，但往往又容易陷入简单化，其中原因很复杂。汉初政论家的言论，包括司马迁在《史记》中关于秦始皇的记述，在史料运用和理论分析视角上都不能说没有自己的选择。总结秦亡汉兴的历史经验以及在汉初形成的"过秦"思想高涨，有过激之处不难理解。问题在于我们今天对历史的分析还是要实事求是。诚如有学者所说的那样，对秦代的历史要"重新审视汉人的记载和评论，在鉴别史料的基础上，作具体、再具体的分析"。这个观点是值得我们重视的。毕竟受史料的局限，传世文献的相对匮乏也曾长期制约学者对这些问题的探究，上述结论之形成，的确存在"文略不具""其详不可得闻也"的客观原因。

20世纪70年代以来，大量秦简牍资料相继发现，不断增益我们对秦朝的全面认识。仅就秦始皇个人而言，我们已经不能仅仅依据"过秦"论，把秦始皇视为战国混战的历史中走出来的一个暴君，也不能把他的行为完全看作统一以后秦代社会的对立面。事实上，秦在破除旧的社会秩序之后，也有关于新的社会秩序建设，有一套完善的社会建设思想，并非乏善可陈。只不过这些历史往往藏在史料的细节之中，不去悉心体会，不作具体分析，是很难挖掘出来的。对此，试从沙丘遗诏说起。

始皇帝三十七年（公元前210年），秦始皇在第五次出巡的途中病逝沙丘。《史记·秦始皇本纪》载，秦始皇死前给公子扶苏留下了一道遗诏："与丧会咸阳而葬。"意指要扶苏从上郡回到咸阳参加葬礼。这道遗诏在《李斯列传》中还有"以兵属蒙恬"及"与丧会咸阳而立为嗣"诸语，可见遗诏的实态究竟如何已很难知晓。秦始皇有二十余子，胡亥为其少子，并且当时就在他的身边，扶苏虽是长子，但秦始皇似乎并不怎么喜欢他，那么这道遗诏究竟是要表达什么？赵高看出了其中的奥秘。他告诉胡亥：始皇独赐长子书，是明确表示要立扶苏为皇帝。胡亥也认为父亲的意思就是如此。此后赵高与胡亥、李斯密谋逼死扶苏，并造成秦代历史的重大转折是人们耳熟能详的事了。

从史料的记载来看，秦始皇与其长子扶苏之间在思想上不协调。如秦始皇坑"诸生"于咸阳，扶苏就曾劝谏秦始皇不要采用这样的"重法"，恐引起"天下不安"。史书记载扶苏"刚毅而武勇，信人而奋士"，是说他坚毅勇敢，待人诚信。这与刚愎自用、"乐以刑杀为威"的秦始皇在性格上似乎也不相同。史书又说扶苏屡次上书"议时政"，这种矛盾甚至发展到秦始皇难以容忍的地步，而把他赶到边郡监军。既然如此，秦始皇为什么在死前又要把他所创立的统一王朝交给这个与他似乎有思想矛盾的长子扶苏手中呢？我想，从秦始皇的个性看，他选扶苏作为接班人的原因恐怕与其身为长子并无太大关系，决定性的因素在于秦始皇从内心意识到秦朝需要一位能够安定天下的统治者，而胡亥及其他诸子承担不了这个责任。而这一"改弦更张"的政治安排，显然不是他去世前才考虑到的。

汉初贾谊言秦之治乱兴衰，刘向曾赞曰："贾谊言三代与秦治乱之意，其论甚美，通达国体，虽古之伊、管未能远过也。"贾谊认为秦速亡的原因是"取之守之者无异也"。因此，贾谊提出了一个很有意义的命题："取与守不同术也。""取"是战争、进攻、夺取，"守"是安定、稳定、建设。那么秦始皇在统一以后的十几年里，在社会建设上是否只有破坏和暴政而毫无建树？秦始皇是否在"取"与"守"的问题上没作一点思考？对此，我们应当实事求是地分析。

首先，秦代在社会建设上有求"同"的思想。始皇帝二十六年（公元前221年），秦灭齐，初并天下。同年，秦始皇否定了分封制和郡县制两种社会行政管理体制并行的方法，采取单一的郡县制，这样，秦境内的社会管理完全变为中央集权式的，世袭的贵族分封制被彻底废除。秦始皇本人说，这样做的目的是"求其宁息"（二十六年语）、"天下和平"（二十八年琅邪刻石），因此拒绝分封，以求整齐划一，这是政治体制上的"同"。与此同时，他还把各种不同的社会生活方式加以统一。史书记载，二十六年秦始皇"一法度衡石丈尺。车同轨。书同文字"。这里的"一"也是"同"的意思。"同"就是要把过去不同的东西统一起来，"同"的思想和行为与当时的社会有千丝万缕的联系，牵涉方方面面，背景很复杂，这里不全面谈。在社会建设上求"同"好不好？不可一概而论，要具体分析。但统一"法度"对社会无疑是有益处的，如统一文字，统一车轨、道路，统一计量单位，统一货币，这些对于社会有好处，如果联系到战国纷乱的历史背景，其益处更不待言。

再谈一点秦法与秦代社会的关系。汉代的政论家说秦法冷酷严苛，赭衣塞路，囹圄成市，法律把社会变成了一所大监狱。过去我们对汉初法律不甚了解，因而对这些政论家的言论理解得过于绝对。可是这些年出土的汉律与秦律相比较，很多方面其实差不多，甚至完全相同。出土的秦律虽很严密，但也很难和汉代政论家所描述的内容完全相吻合。因此，完全把秦律看成秦代社会的对立物并不合适。秦始皇在很多场合都谈到了法律与社会的关系，如在二十八年泰山刻石中说"治道运行，诸产得宜，皆有法式"，琅邪刻石中说"端平法度，万物之纪""除疑定法，咸知所辟"，二十九年芝罘刻石中说"普施明法，经纬天下，永为仪则"等等，都是强调整个社会的运行要有法可依。公平的法律是包括老百姓（"诸产"）在内的社会各阶层的行为准则，与战国纷乱的社会相比，这样的法治思想对社会没有什么不好。秦律诚然比较严密，但法律严密与法律苛刻不能画等号。秦律当然是保护剥削阶级利益的法律，但秦律也体现了社会建设的思想，这一点还值得研究。此外，我们还要把秦二世时期的残暴政治以及对社会的破坏与秦律加以区别。唐代柳宗元在《封建论》中评价周的灭亡是"失在于制，不在于政"，秦的灭亡则"失在于政，不在于制"。意指春秋战国社会变化了，但周制却没有变革，周的灭亡乃不可避免。秦的灭亡，过失不在于制度，而在于"政"，即治理体系乱了。秦"制"，当然包括秦律在内。据司马迁《史记》记载，秦二世时期"乃更为律令"，这里的"更"是指"变易"法令，而非谓新造。北京大学藏汉简《赵正书》中子婴进谏秦二世说"夫变俗而易法令……使以法从（纵）其约（欲），而行不义于天下臣，臣恐有后咎"，就是这个含义。秦二世在即位之初，为了应付"大臣不服，官吏尚强"的局面，听从赵高的建议，进而肆意变更和曲解法律，动辄以"诽谤""妖言"诛杀宗室、大臣。史称"胡亥今日即位而明日射人，忠谏者谓之诽谤，深计者谓之妖言""忠良切言皆郁于胸，誉谀之声日满于耳，虚美熏心，实祸蔽塞，此乃秦之所以亡天下也"。我国历史上的"诽谤""妖言"入罪，大概就是从这个时期开始的。另外，出土秦简资料显示，秦律只规定"发致及有传送也，及诸有期会而失期，事乏者，赀二甲（指罚金），废"，意指"失期"只是处以罚金，但是陈胜、吴广起义的理由却是"失期，法皆斩"，律令前后的差异究竟是陈胜、吴广的煽动之词，还是秦二世时期的暴政，也值得探讨。

其次，秦始皇在接受法家思想的同时，并不排斥儒家思想。儒家说统治社会要讲礼仪道德，讲人性善，讲民本。法家讲统治社会要依靠法、术、势，讲人性恶，讲"愚民"。传统观念认为法家是敌视儒家社会思想的，这在韩非的言论中表现得很典型。因此法家思想中的人文精神是比较少的。但细查文献，秦始皇在重法家的同时，并不是不考虑儒家社会思想。二十八年的邹峄山立石，鲁儒生就参与了议论，泰山石刻中还有"男女礼顺"之语。同年琅邪刻石中讲到"法度"要"以明人事，合同父子。圣智仁义，显白道理"。他还强调移风易俗，创造"廉清"的社会环境，这些与儒家社会思想的影响是有关系的。在诸刻石中，秦始皇多次描绘"男乐其畴，女修其业，事各有序"之长治久安的美好社会愿景，这都不能归之于法家。在民间风尚建设上，秦代也注意养老和尊老，提倡孝的观念。过去根据贾谊的看法，自商鞅变法后，"秦俗日败"，既无礼仪也不尊老，如儿子借给父亲农具，会流露出恩赐的脸色；母亲使用一下扫帚和畚箕就会遭到责骂；妇姑之间经常反唇相讥。但是根据出土的云梦睡虎地竹简《为吏之道》的记载，秦代统治者认为"父慈子孝，政之本也"，要求官吏"除害兴利，慈爱万性"，抚恤"孤寡穷困，老弱独转"者。《法律答问》规定，殴打老人要受法律惩处，老人控告子女不孝要立即拘捕子女，除了"公室告"外，子女告父母法律一律不接受，而且要治罪。此外，战国时期形成的依靠三老实施基层社会教化的措施在秦代也得以延续，秦代民间社区也设三老，职责是"掌教化"。这个教化应当是礼仪道德上的教化。岳麓书院藏秦简中有一秦律规定："黔首（指百姓）或事父母孝，事兄姊忠敬，亲弟（悌）兹（慈）爱，居邑里长老率黔首为善，有如此者，牒书……率之千户毋过上一人，上之必谨以实，当上弗上，不当下而上……"，以及"自今以来，有殴詈其父母者，辄捕以律论。典（指里典）知弗告，迁；乡部啬夫知弗捕，论赀二甲"。可见秦代同样注重对孝道伦理的提倡。如果秦王朝能够延续时间长久一些，这些思想应当可以看得更清楚。

最后，秦始皇也有"节事以时"的"民本"思想。湖南省龙山县出土的里耶秦简中，洞庭郡守礼在给属县下达的公文中说："田时殹（也），不欲兴黔首，……（兴黔首）可省少弗省少而多兴者，辄劾移县，（县）亟以律令具论。"此文颁布于秦始皇二十七年二月，也就是统一后的次年。公文中强调要尽量使用犯人来承担徭役，特别是在农忙季节使用老百姓要慎之又慎，如果多加征发，要立即以法律论处。岳麓书院藏秦简中的《徭律》规定：征发徭役时，"田时先行富有贤人，以闲时行贫者"。这似乎与我们对秦代不分时令、不分对象滥用民力的印象并不吻合。显然，这种行政风格及制度规定都是来自中央。如二十八年的琅邪刻石中，秦始皇就说国家要"上农除末，黔首是富"，"忧恤黔首，朝夕不懈"，"节事以时，诸产繁殖。黔首安宁，不用兵革"。结合里耶简、岳麓秦简，这种思想显然在基层是得到贯彻实施的。此外，秦代还有关于环境保护的法律，在出土的云梦秦简和龙岗秦简中都有记录，这里不再赘述。

综上，人文思想的核心是强调以人为本，尊重人的价值，体现对人的关怀。这是一种非常崇高的理想境界。中国传统文化中的人文思想起源很早，如儒家思想和道家思想都可以追溯到先秦时期，随着简帛资料的出土，我们对这两个学派的早期形态认识更加丰富，对其中的人文思想内涵也有了更深刻的认识。但是我们不仅要关注思想家思想中的人文思想，也要关注政治家政治实践过程中的人文思想。历代思想家或者其学派思想中的人文思想要产生积极意义，还要和社会相结合，特别是被统治者所接受并转化为政治实践。中国古代春秋战国以后的国家形态是朝着君主专制和中央集权发展，法家思想逐渐占据上风，典型如秦代。但是，无论是秦代还是以后历代王朝，其统治思想和政治实践中的指导思想并不仅限于法家，如汉初道家思想对政治影响就很大，儒家思想在汉武帝以后占有了"独尊"地位，而在儒学独尊后，统治者也没有放弃法家思想，统治者在政治实践中也会随时调整统治政策，以适应社会的变化，其中包含着丰富的人文精神，即便"酷烈"如秦代，我们也可以透过其社会建设看见统治者的人文关怀。中国的封建社会为什么能够延续这么长？改朝换代很普遍，但王朝统治的形式却为什么长期不变？都与统治者政治实践中比较注意社会建设，在一定程度上吸收各学派思想中的人文精神有关系。

怎样看待历代中原王朝与周边民族的关系

中国自古以来就是一个多民族国家，在漫长的中华文明发展史中，立国中原的历代王朝长期处在周边少数民族的包围之中。因此，如何处理与周边民族的关系，便成了历代王朝统治者必须时刻面对的重大政治问题。今天的史学家在回顾中华文明的发展历程时，也不得不把中原王朝与周边民族的关系放到一个十分重要的地位，甚至提高到影响中华文明的兴衰、导致王朝周而复始的高度。其中的某些观点未必完全正确，还有可商榷的地方，但它提示我们探求历代中原王朝与周边民族的关系是一个重大课题，不仅对于我们正确认识历史上的民族关系有重要意义，而且对于我们今天处理好国内的民族关系、增强民族凝聚力有着一定的借鉴意义。

一、历代中原王朝与周边民族关系的类型

今日"中国"的概念和疆域大体是在清代康雍乾时期形成的，正式成为国名则在辛亥革命以后，历史上的"中国"大多数情况下只是一个地域概念。秦代以后建立的王朝无论出于哪个民族，都试图以问鼎中原为己任，因为中原地

区拥有发达的社会经济和文化，一旦占据中原也就意味着占有了庞大的社会财富，拥有了"正统"的政治地位。历代中原王朝以汉族为主体，但并不都是汉族建立的。因为历史上的中国地域广大、地形复杂、族群众多，由于各种原因（主要是经济原因），中原王朝周边的民族总是不断呈现出内倾化的趋向。为了抵御这些民族的威胁，保护中原王朝能够控制的地域，稳定其统治秩序，统治者必须竭力思考各种办法和对策。因而，如何处理与这些周边民族的关系就成了历史上许多王朝面临的棘手问题，但又是不得不面对的事实。自秦汉时期开始，华夏族在民族融合的基础上形成了新的民族——汉族。先秦时代的少数民族有的融入了汉族，有的还继续保持独立状态。与此同时，在汉族的周边又不断出现新的少数民族。尽管历代统治者都声称"海内为郡县，法令由一统"，但事实并非完全如此。很多时期王朝统治者并不能把这些少数民族都统一到帝国的疆域里来，进而形成复杂的民族关系。综合分析历代中原王朝处理与周边民族关系的方式，大体可分为这样几种类型。

（1）中原王朝设立行政机构对周边民族进行直接统治，并将少数民族中的优秀分子吸收到国家各级管理机构中。秦汉中央政府中设有"典客"，汉景帝时改为"大行令"，汉武帝时改为"大鸿胪"，是专门管理周边少数民族事务的中央机构。在地方行政机构中，与县一级平行的还有"道"，设立于有"蛮夷"，即少数民族聚居的地区。其目的显然与管理少数民族有关。在秦汉的各项制度中，道和县一样要接受中央的直接管理。三国至北魏，各朝大都设有大鸿胪，并置谒者仆射或鸿胪卿等官职，负责管理少数民族事务。唐代中央的鸿胪寺中有专门机构管理周边民族事务，管理内容十分庞杂。宋代鸿胪寺既掌管国内少数民族事务，也管理与外国通使等事宜。南宋时，废鸿胪寺，民族事务归礼部管理。明朝恢复鸿胪寺，并设九关通事、外夷通事等官职，掌管少数民族事务。清朝鸿胪寺只管朝会、宾飨赞相礼仪，而将管理民族事务的职能交给理藩院。

历代中原王朝还在征服或能够控制的周边民族地区设置各种机构实施管理，有直接统治，也有间接统治或藩属。如汉朝在击败匈奴后先后设置了河西四郡；在征服越族后设置九个郡，采取迁徙的方法使其与汉族融合；在征服云贵川数量众多的部族后设立了六个郡进行管理；在征服了朝鲜半岛后设立四个郡进行管理。对内徙的一些少数民族设立属国，置属国都尉管理，其内部事务仍由该民族内部组织自行管理。对周边民族进行间接统治的方法，在以后许多王朝都广泛存在。在一些不具备设置郡县的边疆地区则设立专门机构进行管理，如汉宣帝在控制西域诸国后，设立西域都护，对西域实施军政管理，设立护乌桓校尉管理东北的乌桓、鲜卑等民族，设使匈奴中郎将主管北边匈奴，等等。

历代中原王朝还采取吸收少数民族中的杰出人物进入国家政权，参与政治管理。例如，汉武帝时期出征匈奴的将军公孙贺就是北地义渠人。他的祖父公孙昆邪在汉景帝时被封为平曲侯。汉武帝临终时的顾命大臣之一金日磾是匈奴的太子。汉代的军队中有"胡骑""越骑"，很多人即来自少数民族。唐太宗说："所有部落，爱之如子，与我百姓不异。"唐代不仅许多高官贵族具有少数民族的血统，而且有很多周边民族人物在国家机构中任职。据统计，唐太宗时，突厥各部首领仅在京任五品以上将军、中郎将者就有 100 余人。而历代由少数民族入主中原后建立的政权，同样也吸收了大量汉族杰出人物进入统治阶层，推进其封建化、汉化的过程，如北魏孝文帝、元朝忽必烈时期都是如此。

（2）中原王朝对不能直接管辖的周边民族地区采取羁縻、和亲的政策。《汉书·匈奴传》说："自汉兴以至于今，旷世历年，多于春秋，其与匈奴，有修文而和亲之矣，有用武而克伐之矣，有卑下而承事之矣，有威服而臣畜之矣。"羁縻与和亲即属于上述类型之一。

"羁縻"原意指套在牛马头上的笼头。《史记·司马相如列传》说："盖

闻天子之于夷狄也，其义羁縻勿绝而已。"司马贞《索隐》注："羁，马络
头也；縻，牛靷也。""羁縻"制度是历代封建王朝在多民族国家里对社会发
展不平衡的少数民族地区所采取的一种民族政策。历代封建王朝的统治势力
先后发展至边疆各少数民族地区时，首先接触到的一个历史事实，便是各少
数民族内部的政治、经济、文化的发展与汉族地区不一样，因而不可能应用
对汉族地区的那一套统治方式。于是，采取什么政策对这些少数民族地区进
行统治的问题便产生了。随着各王朝在少数民族地区统治势力的逐步深入，
解决少数民族地区统治的政策措施也愈来愈趋于完备，这就是少数民族地
区的"羁縻"制度建立的由来。唐代羁縻制度十分完善，设很多羁縻州、羁
縻县。这些州、县在政治上利用少数民族中旧有的贵族制进行统治；在经济
上维持原来的生产方式，尽管统治者有时号称他们羁縻的目的是"不贪其
土地，利其人马也"，但实际上也要求其纳贡，只不过会有一定的区别而已；
在文化上尊重各少数民族的风俗习惯，保持族内原有的社会组织。唐代的羁
縻制度，是后来几个王朝土官（土司）制度之渊源。中国古代的羁縻制度实
际上是一种高度的自治制度，历史经验表明其有效性是建立在中央政府力量
强大之时，中央政府一旦衰落，羁縻也就随之土崩瓦解。

　　所谓和亲，就是让公主、宗室女，有时也让平民女子冒充嫁给少数民族
首领为妻的一种政治联姻方式，通过这种方式达到维持中原王朝与周边民族
的关系。有学者统计，从西汉到清代，和亲至少有 150 余次，因此和亲也是
历代中原王朝处理与周边民族关系的方法之一。也有学者将其归纳为羁縻的
一种，但和亲比羁縻更松散，形式也更复杂。如既有在中原王朝强大时以中
原王朝为主体的主动和亲，也有在中原王朝衰落时被动的和亲。

　　从历史实际看，以中原王朝为主体的和亲基本都是把和亲作为一种外交
政策，如汉武帝与匈奴断绝和亲，却同乌孙和亲，即说明西汉已把和亲作为
一种外交政策，根据形势的不同而变通运用。唐朝与回纥、契丹、吐谷浑、

吐蕃等民族的和亲，也大都是为了改善与周边民族关系的国内政治需要。如唐太宗对与薛延陀的和亲就有对时局的判断，是战还是和？唐太宗分析利弊后最终选择了和亲，也得到朝中重臣的拥护。也有被动的和亲，如汉高祖与匈奴的和亲就是在"白登之围"受到重创后的被迫选择。不同背景下的和亲意义不一样，如汉初的和亲是在屈辱的条件下开展的，汉王朝不仅要公主嫁给单于，而且还要奉送给匈奴大量的财物，甚至有时还要忍气吞声地接受侮辱。班固所讲的"卑下而承事之"，指的就是这种情况。

（3）中原王朝与周边保持独立的民族政权，呈现出时战时和的状态。历史上中原王朝的周边还有不少独立的民族政权，他们与中原王朝的关系很复杂，可以用时战时和来形容。例如，汉王朝与匈奴的关系就是这种类型。匈奴立国后仍然保持游牧民族的特点，生存的需要迫使他们不断入侵中原。对匈奴的战争构成汉朝军事生活的主要内容之一。当汉王朝强大时，匈奴在军事打击的压力下四处迁徙甚至远遁，如东汉北匈奴西迁。当汉王朝衰弱时他们则伺机入侵。这样一种互动的政权之间的关系广泛存在于中国古代历史中，有时周边民族政权甚至最终击败中原王朝，入主中原，历史上的北魏、元朝、清朝便是如此。

二、历代中原王朝处理与周边民族关系的若干经验教训

中国历来是一个多民族国家，历代中原王朝处理与周边民族的关系既积累了成功的经验，也留下了失败的教训。试从如下几个方面来分析。

（1）战与和。历代中原王朝围绕与周边民族是战还是和的问题发生过很多争论，必须进行具体分析。在周边民族不断干扰中原王朝的正常秩序，或以不平等的关系影响中原人民的安定生活时，中原王朝采取反击的措施是必要的。如汉朝开国后相当长的时间里与匈奴的关系，是在汉朝采取极端容忍、退让的前提下维持的，匈奴仍时常侵扰边境。在这种情况下，汉武帝决定用

战争来制止匈奴的侵扰具有积极意义。著名史学家谭其骧先生曾说："汉武帝要不是对匈奴进行反击的话，那历史就要倒退。"从实际效果看，这场战争尽管消耗了大量国力，但在相当长的时间内匈奴再也不能成为大患。而东汉对羌族的用兵，则是因为东汉统治者对羌族长期的暴虐政策激发起羌人的反抗而引起的，这样的战争毫无正义性可言。历史上中原王朝开明君主如果能够审时度势，以和为主，以战为辅，往往能收到很好的实际效果。如唐太宗处理唐朝与周边民族关系时声称"自古皆贵中华，贱夷狄，朕独爱之如一"，他权衡利害总体上选择了羁縻、和亲的政策，被西北各民族称为"天可汗"。这是他选择以和为主思想的体现，也是他"四海可使如一家"民族思想的体现，包含着丰富的政治智慧。

（2）对周边民族的闭关与开放。历史上中原王朝与周边民族关系的形成过程很复杂，有很多因素。但对周边民族是开放还是闭关，也往往是影响其关系发展的重要因素之一。以汉初的南越国为例，南越国建立后，刘邦曾派陆贾出使，说服南越王赵佗"称臣奉汉约"。吕后当政时，有大臣提出禁止把中原的铁器及雌性牲口运往南越国，被吕后批准。南越因此派人来中央要求撤销禁令，恢复贸易，吕后不但不允许反而扣押了使者。于是赵佗再次称帝，派兵北上攻打汉朝。汉文帝时又恢复了安抚政策，不仅继续开展边境贸易，还修复了赵佗的祖坟，年年祭祀，于是赵佗又去帝号恢复臣属的地位。此外，汉朝和西域关系的疏通与汉王朝设置的西域都护保护"丝绸之路"畅通，保护沿途商人使者正常来往，加强各民族间经济、文化交流的积极意义分不开。在此基础上，西域各民族与中原王朝和平相处了相当长的时间。唐代在羁縻与和亲政策下中央政府对周边民族也主要采取的是开放政策，如设立"互市监"管理民族间贸易的各项事务。唐玄宗曾说："国家旧与突厥和好之时，蕃汉非常快活，甲兵休息，互市交通，国家买突厥马、羊，突厥将国家彩帛，彼此丰足，皆有便利。"文化的开放对处理与周边民族的关系也很重要。是闭关还是开放，历代中原王朝乃至同一朝代不同时期的情况不能一概而论，历代中原王朝与周边民族的关系较为融洽和谐时，也往往是政策较为开放的时期，二者互为因果。当然，历史又是复杂的，中原王朝丰厚的社会财富也是周边民族上层统治者觊觎的对象，因此平等的开放往往只能建立在中原王朝自身力量强大的基础之上，闭关有时更是迫不得已。

（3）"夷夏大防"与"同为一家"。中原王朝与周边民族的关系还深受华夏族古老民族观念的影响。由于生产力发展水平的差异、战争威胁以及地理环境的限制和民族间的隔阂，导致先秦时期的华夏族就产生了一种"非我族类，其心必异"的思想，形成了"内诸夏而外夷狄"的处理华夏族与非华夏族之间关系的原则。这种狭隘的民族心理和思想也被封建统治阶级所继承，有着长期的影响。唐玄宗赠给吐蕃中华经典，曾遭到士大夫的激烈反对，认为"戎之生心，不可以无备"。汉武帝平定东瓯、闽越，通西南夷，经营西域，也遭到许多人的反对，除了从劳民伤财的角度反对外，主要仍是从夷夏之辨、"内诸夏而外夷狄"角度出发的。中华传统文化中既有夷夏之防的狭隘民族思想，也有"天下一家"、各民族"同为一家"的观念。中国传统的"大一统"政治文化同样包括了"用夏变夷"的思想，即要用汉族的礼乐文明改造少数民族，只要他们接受了华夏文明就不再以夷狄视之。尽管这并不是民族文化平等的思想，但历代一些有远见的政治家运用这种思想来处理与周边民族的关系，所取得的效果是值得肯定的。历史上有作为的少数民族领袖，如孝文帝、忽必烈积极采用汉化即封建化政策，促进了本民族的历史进步，也是这种文化认同的最高表现形式。是讲"夷夏大防"还是讲"天下一家"，对于历史上统一的多民族国家的发展作用大不一样。"夷夏大防"是导致历史上民族矛盾和冲突的重要根源之一，而"天下一家"则是促进民族融合、民族进步的思想基础。

三、怎样看待历史上中原王朝与周边民族的关系

今天的中国是由历史的中国发展而来的，中华民族历史发展的延续性使我们怎样看待历史上中原王朝与周边民族的关系依然显得十分重要。笔者认为以下几个方面值得注意。

（1）将历史上中原王朝与周边民族的关系和今天中国与周边国家的关系正确区分开来。历史上中原王朝周边的一些民族后来演变为独立的国家，今天周边一些国家与历史上中原王朝周边的民族也有着千丝万缕的联系。因此，我们必须用科学的、历史的态度来看待这些问题。今天周边的一些国家曾经是历史上中国周边民族，并且是由中原王朝设置郡县管理的。我们叙述历史上中原王朝与周边民族的历史，真相要说清楚，不需要回避，但也不能说因为他们在历史上曾经是中原王朝的一部分，而认为今天仍然是我们的领土，这是根本错误的。

（2）民族融合与民族凝聚是主流。历史上中原王朝与周边民族有过很多矛盾和斗争，这是客观存在的事实，无须掩饰。但我国统一的多民族国家的形成并不是封建统治阶级武力征服的结果。世界历史上有一些依靠武力征服而建立起来的军事帝国，后来都崩溃瓦解了。瓦解的原因除了帝国内部没有共同的经济基础外，各民族之间缺乏凝聚力、向心力也是重要因素。中国历史上的中原王朝与周边民族的关系则不一样，在斗争的同时更多的是民族交流与融合，形成了巨大的凝聚力。中原王朝的先进文明带动了周边民族的社会进步，周边民族的新鲜血液又给中原王朝注入新的活力。17 世纪 30 年代迁徙到伏尔加河流域的我国蒙古族土尔扈特部，在经历了一个半世纪的游牧生活后，毅然摆脱沙皇统治，历经千辛万苦回到祖国，就生动反映了中华民族各民族之间的巨大凝聚力。

（3）分析历史上中原王朝与周边民族关系既要反对大汉族主义，也不

能完全站在少数民族的立场上。历代中原王朝不能代表当时中国的全部，今天中国境内各民族的历史都是祖国历史不可分割的一部分。因此，今天我们分析历史上中原王朝与周边民族的关系，应当站在中华民族历史形成与发展的高度。历史上无论是以汉族为主体的中原王朝还是各少数民族政权都曾为民族融合、民族进步做出过重要贡献。同样，无论是中原王朝的统治者还是少数民族政权也都曾有过狭隘的民族心理。如王莽时期的民族关系就是大汉族主义影响下的历史倒退，而历史上许多少数民族政权或实行胡汉分治，或仇视汉族先进的政治文明、农耕文明，也是逆历史潮流而动的。我们在分析历史上的民族关系时还是要实事求是，具体分析。对历史上民族英雄的分析也是一样，不能站在各自的民族立场上。我们要承认汉族和各少数民族的历史都是中国历史不可分割的一部分，就应该承认历史上民族英雄所代表的爱国、正义、勇敢等精神，都是中华民族珍贵历史遗产的组成部分。

第三章

历史是人类的教科书

论史学遗产与爱国精神

中华民族的爱国主义精神源远流长，它深深植根于悠悠 5000 多年的历史沃土，与历代贤哲遗留下来的丰厚史学遗产更有着千丝万缕的联系，而且对中华民族各个历史时期的发展产生了至关重要的积极影响。在 21 世纪实现中华民族伟大复兴的征途上，厘清史学遗产与爱国精神的关系，让更多的人从丰富的史学遗产中汲取爱国主义营养，应是史学工作者义不容辞的责任。

一、悠久的历史文化和丰厚的史学遗产孕育了中华民族伟大的爱国主义精神

在人类历史长河中，中华文明是世界文明史上唯一没有中断的持续性文明。数千年来，中华文明不但以政治实体的形式绵延不绝，而且还被历代贤哲运用丰富多彩的史学体裁从各个侧面记录下来，日久天长，形成人类文明史上丰富的史学遗产。这笔遗产对中华文明的传承、爱国主义精神的孕育起着非常重要的作用。

中国历史上的绝大多数朝代都很重视本朝和前朝历史的编纂。相传早在

夏代的中央行政机构中，史官就占有一席之地。商代甲骨文中的"作册"亦与史官有关。到了周代，左史记言，右史记事，史官的分工更加细密。此后，一直到清代，史官在中央机构中的地位都十分重要。历代统治者所遵循的为前朝修史、为当朝修史的原则以及私人修史之风的盛行，使中国史学与中国历史的发展并驾齐驱，呈现出记载的连续性、内容的丰富性和体裁形式的多样性等特点。[①] 从体裁上分，中国传统史籍有编年体、纪传体、纪事本末体、典制体、会要体等多种形式。唐初史学家在编纂《隋书·经籍志》时，将"史部"书籍划分为十三类，唐宋以降更是异彩纷呈。从数量上看，在中国传统文献中，史书要占总量的"十之七八"。这是其他国家所无法比拟的。在中国传统史籍中，除了官修史书外，还有大量的私家著述，它们共同构成了中国史学遗产的丰厚宝库。丰富的史学遗产不仅为人们学习历史、把握现实提供了便利，同时更为中华民族在不同历史时期继承和弘扬爱国主义精神提供了强大的精神动力。

首先，中国传统史籍中蕴含着强烈的经世意识。中国古代优秀的史学家在其史学作品中，非常善于运用他们独特的历史智慧，阐释"修""齐""治""平"的理想，以期为国分忧、为国献策，实现资政育人的宏伟目标。孔子作《春秋》，目的很明确，就是要用周礼来维护当时被破坏的社会等级制度。这种史学经世的意识到司马谈、司马迁纂修历史的时候变得更加自觉。司马谈说："今汉兴，海内一统。明主贤君忠臣死义之事，余为太史而弗论载，废天下之史文，余甚惧焉。"（《史记·太史公自序》）司马迁著《史记》，提出"究天人之际，通古今之变"。阅读《史记》，我们可以清楚地感受到，越是变革时期的史事，司马迁记载得越详细，用力也越勤。这就反映出他确实抓住了历史的要害，是为活人写历史，为国家的需要写历史，为民族的未来写历史。唐玄宗时期，被誉为"董狐式"的史学家吴兢

---

① 参见瞿林东：《中国史学史纲·导论》，北京出版社 1999 年版。

用一种特殊的体裁撰写了《贞观政要》一书。这是一部记录唐太宗时代的政治史专题著作。他在《序》中写道："庶乎有国有家者克遵前轨，择善而从，则可久之业益彰矣。"这不仅是对前朝为政者的仰慕，更是希望当今及今后统治者能够从历史中汲取有益的经验。杜佑的《通典》虽是私家著作，但他在《自序》中也旗帜鲜明地指出其著史的目的是要"实采群言，征诸人事，将施有政"，经世致用的史学思想跃然纸上。北宋司马光的《资治通鉴》以"专取关国家盛衰，系生民休戚，善可为法，恶可为戒者"（《进〈资治通鉴〉表》）为编纂原则，是封建时代优秀史家具有强烈的关注国家与社会的政治意识的典型代表。

其次，历代史家及其作品中包含着浓烈的忧患意识。"生于忧患，死于安乐"是先哲对中华民族兴衰荣辱的辩证总结。历史是客观的，但是记载历史过程的史学作品总是要带上史学家个人的思考。宋代苏洵在《史论》一文中说"史何为而作乎？其有忧也"，司马迁说"述往事，思来者"，这都准确地表达了中国传统史学的人文情怀。孔子作《春秋》，充满着他对自己所处时代的忧患，笔墨之中隐含着微言大义。司马谈初作《史记》的动机是要歌颂汉兴以来建立的丰功伟业，司马迁继承父业之后却赋予《史记》更多的忧患意识。在《史记·封禅书》《平准书》中，司马迁对汉武帝时代业已暴露的种种社会问题的揭露和对武帝封禅求仙的嘲笑与讽刺，更是一位优秀史家内心忧患意识的集中表现。东汉后期史学家、政论家崔寔、王符、仲长统等人在其著作中，将矛头直指现实，对当时外戚宦官交替专政、王纲解钮、朝政腐败的实际状况予以深刻揭露，将我国古代具有忧患意识的史学思想推向新的高峰。司马光殚精竭虑主持编纂《资治通鉴》，原因之一是对北宋积贫积弱的政治现状有深深的忧患。两宋之际的史学家李焘、徐梦莘、李心传等人的著作是当时人写当朝史，但同时也是对当时国破家亡的社会现实的"忧世""泣血"之作。明清之际史学家黄宗羲、王夫之、顾炎武，清末的龚自珍、魏源、黄遵宪等，也都在自己的作品中倾注了对时代的深深忧虑。这样的事例在中国史学史上可以说是不胜枚举。史学家的忧患意识既有面对乱世的焦虑，也有面对社会变革之际的思考。更可贵的是，即使身处盛世，他们也不忘居安思危。与一般人的忧患意识不同，史学家的忧患意识往往能以严谨的史实为根据，贯穿着博古通今的历史思考，并以史书为载体表达出来，因而能够在更广泛、更深刻的层次上影响人、唤醒人、教育人。

最后，传统史家与史著中追求国家统一、反对社会分裂的坚强精神，崇尚民族英雄、鄙视投降变节的高尚情怀，为中华民族凝聚力的形成提供了强大的精神源泉。千百年来，史学家用"百姓不聊生，族类离散"（《战国策·秦策四》）、"以邻国为壑"（《孟子·告子下》）、"百里无烟，城邑空虚"（《三国志·吴书·朱治传》引《江表传》）等惨烈的语言记述了分裂所带来的深重苦难；用"定于一"（《孟子·梁惠王上》）、"尚同一"（《墨子·尚同》）、"一天下"（《荀子·王制》）等表达了渴望统一的愿望。史学家以浓重的笔墨对"文景之治""贞观之治"等"盛世"的赞誉，是对和平安宁的统一社会的希冀；史学家用充满激情的笔调对民族英雄的歌颂，对背叛祖国、出卖民族利益者的无情鞭挞，是中华民族统一的道德观、历史观的集中体现。

二、丰厚的史学遗产中蕴含的爱国精神在中国社会发展中发挥了重要作用

爱国主义的表现形式虽然多种多样，但它无疑是一种与物质文化、制度文化有别的精神文化。这种精神文化深深植根于一个民族的心灵深处，对一个民族的认知结构、思维方式、价值观念有着深刻的影响。这种精神文化既非外来移植，也难自动生成，而往往是一个民族历史文化长期浸润、积淀

的结果。中国古代丰厚的史学遗产无疑对中华民族爱国主义精神的形成和培育起到了不可或缺的作用。龚自珍说"欲知大道，必先为史"，就是告诉人们要通过学习历史来增长智慧，把握未来。"若问古今兴废事，请君只看洛阳城"（司马光《过故洛阳城》），说的也是从历史中吸取治国安邦的经验。传统史学对历代治乱兴衰的总结，对经世精神的重视，对忧患意识的强调，为一代又一代有识之士治国安邦、资政育人提供了重要的思想源泉，对中国社会的发展产生了重要影响。

首先，中国古代杰出的帝王和政治家在治国理政的实践中非常重视并善于从历史中吸取有益的经验和教训。史载周公在辅佐成王时，对夏、殷二朝灭亡的教训就十分重视。他说："我不可不监于有夏，亦不可不监于有殷。"他不仅从前朝历史中总结出"明德慎罚"这样宏观的政治思想，还制定出"罔敢湎于酒""罔厉杀人"等具体的政令。翻开春秋战国之际的历史，各国主持变法、推行新政的重要人物，其主张虽然是对前代政治的否定，但同样也是对以往历史经验进行总结的结果。秦统一中国后，以秦始皇为首的政治家集团对统一帝国内推行什么样的政治体制进行过公开的、激烈的争论，而最终否认分封制，采取郡县制，正是秦始皇、李斯等一批政治家正确总结历史经验的结果。汉初刘邦开始以"马上得天下"自居，并欲在"马上治天下"，鄙视儒生，拒绝从历史中吸取经验。但经叔孙通、陆贾等人的说服，他终于改变了思想，并命陆贾"试为我著秦所以失天下，吾所以得之者何，及古成败之国"的历史。这种注意从历史中吸取经验教训的思想，影响了汉初几代君主的施政方针，"文景之治"盛世局面的出现与此有着直接的关系。唐代"贞观之治"的出现，也与君臣重视对历史经验的借鉴分不开。唐初名臣魏徵不仅是出色的政治家，也是著名的史学家，他对唐太宗的劝谏很多都是以历史经验为依据的。唐太宗本人就十分重视对历史的学习，他曾说："朕睹前代史书，彰善瘅恶，足为将来之戒。……将欲览前王之得失，为在身之龟镜。"通过研习历史，他不仅认识到"以古为镜，可以知兴替"的道理，而且深感"大矣哉，盖史籍之为用也"。史学对现实社会的借鉴作用是史学家在历史编撰过程中重视总结历史经验的结果，而杰出的政治家又总是能够从中发现深刻的哲理，为治国、理政、育人等政治实践服务。

其次，历代统治者非常重视选拔通经史的人才来为国家服务，并且取得了突出的成效。早在察举制盛行的两汉时代，政府就非常重视士人对历史的学习，统治者通过各种途径将其中的优秀分子吸收到官僚队伍中来，服务于国家。虽然汉代及以后的中国传统社会形式上注重的是经学，但"六经皆史"，经学本身就是史学的一个部分。无论传统的人才选拔有多少弊端，但重视经史的学习其积极意义是显而易见的。正是因为士子们诵习经史，才使得他们熟悉中华民族的历史，并培养起对本民族历史文化的热爱之情。在《史记》《汉书》《后汉书》中的《循吏传》《儒林传》及其他列传中，通经史而入仕者不乏其人。他们入仕后的行政风格与通过学习法律入仕或经小吏而升迁入仕的官僚大不相同，给朝政带来许多新气象。如蜀郡守文翁，通《春秋》，"仁爱好教化"，首开汉代郡国立学校、布教化之先河。龚遂"以明经为官"，在职期间，"吏民皆富实。狱讼止息"。他们勤政爱民、廉洁奉公的行为，无疑与他们的知识文化背景有密切关系。汉代以降，史学的这个功能依然绵绵不绝。从制度层面上看，后赵石勒在大执法下专设史学祭酒，是史学列为官学的标志之一。刘宋时，还出现了国家建立的第一所史学专门学校。习史之风的盛行使南朝取士标准出现了偏离经学、趋向文史的倾向。在唐代，"史学"更成为科举考试中的一个独立科目。这些都使史学及通史学的人才在为国家、社会服务上发挥了更大的作用。

最后，人们从丰富的史学遗产中受到熏陶，培养起维护国家统一、反对民族分裂的价值观，养成心系中华民族历史命运的忧患意识。正是这种精神，激励着无数仁人志士在国家危难、民族存亡之际挺身而出，为维护民族尊严、国家统一不惜献出宝贵的生命。这样的事例不胜枚举。东汉班超"涉猎书传"，在国家危难之际投笔从戎，立功异域。蜀国丞相诸葛亮为国家"鞠躬尽瘁，死而后已"的精神，与他对汉末以来社会状况的深刻反省和忧虑密切相关。同样，范仲淹"先天下之忧而忧，后天下之乐而乐"的情怀，文天祥"人生自古谁无死，留取丹心照汗青"的气节，林则徐"苟利国家生死以，岂因祸福避趋之"的胸襟，谭嗣同"我自横刀向天笑，去留肝胆两昆仑"慷慨赴死的壮举，也无不与传统史学弘扬的大一统意识、忧患意识对他们的熏陶有关。在他们行为的背后，有着强烈的历史使命感，有着肩负着一个民族的神圣责任，有着深深的忧患意识。实际上，维护国家统一的价值观和心系天下的忧患意识并不仅仅停留在这些人们耳熟能详的名人身上，而且像浓浓的血液流淌在许多普通华夏儿女的血管里。"天下兴亡，匹夫有责"既是平凡的人们对国家兴衰、民族存亡高度责任感的生动体现，也表明中国优秀史学遗产在现实社会中确实发挥了独特的作用。正是这种世代相传且不断强化的民族凝聚力，使我们国家始终保持着统一的多民族国家的基本形态，历经沧桑，长盛不衰。

三、重视史学遗产，继承和弘扬爱国主义精神是时代赋予我们的神圣使命

谈爱国精神，自然离不开谈历史，也离不开谈史学遗产。因为离开史学遗产，历史就无从谈起；不讲历史，就很难讲清爱国精神。因此，在弘扬和培育民族精神、弘扬和培育爱国主义精神的过程中，我们要自觉地从中华民族光辉灿烂的历史文化特别是史学遗产中吸取爱国主义营养，提高全体国民的历史意识，这是历史的要求，也是新时期的重要任务。

我们党的领导人反复强调全党干部尤其是领导干部要重视学习历史，特

别是中国历史，从中吸取宝贵的经验教训。毛泽东同志是全党重视历史的光辉典范。在抗日战争后期，他就要求全党读读郭沫若的《甲申三百年祭》，不要犯骄傲自满的错误。他还说："我们是马克思主义的历史主义者，我们不应当割断历史。从孔夫子到孙中山，我们应当给以总结，承继这一份珍贵的遗产。这对于指导当前的伟大的运动，是有重要的帮助的。"[①]邓小平同志也告诫全党："要懂得些中国历史，这是中国发展的一个精神动力。"[②]江泽民同志更是多次谈到要加强历史学习。他在《努力建设高素质的干部队伍》一文中指出："一个民族如果忘记了自己的历史，就不可能深刻地了解现在和正确地走向未来。"[③]在给白寿彝同志的贺信中，他把这个思想表达得更加明确："几千年来，中华文明得以不断传承和光大，一个重要原因就是我们的先人懂得从总结历史中不断开拓前进。我国的历史，浩淼博大，蕴含着丰富的治国安邦的历史经验，也记载了先人们在追求社会进步中遭遇的种种曲折和苦痛。对这个历史宝库，我们应该运用历史唯物主义的观点不断加以发掘，在前人研究的基础上不断做出新的总结。这对我们推进今天祖国的建设事业，更好地迈向未来，具有重要的意义。"[④]我们党的几代领导核心关于学习历史重要性的论述，不仅为我们如何学习历史、借鉴历史经验指明了方向，也是我们树立符合新时代要求的爱国主义精神的行动指南。

爱国主义始终是我们国家和民族历史发展道路上强大的精神动力。今天的中国是由历史的中国发展而来的，建立符合新时代要求的爱国主义自然离不开继承数千年来优秀的文化遗产特别是史学遗产。爱国精神的培养虽然并不仅仅是历史学的责任，历史发展进程的保存与记录也不仅仅局限于史学作品。但毫无疑问，史学在培育和弘扬爱国精神的过程中能够发挥其独特的、

---

① 《毛泽东选集》第2卷，人民出版社1991年版，第534页。
② 《邓小平文选》第3卷，人民出版社1993年版，第358页。
③ 《十四大以来重要文献选编》（下），人民出版社1999年版，第1962页。
④ 《中共中央总书记江泽民给白寿彝同志的贺信》，《史学史研究》1999年第3期。

无法替代的作用。历代史书对灿烂而悠久的中华文明真实而连续的记录，增强了民族的自信心、自豪感；历代史家高度的历史责任感以及对历史事实是非曲直的正确判断，为中华民族统一的道德观、历史观的形成奠定了基础；我们祖先创造的物质文化、制度文化和精神文化曾经在很长的历史时期内处于世界领先地位，为人类文明做出过巨大贡献，这些是有目共睹的事实。面对这些昔日拥有的辉煌，我们不必像历史上的某些统治者那样妄自尊大，但从中获取民族自信心和民族自豪感则是没有疑义的。

从丰富的史学遗产中我们可以获取增强民族凝聚力的坚强精神。一部中国历史是生活在中华大地上的各民族人民共同创造的，但历史上各民族的发展又都离不开各民族之间的相互学习、相互交流。这种交往的结果不仅仅是政治、经济、文化上的相互吸取，更是情感、心理上的相互认同。中国历史上并不是只有统一没有分裂，但分裂毕竟是痛苦的，统一则是历史发展的总趋势。每当中华民族结束分裂、再造统一、国家重现兴旺之时，我们看到的不只是某些帝王的文治武功，更重要的是看到在政治统一的背后还有着坚实的社会基础和文化基础。在中华文化的灵魂中浸透的统一观念已经深入人心，坚不可摧，牢不可破。而这种追求统一、认同统一的观念实质上就是中华民族历史文化的结晶，它又使得中华民族的凝聚力在历史发展的长河中不断巩固，不断增强。

历代史家所总结出的经验教训还可以使我们增强时代紧迫感，增强民族的忧患意识。历史告诉我们，骄傲使人落后，落后就要挨打；一个民族只有与时俱进，不断创新，才能发展壮大，不断创造新的辉煌，不断为人类的和平与进步做出更大的贡献。当前，我们面临着一个伟大的时代，机遇与挑战并存，希望与风险同在，如何在新的历史时期充分继承和弘扬史学遗产中的爱国精神，树立新时代的爱国主义价值观、道德观，增强民族的凝聚力，仍然是史学工作者一项崇高而又艰巨的任务。

说盛世

在中华民族 5000 多年的发展史上，有一些被称为"盛世"的时期。这些称赞或来自史家的记述，或来自政治家的自诩，或来自诗人、文学家的颂咏，当然，也有发自百姓内心的赞美。这些美誉或有比较确切的历史文献记载，或是留在人们心中的一个遥远记忆，甚至只是一种美好的理想寄托，但却构成了中华政治文化传统、社会治理理想追求的一个重要部分。

一、盛世考义

"盛世"是一个历史概念。《说文解字》释"盛"："黍稷在器中以祀者也。"约在春秋时期，"盛"从器皿的本义转化为丰满、盛大、兴盛。《论语·泰伯》："唐、虞之际，于斯为盛。"即此意。贾谊《过秦论》："察盛衰之理，审权势之宜。"将"盛""衰"二字并列，作为社会发展的两种状态，意即盛世和衰世。

"盛世"一词出自东汉。《后汉书·崔骃列传》载崔篆所作《慰志赋》："何天衢于盛世兮，超千载而垂绩。"意指盛世的天空多么广阔，虽经历千载依然会闪耀着光辉。后崔篆的孙子崔骃因外戚窦宪富贵而骄傲，向他进言："今宠禄初隆，百僚观行，当尧舜之盛世，处光华之显时，岂可不庶几夙夜，以永众誉，弘申伯之美，致周邵之事乎？"意告窦宪富贵声名日隆，百官羡慕，就像处在尧舜盛世一般，岂可不日夜奉公，永葆美誉，像周宣王时的申伯、西周初年的周公邵公一样，尽心辅政君上，弘扬他们的美德。崔篆、崔骃所说之"盛世"，都是以尧舜时代为榜样，与《论语·泰伯》所说的"唐虞之际"含义一致。而所不同者，是他们把本朝视为盛世。

自"盛世"一词出现后，以盛世指称我国历史上的某些时期者古今皆有：一是历代史家、文人和政治家。如宋陈藻《乐轩集》卷八："三代而下，惟汉与唐为盛世。"清代康熙中期后，以盛世称颂本朝更成风气。如康熙朝《万寿盛典初编》卷四："天长地久，祝暇年得生盛世。"雍正朝《世宗宪皇帝朱批陈时夏奏折谕旨》卷十一上："今日之盛者也，臣恭逢盛世。"另外，清代的一些地方志中也常有盛世之称。二是今日学者对我国历史上国家统一、社会稳定、经济发展、文化繁荣时期的概括。

综上，称盛世者既有古人，也有今人；既有他称，也有自称；既指理想，也指现实。可以说盛世是历史概念，也是文化概念。

值得注意的是我国古代政治传统中"盛世"与"治世"两个概念之间的关系。"盛世"一词虽然出现较晚，但早在"盛世"一词出现前，已有"治""治理""治世""治道"等政治文化概念。不晚于春秋时期，思想家、政治家、史学家已使用这些概念作为国家管理的一种方法或国家治理的理想状态，指称某些历史时期。做到"治"或"治理"的时期，就是治世。治世与盛世的含义基本一样。比如，二者都把国家治理的理想状态追溯到尧舜至三代。历史上被称为"盛世"的时期，也往往被当时或后人称为"某某之治"，如成康之治、文景之治、贞观之治等。唐吴兢《贞观政要》卷二："贞观之治，可以为盛矣。"此处治、盛并举互用。因此，盛世一定是治世，治世则是盛世形成的基础与表现。当然历史上还有"兴"字，其含义往往亦与"治""盛"同义，如"兴衰"即"盛衰"。

二、盛世的内涵

上述分析表明，我国历史上已有盛世的概念，也存在着被当时或后人称为"盛世"，即治理比较好的历史时期。那么，除去那些传说时代的"盛世"之外，我国历史上治理比较好的盛世时期主要包括哪些内容呢？下面试从文献出发，就历史上盛世的核心内涵谈几点看法。

其一，以民为本，盛世的题中应有之义。《管子·牧民》说："政之所兴，在顺民心；政之所废，在逆民心。"从史料记载来看，我国历史上的所谓盛世时期，民本都被放在了首要位置。被视为我国封建社会第一个盛世的西汉初年，其政治的突出特征就是轻徭薄赋，与民休息，节俭戒奢。如汉文帝在位 23 年，"宫室苑囿车骑服御无所增益"，其慎夫人"衣不曳地，帏帐无文绣"。汉景帝在位 16 年，多次下诏重视民生，涉及徙民宽大之地、赐民爵、减田租、劝农桑、省官用等；提出了"农，天下之本也"的著名思想；倡导轻"黄金珠玉"而"务劝农桑"的社会风尚；整顿吏治，严惩"以货赂为市，渔夺百姓，侵牟万民"的官吏。故班固《汉书·景帝纪》赞说："周云成康，汉言文景，美矣！"这一时期被后世称为"文景之治"。我国封建社会发展的又一高峰是唐代初年。当时，百废待兴，以李世民为首的统治集团提出"为君之道必须先存百姓"的政治理念，造就了"贞观之治"。"贞观之治"内涵很多，但民本措施是其核心，如《贞观政要》所说："帝志在忧人，锐精为政，崇尚节俭，大布恩德。"汉唐的文景、贞观之治为后人所称道者，人民富足是最为重要的一点。反之，如果缺失了民本的支撑，就不构成盛世。

其二，选贤任能，盛世的人才基础。盛世是人而不是神创造的。把时代所需要的人才选拔好、管理好，是盛世形成的重要基础。盛世必是治世，治世必靠贤才。一是广招贤才。汉文帝"举贤良方正能直言极谏者"，首开汉代一项重要的人才选拔科目。汉景帝将"訾算十"减到"訾算四"，以使更多廉士不受财产限制而入仕。唐太宗"孜孜求士，务在择官"，"拔人物则不私于党，负志业则咸尽其才"。汉唐盛世形成与其人才选拔方向的正确关系甚密。二是广开言路。盛世需要听取不同意见。汉文帝指出："今法有诽谤妖言之罪，是使众臣不敢尽情，而上无由闻过失也。将何以来远方之贤良？其除之。"唐太宗"乐闻直谏"，"畏义而好贤，屈己以从谏，刻厉矫揉，力于为善，此所以致贞观之治也"。三是严格吏治。如果没有严格的吏治，盛世即使出现也不会长久。汉宣帝"每拜郡守刺史必亲见"，"此所以州郡多循吏，而天下皆治安也"。唐太宗"深恶官吏贪浊，有枉法受财者，必无赦免"，"由是官吏多清谨"。

其三，礼法合治，盛世的根本保障。"法者，治之端也。"尽管我国历史上多以"刑错不用"来描绘盛世，但绝不等于说盛世可以离开法治。相反，法治，是盛世的根本保障。盛世的法治一方面是能够顺应社会、顺应民情，用法得当。汉初扫除秦之严刑苛法，"去肉刑""罪人不孥，不诛无罪"，受到普遍欢迎，对社会稳定有很大的积极作用。另一方面是慎刑。唐太宗"以宽仁治天下，而于刑法尤慎"，也是对隋代滥用刑罚的反思。唐初对死刑案实行"三覆奏"，唐太宗因错杀张蕴古，又令改为"五覆奏"。对死刑的慎重是对生命的敬畏，也是慎刑原则的具体体现。轻刑慎罚，务存宽简，疏而不漏，是盛世法治的基本特点。盛世是依靠法治维护的，但徒法不能以自行，历史上盛世法治的基本特点是礼法合治，德主刑辅。简单地说，就是将仁义礼智信、温良恭俭让、孝悌等德的伦理与法治秩序结合起来实施，以达到理想的治理效果。文景之治注重"以德化民"，不仅海内殷富而且兴于礼义，移风易俗，黎民淳厚。宋人称贞观"其廉耻日以笃，其田野日以辟"，正是礼法合治的成效。盛世必包括社会道德的弘扬，社会风气的净化，其中礼义教化是不可缺少的内涵。相反，人无礼信，风俗浇薄，绝不是盛世。

三、怎样看待历史上的盛世

首先，盛世是一个历史概念，也是一个文化概念，也是政治文明中的一个重要概念。数千年来，中华民族对盛世的理想描绘，以及实践中的不懈追求，推动着中华文明的进步与发展，创造出中华文明的一个个高峰。这份遗产我们今天仍然要继承。

其次，应当深入挖掘我国历史上盛世的核心内涵。从语义上看，我国历史上盛世与治世的含义是同一的，盛世即治世，治世即盛世，二者可以互称，这为我们理解盛世提供了更多的视角。从内容上看，我国历史上赋予盛世的核心内涵是以民为本、选贤任能、礼法合治而非其他。正因为如此，古人不把那些好大喜功、劳民伤财、严刑峻法者统治的时期视为盛世，而是把那些民本、任贤、法治精神实施比较好的时期视为盛世。古人对"盛世"内涵的这种认识值得我们重视与思考。

最后，我们应以历史唯物主义的态度来观察分析历史上的盛世。既要看到它在我国历史上所发挥的积极意义，也要看到其阶级本质，不能盲目地虚誉夸大，也不能简单否定。就今天来说，我们更多的是要从国家治理的角度来总结历史盛衰的经验教训，挖掘其核心观念，实现其创造性转化与创新性发展，服务于中华民族伟大复兴的中国梦。

再看"秦亡汉兴"

　　大凡有点历史知识的人，对于秦亡汉兴都能说上几句。如秦始皇严刑峻法，实施暴政，造成秦国赭衣塞路、囹圄成市的局面，结果导致秦的灭亡。而汉初则轻徭薄赋，与民休息，扫除烦苛，务在宽厚，刑罚罕用，尤其是主张无为而治的黄老思想的流行，使汉初社会呈现出祥和的治世气象。

　　应该说，以法律的烦苛与简约来评价秦亡汉兴的原因，是秦亡以来2000多年间学者们的普遍观点，这与司马迁和班固的历史记述方式有很大关系。一个短暂王朝的历史往往要由下一个王朝来编写，其中掺入的主观因素可想而知。话虽如此，但如果没有新材料的发现，这些"凿凿"之言是很难被怀疑的。如今，湖北云梦睡虎地秦墓竹简和湖北江陵张家山汉简的发现，使我们对秦亡汉兴的历史终于有了新的认识。

　　我们知道，自商鞅变法以来，秦国对传统的宗法血缘贵族制度予以较彻底的否定，厉行以法治国，力求各项事务做到有法可依。法制化使秦国从一个被他国视为"夷狄"的边缘国家，一跃而成为强国，推动了历史的进步。曾为推动历史进步做出贡献的秦律怎么在秦统一中国后突然变得残暴起来了呢？难道秦统一后对法律作了重大修改？睡虎地秦简的出土，使我们对统一前后的秦律有了一定的理解。从睡虎地秦律看，说其严密是不错的，但却不能得出像后来的政论家、史家及世人所说的秦律残暴的结论。当然，作为体现统治阶级意志的法律，作为新兴地主阶级维护自身利益的工具，秦律剥削阶级本质是存在的，但这是另一回事，与残暴与否无关。

根据新近出土的江陵张家山汉简，我们惊奇地发现，仅以"约法三章"也远远不能概括汉初的法律。汉初的法律不仅与秦律惊人地相似，而且量刑标准也几乎完全相同。如偷盗罪，秦律规定过 660 钱就要"黥为城旦"，汉律也如此。像谋杀者与杀人者同罪，秦律与汉律也相同。对于隐匿户口不报的逃亡者，秦律与汉律的处罚也极相似。凡此等等，还有很多。因此，汉初法律更多的是对秦律的直接继承，而不是以往所认为的那样另起炉灶。现在的问题是：几乎完全相同的法律，在两个阶级结构、社会状况基本相同的社会实施后，所产生的结果为什么有如此重大的差别？在秦被视为暴政的秦律为什么在汉初却促进了社会的繁荣？秦亡汉兴的真正原因是否可以完全归结为秦律与汉律的差异？这些问题从单纯的制度史层面是很难得到圆满解释的。

笔者以为，其中是人的因素，是治理的因素，是统治阶层素质不同的因素起了重要作用。例如，统一后的秦始皇与统一前的秦始皇心态已发生重大变化，如对自身专制权力的极端维护，使秦始皇几乎达到疯狂的地步。他好大喜功，怀疑一切，猜忌一切，这就使他既未能建立一套有效的最高统治者的权力更迭机制，也破坏了中央行政中枢的运行，更使社会受到巨大的创伤。其继任者秦二世更将秦始皇的人治特点推向极致。二世的荒唐可笑，世人皆知。因此，史书上记载的秦始皇"急法"，二世的所谓"申法令"，等等，与秦律应是有区别的，与法家思想也应是有区别的，实际上是指他们将法治变成了人治。赵高指鹿为马，又将"诸言鹿者以法"等，也不是法的问题而是人的问题。这种人治的特点不仅在秦的上层存在，实际也波及中下层官僚。

汉初法律在大体上虽继承了秦律，但其执行者的思想水平已有了很大变化。如奏谳制进一步完善，使疑狱逐步上报裁定，避免了主观臆断性。刘邦本人文化程度虽不高，甚至还有点无赖气息，但他却能听得进去别人的意见，如娄敬提出的迁都建议，陆贾提出的不能"马上"治天下的建议，等等，他都采纳了。对于叔孙通等儒生阶层也没有极端的仇视，而是适当地吸收他们参政。吕后虽有夺天下之心，但她与二世的为人、为政也不可同日而语。不因己喜而赏人，不因己怒而刑人，对法律持基本尊重的态度，是汉初几位统治者的特点。

由于秦代文法吏的遗存，军功官僚的大量存在，使汉代官僚队伍的整体素质提高经历了相当长的时期，直到文景时期，还有不少人在谈官吏的残暴、不奉法的问题，还在强调秦末的历史极可能再现。但毕竟汉初统治者注意到了这个问题，在法律的执行上更为慎重，将秦代确实苛刻的法律逐步废除，在官吏的为政思想上灌输一些"无为"观念，在选拔官吏的类型与结构上也有重大调整。因此，虽然汉初大体因循着秦律，但结果与秦政迥异。这正是统治阶级的思想与统治政策调整变化的结果。

儒家思想或法家思想何者占上风，与政治的善恶与否也不可一概而论。归根结底，封建时代的法律不能从根本上解决人治的问题，因此善政或暴政与人的因素有极大的关系，不能全归咎于法律。秦亡汉兴就是一个证明。

创业与守成

——论西汉"文景之治"

开创江山殊为不易，守住江山，并将它带向繁荣与昌盛则更为艰辛。古代思想家在这个方面有过成功的经验总结，古代政治家也有过成功的政治实践。从这个角度去审视历史，是史学工作者的职责之一。

西汉王朝在经历了高祖、惠帝、吕后之后，进入了文帝、景帝统治时期。在这个时期，西汉社会出现了一个和平稳定的阶段，社会经济得到较快的恢复与发展，因而被后世称为"文景之治"。"文景之治"是中国进入封建社会后出现的第一个盛世。东汉的班固全面考察了文、景二帝时代的历史后，在《汉书》中深情地写道："周云成康，汉言文景，美矣。"而距离这个时代并不遥远，甚至亲身经历了这个时代的司马迁父子也同样感叹文、景二帝："德至盛也。"的确，"文景之治"不仅使自战国以来战乱连绵的社会有了一个喘息的机会，使那个时代的黎民百姓获得暂时安宁，更重要的是，它表明迈入专制主义中央集权国家形态后的地主阶级统治集团，在经历了秦速亡的历史过程后，已经善于反省并总结历史教训，适时调整统治策略，以维护整个统治阶级的长治久安。

一、"清静无为"：历史关头的正确选择

社会的稳定与发展需要统治者制定一条符合当时历史实际的治国方略。"文景之治"局面的产生，与汉初几十年坚持贯彻"清静无为"的政治路线紧密相连。建立西汉王朝的刘邦及其功臣集团，大多为秦代的低层小吏，文化程度不高，特别是刘邦本人，不仅对"文能治国"的道理毫无所知，而且身上还带有许多下层社会的流氓气息。继续用武力治理打下来的江山，是他建国之初的指导思想。《史记·陆贾列传》载："陆生时时前说称《诗》《书》。高帝骂之曰：'乃公居马上而得之，安事《诗》《书》！'陆生曰：'居马上得之，宁可以马上治之乎？且汤武逆取而以顺守之，文武并用，长久之术也。'"听了陆贾的言论，刘邦深有感触，命他总结秦及其他"古成败之国"的经验教训，写成了著名的《新语》一书。对秦速亡的历史进行总结在汉初固然不只是陆贾一人，刘邦也不会仅仅因为陆贾的一番话就完全改变他的整个思想。但是，这段记载表明，汉初君臣也都在思考如何不重蹈秦王朝的覆辙。刘邦本人虽然文化素质不高，却不失为一代英才。善于适时调整策略本是他取得天下的重要原因之一，放弃"马上"治天下的思想，正是他作为一个地主阶级领袖人物顺应时代潮流的英明之处。把这两个不同性质的问题分开也表明封建统治阶级对历史经验的总结上升到了一个新的高度，是他们由不成熟走向成熟的反映。

当然，在刘邦统治的数年里，汉王朝为巩固政权而东征西讨，无暇顾及更多，"清静无为"的思想仅仅是一个萌芽而已。继之而起的惠帝、吕后时代，"清静无为"才成为治国的总体思想，而文、景二帝更是将这一理论推到极致。后世将这几十年持续相沿的政治思想及其产生的结果归结为"黄老"

哲学的影响。所谓"黄老"，是指先秦时代道家所推崇的"黄帝"与"老庄"，以《道德经》和《庄子》为代表。

"黄帝之学"与"老庄"学说总体上都是强调"虚""因""静"，即要求统治者在政治上"清静无为"，"无为而治"。当然二者也有不同之处，"黄帝之学"在强调无为的同时，也十分强调"刑""德"并用，是将"无为而无不为"思想加以延伸的结果。所以"黄老"政治的实行并不是消极的"无为"，而是一种统治策略的选择。在汉初的思想界和统治集团内部，一批鼓吹道家思想的人最终获得了皇权的认同，并使这个思想付诸实际政治过程，这无疑是有益于社会发展的。

对政治统治方式的干预在汉初并不仅仅是道家一个学派，提出不能"马上"治天下的陆贾，其思想基本上属于儒家范畴，他同样也主张"无为"而治，说明儒家也在"与时迁徙，与世偃仰"，积极改变原始儒学中迂腐的部分，并与现实政治相结合。从这个意义上说，"清静无为"政治路线的选择，不能完全归结为道家思想的影响，而是汉初统治者根据当时社会现实所作出的历史抉择，代表了社会大众的普遍要求。秦的暴政及战国以来的社会动荡不安是这种要求产生的直接社会基础，但普遍的社会要求并不能自动演化为现实统治者的正确思想。秦统一后的社会也是希望一个和平安宁的环境，但统治者没有顺应民意。暴政导致中国第一个统一的专制主义中央集权封建王朝迅速灭亡。秦暴政的历史惯性在汉初依然存在，整个官僚队伍的素质与秦代没有大的差异，汉高祖对各级官吏"背公立私"提出过严厉批评。汉文帝策问晁错的题目即是："吏之不平，政之不宣，民之不宁。"著名政论家贾谊指出："曩之为秦者，今转而为汉矣。然其遗风余俗，犹尚未改。"所以汉初统治者选择顺应社会的治国方针，是整个统治集团政策的重大调整，绝不是消极的无为。

二、"与民休息"：统治政策的厉行调整

秦末农民战争与楚汉相争带给汉初一个荒凉、残破的社会局面。天子的御驾连四匹相同颜色的马都很难找到，将相们只能用牛来驾车，普通百姓的生活可想而知。《汉书·食货志》说："汉兴，接秦之弊，诸侯并起，民失作业，而大饥馑。凡米石五千，人相食，死者过半。"原有 3 万户的曲逆县在汉初仅剩下 5000 户。面对这样的社会状况，统治者的剥削也无从下手，因此，调整政策势在必行。在"清静无为"的指导思想下，"与民休息"成为汉初几代统治者遵循的方针。这在如下几个方面表现得十分突出。

（一）遵循旧制，谨慎变更

"无为而治"的代表人物曹参在任齐相时，以盖公的"黄老术"治齐，9年的时间里，齐国大治。萧何死后，曹参任汉相国，继续相沿在齐国的政策，3 年之后，"天下俱称其美"。

这是符合战乱之后人民要求安宁的强烈愿望的。但是，这不代表曹参对刘邦、萧何所制定的一切制度都无所变更，所谓不变更是就其总体而言之的。例如，他对属下工作不干扰，不过细苛察的思想，选吏注重"重厚长者"，对"言文深刻，欲务声名者，辄斥去之"的方针，就突破了汉初以来为政的许多方面的特点，具有自身的鲜明特色，说明曹参的遵循旧制不是绝对的，只不过是他的变更更加谨慎，更加注重维护社会稳定。

（二）轻徭薄赋，发展生产

仅仅依靠"清静无为"的安宁政策并不能带来社会的真正进步。加快物质资料的生产并切实减轻人民的负担，才能给人民以实惠。刘邦即位后，秦代竭泽而渔的剥削方式在汉初得到重大改善。景帝时最终将田赋的比例定在"三十税一"，并成为定制。此外，口赋、算赋、更赋等赋税在文景时

期也都获得不同程度的减轻。徭役曾是秦代暴政的象征，汉初统治者都十分节制使用民力。为了使百姓免受转送赋税之苦，文帝下令列侯不准居住在京城，各自归国。文帝首开"籍田制"，表示对农业生产的重视。文、景二帝还多次下诏救助灾荒，令郡国官吏务必重农桑，发展生产，并设"孝弟力田"奖励努力生产的农民。这些政策或法令对于社会秩序与生产的迅速恢复具有重要作用，使得封建国家的重要经济支柱——小农经济在汉初几十年中有了长足的进步。汉初还逐步调整盲目抑商的政策，使商人和商业流通发挥出服务社会的作用。文帝时又接受晁错"入粟拜爵"的方法，使商人提高社会地位的愿望得到满足，农民多余的粮食也有了出路。蠲削烦苛，刑罚用稀。秦律的烦苛与残暴致使"赭衣塞路，囹圄成市，天下愁怨，溃而叛之"。政治统治离不开法律，但严刑峻法只能导致社会人人自危，众叛亲离。文景时代的刑罚尽管不像史书所记载的那样"宽容"，但较之秦代肯定是大为减轻并且有章可循。特别是文帝本人对法律十分尊重，他所任用的廷尉张释之不以君权的意志行事，敢于维护法律的尊严，提出"天子所与天下公共"的法律观，留下了许多动人的佳话。例如，一次文帝要对惊其御马的人处以极刑，而释之认为只能处以罚金，最后说动了文帝。还有一次文帝要对盗高祖庙前玉环的人判族刑，廷尉认为只能判罪犯本人死刑，文帝也不得不尊重廷尉的意见。汉初几十年轻刑慎罚，维护法律尊严的风气，给人民带来一个安宁的社会环境。

（三）敬天畏民，节俭安邦

应该说，汉初的统治者对所拥有的权力能够清醒地自我反省，因而做到自我约束。这种风气起于汉初，文景尤盛。汉初刘邦责萧何修建未央宫过于"壮丽"，说明他已有节省民力、限制过分奢侈欲望的思想。惠帝、吕后时也都注意节俭，没有大肆铺张之举。文、景二帝更是在各方面自我克制，为创建廉洁、勤俭的社会风尚不懈努力。文帝想造一座"露台"，算下来需要"百金"，觉得花费太高，结果作罢。他所宠幸的慎夫人"衣不曳地，帷帐无文绣"。

与秦始皇大修坟墓不同，文帝对生死有着朴素的理解，他说："盖天下万物之萌生，靡不有死。死者天地之理，物之自然。"因此他治霸陵"皆瓦器，不得以金银铜锡为器。因其山，不起坟"。这在历代封建帝王中也是少见的。景帝也一再下诏，反对雕文刻镂，要求各级官吏重农桑而轻黄金珠玉，并以法律的形式固定下来。统治者个人的品质虽然不是社会进步与倒退的决定性因素，但从自身做起，提倡勤俭的生活作风，对于整个社会风气的改善，节省民力和控制社会的奢侈浪费还是极为有益的。

三、"刑""德"并用：中央集权的巩固与加强

"黄老"思想是稳定社会，特别是对饱受秦暴政的下层社会实行的政治方针。而作为阶级统治工具的国家机器，却不能停止发挥其职能作用。因此，"刑""德"并用，加强专制主义中央集权，才是对汉初政治局面的全面概括。汉初中央集权的加强主要表现在如下几个方面。

（一）强调统一，反对分裂

楚汉战争及汉初分封了一批异姓诸侯王，这些诸侯王很快就成为割据势力的代表。刘邦用其统一后的余生与之作斗争，终于剪灭异姓诸侯王。但他错误地总结了历史教训，又分封大批同姓诸侯王，他们占据了全国大部分富庶的土地与人口，也很快成为与中央抗争的地方分裂势力，严重威胁着刚刚建立不久的统一政权。汉景帝时以吴王刘濞为代表的分裂势力终于联合七国反叛，景帝采取果断措施，仅用三个月就平息了这场叛乱，使分裂势力受到重创。七国之乱之所以没有形成气候，与汉初以来社会稳定、人民安居乐业、

厌恶战乱的心理密切相关，是休养生息政策产生了积极的政治效果。

（二）景帝抓住有利时机，进一步加强中央集权

第一，继续实行"众建诸侯而少其力"的方针，在原诸侯国的土地上分封更多的诸侯王，削弱其力量。第二，改革制度。将王国官吏由诸侯王自行任命改为由中央直接任命，并从名称上将中央官职与王国官职区别开，从而降低王国官吏的地位。第三，"令诸侯王不得复治国"，剥夺诸侯王对王国的统治权。通过这些措施，王国问题得到一定程度上的解决，统一的中央集权局面才开始形成。

（三）用和平和武力两种手段解决矛盾

汉初还面临着复杂的周边环境，北有匈奴，南有南越，形势逼人。刘邦试图用武力解决匈奴问题失败后，采取和亲的政策，换得暂时的安宁。后继者惠帝与吕后忍辱负重，继续用和亲手段缓和与匈奴的矛盾。应当说，这对于西汉王朝获得一个相对稳定的发展时机是有益的，但毕竟不是解决问题的根本方法。文帝时西汉综合国力已有增强，他一方面加强军事斗争，一方面改革戍边制度，"募民徙塞下"，使匈奴在文、景时代终无大患，并为武帝大规模反击匈奴奠定了基础。秦汉之际建立的"南越国"虽在汉初"称臣奉汉约"，但仍不断挑衅，最终称帝，成为西汉王朝的不稳定因素。文帝时，随着国家力量的强大，改变了对其单纯孤立打击的政策，而改用安抚的办法，终于使赵佗恢复臣属的地位，为南越问题的最后解决奠定了基础。不盲目进攻，也不姑息退让，这一原则使西汉初年的统治集团成功地解决了复杂的民族矛盾和地方矛盾。这不仅有益于民族的和解，地方社会经济的稳定与发展，也使中央集权得到进一步的加强。

四、打击社会异动势力

所谓社会异动势力在汉初主要是豪强势力，这些豪强既有六国之后，也有宗法贵族、大官僚以及大地主和商人，他们垄断一方，横行乡里，大肆兼并土地，干扰正常的社会秩序，给中央集权和社会稳定造成极大的危害。从刘邦时期开始，就有意识地将一些地方豪强势力迁往关中，以便于中央政府的控制。文景继续奉行这一政策，使豪强远离故土，瓦解其社会基础，从而有效地维护了中央权威和地方稳定。

应当说，在汉代历史上，"文景之治"还不是强盛时期。但没有这个时期的历史积淀，就不可能有武帝时代的全面繁盛。"文景之治"局面的形成给予后世许多启发。第一，社会的进步与发展需要几代人持续不断的努力，需要统一的政治指导思想。第二，社会稳定是社会发展的最基本要求。第三，统治者要善于总结历史教训，不断根据社会现实调整方针政策，顺应客观历史发展的要求。正因为如此，"文景之治"被历代有为的封建统治者奉为楷模，并从中汲取宝贵的历史经验。

腐败与历代王朝的衰亡

腐败是人类进入文明社会以来的普遍现象，中国也不例外。在剥削阶级占统治地位的历史上，腐败犹如痼疾，是王朝衰亡的核心因素之一。纵观我国历史，每个王朝衰亡的具体原因很复杂，有的被人民起义推翻，有的被周边民族灭亡，有的被统治阶级中的不同阶层禅代，但究其根本，其衰亡无不与腐败有着千丝万缕的联系。腐败导致王朝衰亡，严重的腐败导致王朝速亡，这是一条基本规律。历代王朝腐败的主要表现形式有三种：权力腐败、生活腐败，以及在二者基础上形成的社会风气腐败与价值观的扭曲。

一、权力腐败与王朝衰亡

权力腐败是权力主体滥用公共权力谋取私利，从而给政治肌体造成严重损害，促使其政权衰亡的一种行为。但从历代王朝衰亡的具体情况看，权力腐败并不仅仅是贪污受贿、以权谋私，也包括专权暴虐、失职渎职、用人不公、无所作为等多种形式。在夏商周奴隶制时代，由于缺乏完善的中央集权及其代表官僚队伍，缺乏制度监督和行政约束，权力腐败主要表现在各级奴隶主，特别是最高君主的贪婪无度、荒淫无耻、不恤国事民事。夏桀、商纣、周幽王等国君们自身的权力腐败，是夏商周王朝灭亡的直接原因。秦汉以后，统一的专制主义中央集权形成，奴隶制时代的等级分封国家权力结构形式，演变为由皇权直接垂直控制管理的郡县官僚制国家权力结构形式。官僚队伍的急剧膨胀及其在社会控制、社会资源分配力度上的空前强化，使权力腐败也更加严重，上自皇帝，下至基层小吏，权力腐败无孔不入。

腐败附着于皇权，具有极大的危害性。我国历史上第一个皇帝秦始皇为历史进步做出过很大贡献，应该肯定，但他又是一位独断专横、刚愎自用、奢靡无度之人。文献记载，完成统一后的秦始皇"以为自古莫及己""不闻过而日骄""贪于权势""天下之事无小大皆决于上"。极端的专制与性格骄溢已无法保障秦始皇决策的正确性和合理性，这对刚刚形成的地域辽阔、人口众多、政治与社会情况复杂的秦王朝来说无疑是致命的。秦始皇不恤国情民情，劳民伤财，以骊山陵、阿房宫、长城等为代表的浩大工程"残贼天下，穷困万民"，形成"人与之为怨，家与之为仇""天下已坏矣"的局面。秦亡于二世，但根源却在秦始皇。滥用权力而致亡国者远非秦始皇一君。隋末炀帝"恃才矜己，傲狠明德"，"骄怒之兵屡动，土木之功不息"，以致人民"流离道路，转死沟壑，十八九焉"，这是隋王朝迅速灭亡的重要原因。皇权具有独尊性，但在专制政体下，皇帝周边的外戚宦官在许多时候却可以假借皇权，产生严重的权力腐败。秦二世之时，宦官赵高封闭二世于禁中，指鹿为马，独揽朝政，胡作非为，"群臣谏者以为诽谤，大吏持禄取容，黔首振恐"，秦政急转直下。东汉和帝时的外戚窦氏、安帝时的邓氏，"威权震朝廷""分威共权"，"百僚侧目，莫敢违命"，他们大肆培植党羽，任人唯亲，贪污受贿，搜刮民财，败坏纲纪。外戚与宦官交替专权所形成的政治黑暗，是东汉王朝灭亡的重要原因。

上自公卿下至小吏的官场层层腐败是权力腐败的普遍表现。我国历史上吏治不严时，各级官吏无不利用手中的政治权力谋取私利。公元前 4 世纪，官僚政治刚刚产生的商鞅时代，就出现了"大臣争于私而不顾其民""秩官之吏（刚刚有官级的小吏）隐下而渔民"的权力腐败现象。权力腐败的普遍性致使当时社会上出现了"蠹众而木折，隙大而墙坏"政治谚语。从那时起，政治家就已认识到了"故有隙蠹而不亡者，天下鲜矣"的腐败与王朝灭亡的关系。

历代官场权力腐败形式多样：他们或结党营私，专为身谋。如在秦始皇死后的关键时期，丞相李斯与宦官赵高合谋，共同篡改秦王朝的继承人，大大加速了秦政的腐败；历代朋党之争，也大都是为了小圈子利益。或大肆搜括，中饱私囊。"千里来做官，只为吃和穿"，"三年清知府，十万雪花银"，基层小吏"以货赂为市，渔夺百姓，侵牟万民"；"政以贿成"是这类吏治腐败的集中表述。或用人不公，买官卖官。东汉察举制废弛时，"举秀才，不知书；察孝廉，父别居"。汉灵帝公开卖官，"公千万，卿五百万"。任人唯亲、唯近，致使晋代"公门有公，卿门有卿"，"上品无寒门，下品无势族"。或碌碌无为，尸位素餐。身居高位者自命不凡，视"勤于吏事"者为"俗吏"，视空谈玄虚为清高。

明崇祯皇帝曾经感慨地说："如张官设吏，原为治国安民，今出仕专为身谋，居官有同贸易。"我国历史上许多王朝的衰亡，正是权力腐败造成的政风不肃、民心涣散、纲纪瓦解的最终后果。

二、生活腐败与王朝衰亡

一般来说，王朝初建，统治者尚能借鉴前朝灭亡之教训，克勤克俭，励精图治，呈现出一番新气象。商汤灭夏后，告诫各地诸侯："毋不有功于民，勤力乃事"；西周建立之初，统治者以奢靡导致的殷亡为鉴，提出了"敬天保民"的为政思想。周公一生生活简朴，勤于政事，开创了礼乐文明的新风尚。西汉文、景二帝，以"天生民，为之置君以养治之"的民本思想为指导，生活上严于律己。汉文帝在位23年，"宫室、苑囿、车骑、服御无所增益"；汉景帝轻黄金珠玉，"务劝农桑"。文、景二代"移风易俗，黎民醇厚"，奢靡之风无存，开创出"文景之治"的新局面。但是，剥削制度下的统治阶级中，虽有贤明的君主和廉洁之臣，但从总体上看，追求生活的腐化享乐是一种常态。例如《史记》《尚书》中就有许多篇章描写了夏商周中后期的君主"娱以自纵""奢侈逾礼"、追求"狗马奇物""靡靡之乐"的生活腐败。研究相关时期历史的学者大都认为，最高统治者荒淫无度的生活腐败是三代王朝灭亡的直接原因。

生活腐败是以权力腐败为基础的。手中的权力越大，腐败的程度就可能越严重。秦始皇为追求"宫室之丽"，兴造阿房宫；他不仅生前享受，死后也要享受。庞大的骊山陵动用了70多万民力。东汉灵帝荒淫腐朽，道德败坏。他"起裸游馆千间"，用西域香料煮汤灌入渠中，取名"流香渠"，与美女裸游。西晋重臣何曾"食日万钱，犹曰无下箸处"。宋徽宗酷爱奇花异石，设机构，倾国力搜刮，致使江南诸郡民不聊生。"楚王好细腰，宫中多饿死"，大大小小的官吏无不模仿追随。汉武帝追求奢华，公卿"争于奢侈"。丞相田蚡"后房妇女以百数。诸奏珍物狗马玩好不可胜数"。东汉外戚宦官不仅政治上祸国殃民，生活上更是荒淫无耻。外戚梁冀不满足已有的待遇，"大兴宅第""广求异物"；宦官"五侯"，"皆竞起第宅，楼观壮丽，穷极伎巧"。权力小者也不甘落后，汉初年轻的政论家贾谊就批评当时自上而下"侈靡相竞"的生活腐败。

官吏的生活腐败当然不仅仅是个人的爱好，更不仅仅是个人道德问题，它是与公共权力相结合，建立在掠夺社会财富的基础之上形成的。与生活腐败相伴随的是加重剥削和压迫，扩大贫富差距，激化社会矛盾。当这种矛盾与一定的社会矛盾相碰撞时，就会引发社会政治危机，甚至导致王朝灭亡。从历史来看，任何王朝的灭亡因素中，或多或少都可以看到生活腐败的影子。历代有识之士主张崇俭戒奢、"以德华国"的思想，就是从"以俭得之，以奢失之"的历史经验中得出的。我国历史上的"官德"中，反对生活腐败是一个重要内容。

三、世风腐败与王朝衰亡

上梁不正下梁歪，官风不正世风颓。统治阶级的权力腐败、生活腐败必然影响到整个社会风气。金钱至上、权力至上、跑官买官、贪图享乐、奢华无度也就不限于统治者，而是波及整个社会。《资治通鉴》说："上有所好，下必甚焉。"秦始皇"骄奢靡丽"，"天下富豪制屋宅者莫不仿之"。秦代"侈靡相竞"的风气延续至汉初。贾谊指责当时世风是"弃礼仪，捐廉耻"，甚至大家对种种腐败风气已经见怪不怪。史称"盛世"的汉武帝时代，以汉武帝为代表的统治集团奢靡无度，形成"今天下人民用财侈靡，车马衣裘宫室皆竞修饰""天下人民逐利无已"的奢华民风。汉元帝、成帝时期，公卿贵族"奢侈逸豫，务广第宅，治园池，多畜奴婢，被服绮縠，设钟鼓，备女乐，车服、嫁娶、葬埋过制"，形成"吏民慕效""贪财贱义，好声色，上（尚）侈靡，廉耻之节薄，淫辟之意纵"的世风。汉成帝自己也认识到官吏们奢侈无度，进而哀叹："百姓俭节，家给人足，岂不难哉！"

我国历史上的西晋时期，统治集团集体腐败，视钱为神的《钱神论》就产生于这个时代。这篇奇文深刻地刻画了当时社会上人们对金钱无限崇拜的种种丑态。"钱无耳，能使鬼"的谚语就出现在西晋。无独有偶，在腐败世风突出的明代中后期，也出现了一首《题钱》诗："人为你生烦惹恼，人为你梦扰魂劳，人为你易大节，人为你伤名教。细思量多少英豪，铜臭明知是祸由，一个个因它丧了。"为了金钱，人们丧失了忠信、礼仪、仁德、孝廉这些社会正常运转的最基本行为准则。

世风腐败还表现在不务实事，疲于交际。东汉后期士人不以"学问为本"，专门以"交游为业"，交际的对象是富人贵者，交际时"急于目前，见赴有益则先至，顾无用则后背"，即一切以实用为标准。社会风气腐败的严重后果是价值观的扭曲，与政风腐败形成互动关系。高尚的节操不得张扬，奢靡堕落受到吹捧。人们唯利是图，贪图享受，崇尚交际，鄙视务实。腐败没落的社会风气，是历史上许多王朝不振的重要原因。而历史上有为的政治家，在改变政风腐败的同时，也往往与纠正颓败的世风并行。

自进入文明社会的夏商周时期以后，我国历史上王朝的周期性衰亡是一个普遍现象。从历史的视角来看，关于这种周期性衰亡的总结，既有唯心主义的天命观，也有唯物主义的政治观。春秋时期的臧文仲关于"禹、汤罪己，其兴也悖（勃）焉，桀、纣罪人，其亡也忽焉"的论述，就含有朴素的唯物主义思想。今天我们考察历史上王朝的周期性衰亡，当然要以马克思主义的唯物史观为指导，从经济基础与上层建筑的矛盾变化以及阶级关系的演变来分析，但是我们也绝不能忽视和低估腐败对王朝衰亡的严重影响。

敬惜历史文化资源

——有关历史题材文艺作品的创作与传播

中华传统文化源远流长、博大宏富，优秀的传统文化是我们的宝贵遗产。数千年来，其中所包含的历史人物、历史事件、历史发展过程、思想文化及其价值观念，已成为各时期人们总结历史经验教训、传播与弘扬民族精神的不竭源泉，激励着一代又一代中国人创造着灿烂辉煌的中华文化，是我们民族不断前进的一块基石。在改革开放、实现中华民族伟大复兴中国梦的新时代，党和国家以及全社会对优秀历史文化传统有着真诚的需求与渴望。以传统文化为背景题材而创作的影视作品、文学作品、通俗读物——我们统称为历史题材的文艺作品，正是适应这一需求而兴起，这些作品为传播与弘扬优秀传统文化，为社会大众获取基本历史知识，认识历史发展过程，树立正确的历史观、价值观做出了很大贡献，但也存在着不少问题。有关调查显示，这些历史题材文艺作品是目前广大青少年以及社会上很多人士获取历史知识的一条重要渠道。在这种全民上下的"历史热"中，某些状况应当引起我们的重视与关注。如果这些历史题材文艺作品不能够传播正确的历史知识，不能够弘扬正确的历史观、价值观，不能够遵循基本的历史规律而胡编乱造，势必会产生十分不良甚至严重的社会影响。

历史题材文艺作品的创作者与历史专业研究者一样，都是传统文化的传播者，一旦其作品面世，就会产生社会影响，甚至较专业研究者的论著有更广泛的影响。从这个角度来说，树立科学的历史观、价值观，传播正确的历史知识，取其精华，去其糟粕，也是历史题材文艺创作不可回避的责任。目前在这些方面仍然存在着不少缺陷甚至错误。

首先，科学历史观的缺失。传统文化内涵丰富，这些文化都是在一定历史条件下、一定社会形态下、一定社会阶级关系中形成的。即使具有艺术加工形式的影视与文学作品，也绝不能完全用脱离这些条件的历史虚无主义态度来观察和处理。但在某些作品中，历史虚无主义严重，不仅看不到唯物史观关于生产力与生产关系、经济基础与上层建筑的矛盾运动是推动人类社会历史前进的动力的基本观点，也看不见几代马克思主义学者关于中国历史研究的丰厚成果。

其次，科学历史观的缺失导致某些被抛弃的旧的历史观复归。近年来流行的历史虚无主义思想，对历史的所谓"恶搞"与猎奇，与某些论著的影响恐怕不无内在联系。需要清楚看到的是，某些历史题材文艺作品所反映的历史观背后，是有某些历史研究论著所体现的历史观为支撑的，长此以往，后果十分严重。

最后，未能传播科学的历史知识。由于缺乏对基本历史事实的尊重，缺乏对中国历史发展道路的理解与尊重，某些历史题材文艺作品实际上不是在宣传与弘扬中华民族优秀传统文化，而是肢离曲解、胡乱编造历史，甚至本来是很清楚的历史。对最基本的知识的张冠李戴、虚假错伪贯穿作品之中，使观众不能够从其所传递的历史信息中获得起码的历史真实。结果是历史题材文艺作品层出不穷，但一些观众反而数典忘祖，淡漠传统。片面追求收视率以及盲目迎合市场趣味，导致某些历史题材文艺作品对宫廷、宫闱、权谋、情欲描写的偏爱，对历史作荒诞解释或推测的偏爱，甚至成为作品的主线索，以致使观众和读者对历史发展过程的了解庸俗化、片面化。

以历史或历史题材为背景，运用丰富的艺术手段和艺术表现形式进行文学戏剧诗歌创作的历史由来已久。我国历史上的四大名著，虽非严格历史题材，但都有一定的历史背景，甚至是比较具体的历史背景。我国传统戏剧的内容，也往往选自历史题材。即便那些豪放恣肆的诗歌创作，也不乏背后的历史场景。避开时代所限的历史观不论，这些作品所体现的惩恶扬善、激昂向上的价值观与伦理观，长久地影响着中国人的心灵；这些作品丰富的历史知识，是人们了解中国传统文化的百科全书。某些小说中的情节甚至可以作为史学家的史料引用，某些诗歌可以做到诗史互证。我们的祖先在这些方面树立了好的典范，值得我们借鉴。

目前，历史题材文艺作品的创作与传播有一些虽然是受市场机制制约的，但是历史文化资源并不是创作传播者的私有财产。传统文化曾经是中华文明绵延长久、中华民族融合团结、国家长治久安的核心要素之一。今天，要想在全球化背景下实现中华民族的伟大复兴，传统文化仍是我们不能离开的精神家园。因此，历史题材文艺作品必须承担起正面、正确弘扬中华民族优秀传统文化遗产的责任，而绝不能随意攫取，"乱砍滥伐"，更不能不负责任地曲解给观众与读者。特别是一些重大历史题材文艺作品，如果不够慎重，随意编排，将会对优秀传统文化资源造成极大的浪费与破坏。因此，如下几个方面应是历史题材文艺创作应当注意的问题。

一要坚持科学的历史观。历史题材文艺作品不是理论教科书，而是要通过丰富生动的语言形式、内容与情节结构来表达主题。但应当自觉学习并运用历史唯物主义和辩证唯物主义的观点来分析解释历史过程及其事件、人物；自觉认识到我们今天的历史题材创作是服务于最广大人民群众的利益的；自觉认识到中国历史的发展道路已经证明走中国特色社会主义道路、实现中华民族伟大复兴的必然性，绝不能以历史虚无主义态度肆意歪曲优秀传统文化，歪曲近代以来争取民族独立、国家富强的历史合法性。腐朽没落的意识形态更要自觉摒弃。

二要秉持古为今用、推陈出新的原则。历史充满着历久弥新的魅力，但古为今用是历史研究与创作的本质目的，这就需要历史题材创作者深入挖掘其中适应时代需要的精华，运用丰富的艺术手段加以展现，满足社会大众的需求，绝不能信手拈来，把历史作为主观意志甚至错误思想的谈资与注脚。

三要弘扬正确的价值观。历史题材作品因其大众性、通俗性、形象性而具有极强的传播力，对非专业研究者的观众和读者来说，又因其具有历史背景而产生极高的信任度。因此创作者应当具备高度的社会责任感，在符合历史事实的前提条件下，正面展现其中有益于国家与社会的价值观，展现有益于民族精神弘扬与人的美德颂扬的价值观。

四要传播科学的历史知识。历史的价值在于规律性的客观真实，尊重历史的真实性与坚持科学的历史观相一致。历史题材作品创作者应当深入阅读史书，多与史学研究者沟通，确保基本历史知识的准确性，将受众接受虚假错误历史知识的程度降至最低。

中华民族正发生着伟大而深刻的变化，丰富的中华优秀传统文化要为这一巨变提供精神支撑，历史题材文艺创作适逢其时。2013 年 8 月 19 日，习近平总书记在全国宣传思想工作会议上指出："要讲清楚每个国家和民族的历史传统、文化积淀、基本国情不同，其发展道路必然有着自己的特色；讲清楚中华文化积淀着中华民族最深沉的精神追求，是中华民族生生不息、发展壮大的丰厚滋养；讲清楚中华优秀传统文化是中华民族的突出优势，是我们最深厚的文化软实力；讲清楚中国特色社会主义植根于中华文化沃土、反映中国人民意愿、适应中国和时代发展进步要求，有着深厚历史渊源和广泛现实基础。"这四个"讲清楚"，正是我们现阶段历史题材文艺作品创作所要遵循的基本原则。

第四章

中国古代吏治及其当代启示

我国历史上的吏治经验和启示

吏治关系到政治得失、民心向背、王朝兴衰。中华民族在漫长的历史进程中，吏治作为治国理政的重要手段，积累了丰富的思想和实践经验，值得我们认真学习总结，并从中得到启示。

一、我国历史上吏治的主要经验

第一，吏治在国家政治中起着核心作用。纵观我国历史上国家强大、政治清明、社会繁荣、民心稳定的治世，都与严格治吏分不开。统一前的秦吏"出于其门，入于公门；出于公门，归于其家，无有私事也；不比周，不朋党"，是秦统一六国的政治保障。光武帝刘秀"勤吏治"，二千石高官"时有纤微之过者，必见斥罢"，保障了东汉初年政局的稳定。唐太宗将都督、刺史的名字写在屏风上，"坐卧恒看"，善恶事迹皆记下，是他严格吏治、造就贞观之治的佳话。自古没有吏乱而国治的道理。

第二，重视基层磨炼，重视基层实践能力培养。汉代察举制下，被举为孝廉的，大都要到中央任郎官，熟悉各种事务后，再授予具体官职。据统计，他们出任的主要是各级长官的属官，最高不超过县令的秩级。唐代尤重基层用人，甚至提出"不历州县不拟台省"。唐代科举制下所授官职一般并不高，进士甲第不过九品，但唐代中后期宰相等高级官吏出身科举的比例逐渐增大，说明这些宰相一般都是从基层提拔上来的。我国历史上还实行"试官"制。"试于官而事治者则用之。"汉制，初为官者要试用一年，合格者才能为"真"，不合格就要罢免。唐代吏部以身、言、书、判来考察科举及第者，也是为了确保他们具备必需的行政能力。

第三，裁汰冗官。我国历史上较早形成了吏员编制制度，对官吏设置有员数规定。但在实际运行过程中，官僚机构膨胀、冗员泛滥又是普遍现象。因此，我国历史上整顿吏治的一条成功经验就是裁汰冗官。光武帝"吏职减省，十置其一"，隋文帝"存要去闲，并小为大"，是东汉和隋初维护社会稳定的重要举措。唐代君臣多次讨论并处理过冗官问题。唐太宗说"致理之本，惟在于审。量才授职，务省官员"，又说"官不必备，惟其人"。唐玄宗针对武则天和唐中宗时期的冗官状况，"大革奸滥，十去其九"。贞观、开元、天宝年间所谓"盛世"的出现，与此不无关联。宋代欧阳修、范仲淹、洪迈、苏辙等人也曾对宋代冗官情况发表过许多意见，但终究未能实施。冗官、冗员、冗费是宋代积贫积弱局面形成的重要原因。

二、我国历史上吏治的几点启示

第一，必须明确选人用人的基本原则。选什么样的人，以什么标准选人，始终是王朝的政治核心之一。我国历史上选人用人的基本原则经历了很长的探索时期，汉代中期以后最终确立了以儒家思想作为选官用人的基本原则并长期延续下来。历代吏治的基本制度设计虽然各有变化，但基本围绕这一原则而展开。同时，社会风尚的培育，学生学习的教材，士子考试的试题，官吏选拔、考核的标准，乡规民约的制定，家训家规的倡导，文学艺术的题材，大都与儒家思想紧密结合，从而实现了用人原则与社会思想的高度统一、相互认同。当然，历代并未将法家用人思想排除在外，"霸王道杂之"是吏治的两手。

第二，必须维护中央在选人用人上的主导权。历史一再证明，治理统一多民族的大国，中央选人用人的主导权绝不能削弱、丧失。东汉后期，皇权衰弱，王朝的选人用人受到外戚宦官的极大干扰，许多地方的选人用人权被大姓名士所垄断，这是东汉政权最终走向瓦解的政治原因。九品中正制沦为门阀士族垄断自身政治地位的工具，是魏晋南北朝皇权不振、中央集权衰弱、吏治腐败的根本因素。我国历史上大一统王朝鼎盛期，必是选人用人的主导权牢牢掌握在中央手中；我国历史上民心涣散、政权不稳、社会矛盾突出，也必是在选人用人上出现了重大问题。维护中央选人用人的主导权，必须加强对选人用人的监督监察，还必须加强选人用人上的制度建设。当然，维护中央选人用人的主导权也不是一味地把所有权力都集中到中央，合理分配中央与地方、政务与事务、主官与属官在选人用人权上的职责划分，区别对待，也是一条历史经验。

第三，必须任人唯贤、与时俱进。这是扩大政权基础、促进社会公平、保障政治清明的亘古法则。一是应当选贤与能，广纳人才。我国历史上荐举、察举、九品中正、科举等各种选官制度的建立，其目的就在于通过制度广泛选拔国家所需要的人才。二是知人善任、用人所长。选人用人的具体方式没有一成不变的规律，随着历史条件的变化、具体事务的变化，对人才的要求也不尽相同。"与时迁徙""各因其器"，适时调整官吏队伍，大胆破格起用人才，是任人唯贤的必要方法。三是委任责成、优胜劣汰。唐代魏徵说："知人之事，自古为难，故考绩黜陟，察其善恶。"唐太宗说："选天下之才为天下之务，委任责成，各尽其用，庶几于理也。"我国历史上委任责成、优胜劣汰的机制就是循名责实，建立严格、严密的考核制度。

第四，必须制度用人、善于用人。"致安之本，惟在得人"，历史积累了许多成功经验。一是考试用人。考试用人是相对客观化、公平化用人的方式。我国科举制产生前的用人中，已经包含考试的许多因素，如汉代的射策、对策就是一种考试。科举制产生后，以成绩取人，吏部选用时还要再考试，意图就是把最优秀的人才选拔出来。但我国历史上并不唯考试用人，荐举、吏道以及有各种专门技术的人，国家也广泛录用，将他们吸收进官僚队伍，扩大用人范围、维持政治平衡、补充人才不足。二是考核用人。"因任而授官，循名而责实。"对于已经入仕的官员来说，循名责实、以岗择人、优胜劣汰的考核用人机制十分重要。我国历史上考核用人的成功经验是高度重视考核，考核内容明确、考核对象分类、考核结果与奖惩紧密结合。三是分类用人。"君子用人如器，各取所长"是用人的基本道理，也是保证人岗相适、人事相宜的好办法。两汉用人文吏、儒生并重。文吏善于"破坚理烦"，儒生则"长于相救"，前者"以事胜，以忠负"，后者"以节优，以职劣"，放在不同岗位上则能发挥不同效果。历代选人分为许多科目，其目的是把不同的人才选拔出来。历代还将地方州县分为"平""剧"或辅、雄、望、紧、上、中、下等不同类型，选派不同的官员区别使用。历代官、吏分途，官是政务官，吏是事务官，官需籍贯回避，吏例用本地人，是地域上的分类用人。这些都是善于用人的具体体现。四是德为才帅。为官不可无能，但德更不能缺位，历代吏治既要求官员以民为本，以德化民，又要求官员自身重德，并以民本、节俭、廉洁、孝悌忠信、公私分明来教育、考核官员的德，成为选拔官吏的首要标准。

第五，必须从严治吏，决不松懈。《汉书·宣帝纪》："吏不廉平则治道衰。"张居正说："致理之道，莫急于安民生；安民之要，惟在于核吏治。"历史经验反复证明，治国必先治吏。没有好的吏治，再好的政策、制度也无从落实。我国历史上的中兴之世都是顺应时势、严格吏治所带来的；我国历史上的衰乱之世，无不与吏治废弛有着密切关联。

三、新时代加强干部队伍建设、从严管理干部的历史借鉴

"治乱之要，其本在吏。"古今不同，时代不同，任务不同，但历史的经验仍然值得重视和借鉴。

科学有效地领会德才兼备、以德为先的用人标准。德才兼备、以德为先是中华民族数千年来积累的宝贵用人经验，有其不朽的价值，必须科学有效地领会德才兼备、以德为先的用人方针。

新时代的德，就是坚持习近平新时代中国特色社会主义思想，听党的话、跟党走，忠诚、干净、担当；新时代的才，就是坚持为人民服务，一切以人民为中心，能力过硬、视野开阔、不断开拓进取。当前，要完善德才兼备、以德为先的选拔任用体系，要对选拔出来的干部重视分类使用，政务与事务分开。对政务干部，尤其要重视培养基层经验、实践经验。从实践中用人、从基层中用人、不拘一格用人。要鼓励干部敢担当、敢作为、勇于探索、深入基层、深入群众，使优秀干部像毛遂那样脱颖而出，像张骞那样敢于去"凿空"。

健全干部考核评价体制。今天干部队伍建设中，考核方面还存在不少亟待改进的地方。少数地方和部门考核重形式轻实质，考核不出优秀干部，也考核不出不作为的干部；考核方式和考核内容不论职务高低、正副之别、岗位之异，一个标准，一套办法；平时不考核，不提拔不考核，考核不深以致带病提拔，不重视考核结果的运用等等，都严重制约了考核作用的发挥。当前，完善考核机制，明确考核机构，进一步增加、细化考核内容，进一步公开透明考核结果，推行分类考核，是加强干部队伍建设的一条途径。当然也要规范考核，避免考核政出多门、过多过滥。

宽严相济与赏罚分明。没有规矩，不成方圆。但也应当从实际效果出发，

注意宽严相济，发挥赏罚分明的作用。古人说："宽以济猛，猛以济宽，政是以和。"当然，这个"宽"不是松弛，不是不讲法度，而是在干部队伍管理上完善容错纠错机制。古人说："作官公罪不可无，私罪不可有。"意指为官不能怕出事就无所作为，只求自己平安；但做官绝不能心存私念，以权谋私，知法犯法。因此，对于干部在工作中的失误、错误与主观犯罪，要从制度上加以区别。"不以一恶忘其善，勿以小瑕掩其功"，对干部出现的问题，也要区分公私，不可简单地以舆论定是非。问责要认真，但不烦苛；追责要严肃，但又慎重，使干部能够有精力、放心大胆地开展工作。也应当使干部的正当合法权益得到保护，使干部的使命感、荣誉感、归属感与获得感成正比，同时健全能上能下的常态化机制。因考核或过错而下，因建功立业而上，是我国古代官吏的常态，除了重大罪行外，还给予犯错的官员改正错误、发挥才干的机会。这些都值得我们研究。要完善赏罚分明的制度。"国家大事，惟赏与罚。赏当其劳，无功者自退；罚当其罪，为恶者戒惧。"干部监督管理既要用罚的手段，也要注重激励保障的一面，不可偏废。宽不失法，严不失德，宽严相适，稳中求进，是历史留给我们的经验。

积极培养选拔优秀年轻干部。年轻干部是中国特色社会主义事业的未来。目前，年轻干部的数量尚不充足，年轻干部的选拔、培育、管理、使用上尚有不健全的地方。应当拓宽年轻干部的培养渠道，优化年轻干部队伍的专业结构，对不同领域年轻干部管理使用的办法应有所区别。既要加快他们的成长步伐，打破论资排辈、不拘一格使用优秀年轻干部，又要让他们多经实践磨炼，像习近平总书记所指出的那样多"墩墩苗"。

中国历史上的三种吏治观

　　为适应专制主义中央集权和社会发展的需要，中国古代在春秋战国之际（约公元前 5 世纪），出现了一种新的国家行政管理方式，我们称其为"官僚制"。秦统一后，推行到全国。此后至清代，历代推行的基本都是这种行政体制，沿袭了 2000 多年。在这一段漫长的时间里，为了把优秀人才选拔进入官僚队伍，为了管理、监督监察这支队伍，更为了依靠这支队伍来解决国家与社会面临的问题，历代统治阶级殚精竭虑，采取了复杂的手段与方式，保持其高效廉洁，我们称其为"吏治"。中国历史上的吏治内容很丰富，但从思想理论渊源的角度归纳来说，主要有三种，即法家、儒家和道家，我们把它们称为"吏治观"。关于吏治内容，学术界已有很多研究成果，而关于吏治观及其价值，我们仍然研究得不够。

一、法家的吏治观

　　法家的吏治观形成于春秋战国之际，是当时新兴的地主阶级登上历史舞台后首选的一种吏治观。司马谈在《论六家之要旨》一文中对法家有过概括：

"法家不别亲疏，不殊贵贱，一断于法，则亲亲尊尊之恩绝矣。可以行一时之计，而不可长用也，故曰'严而少恩'。若尊主卑臣，明分职不得相逾越，虽百家弗能改也。"

早期法家分为法、术、势三派，即强调用不同的方法来治国，其中包括吏治。后来韩非加以总结，集法家思想之大成，对后世影响巨大。法家唯法至上，其吏治观建立在人的本性是好利性恶的基础之上。法家的吏治观主要有以下内容。

（一）"一断于法"

法家认为，即使再清明的君主也要依靠法来选拔人才，而不能凭自己的喜欢来择人。选拔人才要依靠法来判断一个人有没有功劳，而不能凭自己的想象和好恶。要把公与私严格区别开来，不允许有私恩。有血缘关系的贵族可以拥有财富，却不可以让他们拥有公共官职。法律必须向大众公开，有令必行，有禁必止。一切依靠法来管理，官僚只是执行法的工具，不能有个人的思想。违反了法律，不管是谁都要以法处理，而处理的标准不能依个人的意志。

（二）主张"定分""分职"，反对"兼官"和"越职"

法家早期代表人物慎到说："一兔走街，百人追之，贪人具存，人莫之非者，以兔为未定分也。积兔满市，过而不顾，非不欲兔也，分定之后，虽鄙不争。"这就是说治国要有法度，君主要明确各级官吏的职责，要让他们有职守，有了职守就不会产生纷争，天下也就无事。有了明确的职责还要严格遵守这个职责，既不能越职，也不能兼官，不管在什么情况下都是如此。韩非讲了这么一个故事，韩昭侯酒醉后和衣而睡，典冠之吏怕他着凉，给他加盖了衣服，但是韩昭侯醒了后既处罚了典冠之吏，也处罚了典衣之吏，因为典冠之吏是越职，典衣之吏是失职。

（三）"循名而责实"

《韩非子·定法》说："术者，因任而授官，循名而责实，操杀生之柄，课群臣之能者也，此人主之所执也。"循名责实是法家为君主设计的一种统治之"术"，简单地说就是要按照名称来考察实际内容，要求名实相符。君主把官职授给臣下，而臣下有责任完成他所承担的任务。君主按照他的实际功劳推行赏罚。为此法家设计了很多具体的考核措施，如上计、军功爵制。

（四）"明主治吏不治民"

《韩非子·外储说右下》说："闻有吏虽乱而有独善之民，不闻有乱民而有独治之吏。故明主治吏不治民。"前两句话听起来似乎是悖论，但他的结论是明确的，即官吏不乱人民就不会乱，国家就会稳定。这个思想在法家的吏治观中是一直被强调，对后代影响也很大。韩非表达的不是君主应该不重视治民，而是强调治吏的重要性，通过治史达到治民的目的。

（五）"宰相必起于州部，猛将必发于卒伍"

《韩非子·显学》说："故明主之吏，宰相必起于州部，猛将必发于卒伍。夫有功者必赏，则爵禄厚而愈劝"。法家反对依靠血统获得高位，主张只要有功劳，宰相和将军这样的高官都可以从底层选拔上来，并且只有这样逐级提拔获得高官的人，才知道自励自警，也才具有实践经验。

（六）"独断"

法家认为君主和臣下是一种买卖关系、利益关系。韩非认为："人臣之于其君，非有骨肉之亲也，缚于势而不得不事也。""臣之所以不弑其君者，党与不具也。"他还举例说：佣夫卖气力给主人干活，不是因为爱主人，而是因为活干得多可以多挣到钱。同样，臣之所以能为君所用，是因为他们期望以此得到富贵。而臣之所以不叛君，是因为他们害怕被杀头。因此，君主必须独断，牢牢把权力掌握在手中，不可以借给任何人。怎样控制手中的权力不被臣下侵犯呢？必须用一些方法，这就是"术"。法家认为，法是可以公开的，但"术"必须秘不示人，深藏在君主内心，翻手为云，覆手为雨。用这种"术"来驾驭官吏。如赵高的"指鹿为马"也是一种术。当然，这是需要批判的"术"

法家的吏治观可操作性很强，立竿见影，政治家很容易拿来使用，很有吸引力，从战国列国变法用的大都是法家人物可见一斑，而至秦代发展到高峰。

二、儒家的吏治观

儒家的吏治观在战国及秦代都没有受到重视，西汉中期以后影响逐渐扩大。儒家依托三代创建自己的理论思想，内圣外王，把伦理关系移植到现实政治中去。作为一个学派开始于孔子，对于吏治的全面干预始于西汉武帝时期。法家的吏治观是从人性恶的角度出发的，而儒家的吏治观是从人性善的角度出发的。主张追求个人道德素质，即通过灌输一系列的思想、理念使清廉、勤政成为官吏内在的动力，而不像法家那样通过外力（法律）的强力控制，通过各种政治技巧（术、势）达到吏治的目的。儒家的吏治观主要有如下内容。

（一）以德选吏

法家完全凭功劳的大小用人，儒家则不同。儒家认为选拔官吏主要是看一个人的道德修养，具体标准是孝亲和清正廉洁。当然，精通和熟悉儒家文化典籍也是需要的。一个人在地方具有良好的口碑声誉是重要的参考。在两汉魏晋南北朝时期的察举制和九品中正制下，这样的人主要是依靠周围熟悉他的乡里社会自上而下与自下而上相结合推荐上来的，隋唐以后，主要是依靠科举考试而获得。但科举考试所读的书主要还是儒家经典，不过是取士的方式变化了。

（二）以德行政

儒家认为官吏治理国家绝不能简单地只用刑罚，必须依靠道德的力量来感化民众。官吏要在他统治的地域内推行礼乐教化，实行仁政，以德服人，把维护社会秩序、遵守国家法律法令变成每个人的内在规范。为政以德，是儒家行政的最高境界。因此，儒家要求官吏行政以"正义"为先，即是否符合儒家思想的道德准则，而不是唯法至上。在法和"正义"发生冲突时，儒家宁可选择"正义"而舍弃法律。

（三）"民惟邦本，本固邦宁"

"民惟邦本，本固邦宁"是儒家"民本"吏治思想的核心。儒家吏治观中的"民本"思想究竟包含哪些内容并无非常具体的标准，笔者曾把它归纳为五个方面：（1）发展生产，造福百姓；（2）赈灾济贫，为民解难；（3）蠲除苛政，为民请命；（4）兴办学校，传播文化；（5）锄强扶弱，保民平安。儒家"民本"吏治观固然是为了维护剥削阶级的长久统治，但与法家在处理与民众的关系上是有很大区别的，具有很大的积极意义。当然，儒家吏治观虽讲"民本"，但并不轻君。特别是在汉儒那里，尊君卑臣的吏治思想更为突出。通过尊君卑臣建立君臣之间的等级秩序。

三、道家的吏治观

渊源于先秦的道家思想也有自己的吏治观，并在中国历史上产生过一定的影响，有其特殊意义。道家吏治观的核心是"无为"。什么是"无为"？大家的看法还不一致，但与儒法两家的吏治观显然不同。

（一）"清静无为"

道家认为治理国家要清静无为。老子说"治大国若烹小鲜"，意思是治理国家要像煎小鱼虾一样，不能总是翻动；还有一种理解是治理大的国家要简单化，不能太复杂。在吏治上强调无论是君主还是各级官吏都不要去扰民，只要把自己分内的事情做好即可。道家的清静无为不是我们所理解的绝对的无为，而是一种治国的策略。

（二）"绝圣弃智"

道家认为政治统治贵在顺应自然，无为而治，需要弃绝智慧、知识，返璞归真。道家认为，"上多事则下多态，上烦扰则下不定，上多求则下交争"。上层"多事""烦扰""多求"，将直接导致社会风气败坏和国家政局动荡不宁。因此，君主和各级官吏只要各管其事就可以了，不必事事洞悉。

（三）选拔官吏要剔除那些"欲务声名"的人

道家的吏治观认为，清静无为的政策首先要用清静无为的人，因此选拔官吏要注重选那些因循、谨慎的人。无事生事、好高骛远、刻薄寡恩的人都不宜任用。

道家的吏治观在汉代发生了变化，其特点是吸收了儒家、法家、墨家、阴阳家的思想，既重民本，也不排除刑名，有人称之为"新道家"。后世道家的吏治观基本上是受新道家思想影响的。

四、中国古代三种吏治观的启示

首先，统治阶级奉行什么样的吏治观，其用人治吏的方式方法就不相同。《资治通鉴》记载了唐太宗与封德彝关于用人问题的一段著名对话：

"上令封德彝举贤，久无所举。上诘之，对曰：'非不尽心，但于今未有奇才耳！'上曰：'君子用人如器，各取所长，古之致治者，岂借才于异代乎？正患己不能知，安可诬一世之人！'德彝惭而退。"

封德彝和唐太宗都属于统治集团内部的人，并没有立场的不同，但人才观不同，对人才的看法就有区别。封德彝的思维沉浸在他所想象的某种"奇才"，是一种人才观的反映，与唐太宗"用人如器"的人才观显然有很大差别。

这段对话与汉武帝的一段感慨颇为相似。那时中国历史上著名的察举制刚刚推行，汉武帝命郡国向中央推荐人才，可是往往一郡之内竟然举不出一人，汉武帝十分气愤，引用孔子的话说："夫十室之邑，必有忠信；三人并行，厥有我师，今或至阖郡而不荐一人，是化不下究，而积行之君子雍于上闻也。"意思是，今天举不出人才是你们没有认真去发现人才，而不是没有人才。汉代因此还定了个"不举罪"。

汉武帝和唐太宗都是历史上具有雄才大略的君主，他们的人才观很有些相似。汉唐两朝用人之盛，也恰恰在这个时期。这里"用人如器，各取所长"的思想尤为重要。

其次，不同时期社会状况不一样，也要求吏治观不一样。吏治观是随着时代的变化而变化的，绝非一成不变。例如，商鞅在魏国不是人才，在秦国他以"帝道"和"王道"说服秦王时也不被视为人才，只有他的"霸道"，即法家思想获得孝公欣赏，获得重用后，才成为人才。这是因为那个时期最需要的是法家的"霸道"吏治观。但这样的人才在西汉初年肯定不会受到重用，因为时过境迁了。《汉书·曹参传》载：

"参代何为相国，举事无所变更，壹遵何之约束。择郡国吏长大，讷于文辞，谨厚长者，即召除为丞相史。吏言文刻深，欲务声名，辄斥去之。日夜饮酒。卿大夫以下吏及宾客见参不事事，来者皆欲有言。至者，参辄饮以醇酒，度之欲有言，复饮酒，醉而后去，终莫得开说，以为常。相舍后园近吏舍，吏舍日饮歌呼。从吏患之，无如何，乃请参游后园。闻吏醉歌呼，从吏幸相国召按之。乃反取酒张坐饮，大歌呼与相和。参见人之有细过，掩匿覆盖之，府中无事。"

曹参的这种吏治方式看起来一无是处，但当时的老百姓及后来的史学家对他的评价却非常高。这是因为汉初需要一个"无为"的环境，黄老思想正适应了这一要求。

最后，要辩证地看待三种吏治观。没有抽象的人才，只有符合实际需要的人才；没有永恒的人才，只有随着时代变化而变化的人才。上述三种吏治观都有其存在的历史意义。春秋战国之际兴起的法家学派主张厉行法家吏治观，在当时条件下对于加强新兴的专制主义中央集权，对于选拔、任用、考核、监督监察官吏起到了积极作用。没有法家，不会出现战国的人才辈出，中国古代的官僚制也不会发展得那么迅速，中国历史是否能够那么快地走向统一都很难说。法家的吏治观后来虽然受到很多责难，但是在中国历史上的绝大多数时期从来没有被真正放弃过。①

中国古代从没有放弃过以法治为核心的吏治观，这是中国古代的吏治支撑国家机器正常发挥职能的必要条件，也是专制主义中央集权存在和延续的基本条件。但是，法家的吏治观也有它致命的弱点，它只考虑君主和国家的利益而不考虑社会，官吏只是统治者的工具而缺少理性，它不要求官吏有理想、有道德感，只要体现君主的意志就可以了，这样的吏治观是急功近利的，是短视的，是有严重问题的。秦统一中国只有15年就灭亡了，与其执行一种片面的、缺乏弹性的法家吏治观是有关系的。

汉初几十年各级官府布满了功臣子弟，吏治深刻，道德沦丧，当时的人都认为很快汉朝就要灭亡了。在这种情况下，儒家积极谋求参政，以汉

---

① 毛泽东在七律《读〈封建论〉·呈郭老》（1973年8月）一诗中写道："劝君少骂秦始皇，焚坑事件要商量。祖龙魂死秦犹在，孔学名高实秕糠。百代都行秦政法，《十批》不是好文章。熟读唐人封建论，莫从子厚返文王。"所谓"百代都行秦政法"，就是指法家。

武帝"罢黜百家，独尊儒术"和察举制的推行为标志，中国古代官僚队伍类型成功地实现了一次转变，儒学化的官僚大量进入官僚队伍。儒学化的官僚历史上习惯称之为"儒生"，法家化的官僚历史上习惯称之为"文吏"。从此这两种类型的官僚构成了中国古代官僚类型的主体，彼此相互转化。

儒生参政对中国古代吏治的改变影响很大，儒生讲理想，把自己看成道德的化身而不仅仅是统治者的工具；儒生也讲法，但却要把儒家的道德礼仪援引到法律中来；儒生也讲利，但却先要讲义，先义后利；儒生也讲国家，但却主张为政以民为本。这些对于协调和平衡国家与社会的关系十分重要。

道家的吏治观在中国历史上不占主流，但在一些重要的历史时期却也有着重要的作用。如汉初，社会残破，因循低调的人才选拔方式有益社会稳定，是贯彻与民清静"无为"政策的关键。同时，在历史上阶级矛盾、社会矛盾尖锐的时期，道家的吏治观也有助于缓解社会矛盾，尽管它本身不是一种积极的态度。

不同历史发展阶段的统治阶级运用什么样的吏治观选拔官吏、管理官吏，不完全是统治阶级主观意志的产物，而是社会经济发展、阶级关系变动的结果，但吏治观的选择对于该时期吏治的好坏、社会的治理影响都很大。历史实践证明，吏治观是指导吏治实践的关键，它本身是社会现实的反映，它要随着社会的变化而变化，不能有一成不变的吏治观。有了正确的吏治观，统治阶级才可能选拔出适应社会需要的管理人才，才能够用人所长，避人所短。中国历史上虽然有三大吏治观，但历史上有为的君主往往是各取所需，在不同的时期，针对不同的职位、不同的人才特点，交叉使用，绝不固守一端。

中国古代官吏的廉政教育及其影响[*]

中国古代文明有着高度发达、持续发展、影响深远等重要特征。廉政建设作为中国古代政治文明建设中的一个重要部分^①，也有着悠久的历史，特别是其制度化建设成就卓然，学者们已经从许多方面作过积极的探讨。制度建设尽管是廉政建设的一个核心问题，但显然制度不能解决一切。并非建立完善的制度之后就可以高枕无忧。因此，除了这些制度建设外，历代王朝还采取各种措施，从多角度对各级官吏（甚至包括皇帝）进行广泛的思想素质教育，培养他们为政中的廉政意识。这虽然属于一种非制度化的范畴，但却在廉政建设上有着不可忽视的作用。多角度的廉政教育与多层次的廉政制度建设相辅相成，构成了中国古代廉政文化的两个方面。值得注意的是，这种

---

* 本文是笔者与付红领合撰。

① 廉政与反腐败是两个既有联系又有区别的问题，我们在研究中应当适当加以区分。《现代汉语词典》解释"腐败"有三种含义，其中将思想陈旧，行为堕落，制度、组织、机构、措施等混乱、黑暗，皆归入腐败。这是一种非常广义的"腐败"含义。与我们所谈的"反腐败"，主要指经济领域的贪污受贿含义不一样。廉政，是使政治清廉，比反腐败的含义更广，廉政不仅包括了反腐败，同时还包括了其他种种制度建设。

廉政教育思想不仅为国家所提倡，也广泛存在于许多思想家、教育家、政论家的思想言论中。中国古代基层社会的民间文化中，也蕴藏着许多关于廉政教育的丰富思想。以往的研究较少从这个方面来分析，而深入挖掘这些内容，对于我们全面认识中国古代廉政文化建设无疑具有重要启示作用。本节试从这个角度略作探讨。

一、"民为贵"——"民本"思想的教育及其作用

"民本"思想是中国古代传统政治思想中的珍贵遗产。历代统治者通过"民本"思想的灌输，教育官吏要以民为本，廉洁从政，它构成了古代廉政教育中的一个重要内容。

"民本"思想起源很早。《尚书·皋陶谟》说："天聪明，自我民聪明。天明畏，自我民明威，达于上下，敬哉有土。"大意是说上天善于从民间听取意见，上天根据民众的意见来表彰好人，惩罚坏人。上天和下民之间是相通的。只有这样恭敬地处理政务才能保住国土。《尚书·高宗肜日》说"王司敬民"，也是指统治者要恭敬地对待人民，不要过分盘剥。《尚书·泰誓》更明确地说"天视自我民视，天听自我民听"，把"天"的意志与民的意志完全结合起来，亦是统治者对"民"的地位有充分认识的反映。《古文尚书·五子之歌》还提出"民惟邦本，本固邦宁"的思想。这些虽然在时代上还有争议，学者们对"民"的身份理解上仍有不同意见，但商周是中国传统"民本"思想的开创时代则是大家共同的认识。春秋战国时期，"民本"思想继续得到发展。《左传·庄公三十二年》记载史嚚对虢国国君迷恋于神的行为进行了一番评论："虢其亡乎！吾闻之：国将兴，听于民；将亡，听于神。"同书《桓公六年》随国贤臣季梁说："所谓道，忠于民而信于神也。"又云："夫民，神之主也。是以圣王先成民，而后致力于神。"史嚚和季梁都是春秋时期贵族政治下的一般官吏，他们对"民""神"关系的深刻理解应

当是"民本"思想在统治阶级中巩固和发展的表现。春秋战国之际，"民本"思想进一步深化，其特点是把"神"与民的关系演变为君与民、政与民的关系，明确指出统治者要"顺民""爱民"，只有这样国家才能兴旺，统治才能稳定。《管子·牧民》说："政之所兴，在顺民心；政之所废，在逆民心。"《晏子春秋·内篇谏下》说："诚于爱民，果于行善，天下怀其德而归其义。"《孟子·尽心》说："民为贵，社稷次之，君为轻。"《荀子·哀公篇》更有形象的比喻："君者舟也，庶人者水也。水则载舟，水则覆舟，君以此思危，则危将焉而不至矣！""民贵""君轻"思想和"舟""水"之喻对历代封建统治者都有深刻的影响。这种思考显然比春秋以前的"民本"思想更加与现实政治相结合，忧患意识、危机意识跃然纸上。

秦汉大一统的专制主义中央集权国家建立后，特别是儒家思想被尊为正统意识形态后，历代许多封建统治者及思想家、政论家也都继承了先秦以来的"民本"思想。如汉初政论家贾谊在《新书·大政上》中说："闻之于政也，民无不为本也。国以为本，君以为本，吏以为本。故国以民为安危，君以民为威侮，吏以民为贵贱，此之谓民无不为本也……故国以民为存亡。"东汉政论家王符在《潜夫论·边议》中说："国以民为基。"唐太宗说："为君之道，必须先存百姓。若损百姓以奉其身，犹割股以啖腹，腹饱而身毙。"又说："天子者，有道则人推而为主，无道则人弃而不用，诚可畏也。"宋代包拯说："民者，国之本也，财用所出，安危所系。"明丞相刘基在《郁离子·灵丘丈人》中提出养民如养蜂，警告统治者要关心、爱护百姓。清初唐甄在《潜书·明鉴》中说："封疆，民固之；府库，民充之；朝廷，民尊之；官职，民养之。奈何见政不见民也？"他们没有抛弃"民本"思想的根本原因诚如有的学者所指出的那样，既是为了维护其统治的历史合法性，也是历代民众的反抗所造成的王朝变革给予统治者的深刻教训。

历代统治者注重和加强"民本"思想的教育固然是为了维护阶级长久统

治的需要，但是我们对此也不能作机械的理解。"民本"思想实际也是统治者如何正确处理国家与社会关系的表现之一。在这个思想的教育和指导下，史书记载了历代许多官吏的卓异事迹，体现了"民本"思想在他们心目中的影响，是把"民本"思想贯穿到具体行政中的表现。这在客观上也推动了官吏廉政行为的产生。归纳起来主要反映在以下几个方面。

（一）发展生产，造福百姓

农业是古代社会最重要的生产部门。农业生产的好坏不仅关系到农民每家每户的生活，也直接影响到社会的稳定。历代以"民本"为己任的官吏都对发展农业生产、稳定小农经济表现出高度的重视。湘西里耶秦简记载，"急事不可留，乃兴徭"，"兴黔首可省少弗省少而多兴者，辄劾移县"，反映秦王朝要求属县重视农业生产，无夺农时。西汉渤海太守龚遂"劝民务农桑，令口种一树榆、百本薤、五十本葱、一畦韭，家二母彘、五鸡"。东汉桂阳太守茨充："教民种植桑柘麻纻之属，劝令养蚕织屦，民得利益焉。"历代正史《循吏传》《良吏传》中还有大量此类记载。发展生产离不开农业技术的推广，汉代很多地方官吏就对此十分重视。《汉书·食货志》载赵过的代田法发明后："二千石遣令长、三老、力田及里父老善田者受田器，学耕种养苗状。民或苦少牛，亡以趋泽，故平都令光教过以人挽犁。过奏光以为丞，教民相与庸挽犁……以故田多垦辟。"农业的发展与水利的兴修密切相关，古代很多官员都很重视水利工程的建设。秦蜀郡守李冰"穿二江成都之中……百姓飨其利"。汉代大司农郑当时主张穿漕渠，"大便利。其后漕稍多，而渠下之民颇得以溉田矣"。东汉汝南太守邓晨"兴鸿郤陂数千顷田，汝土以殷，鱼稻之饶，流衍它郡"。史云汉代"用事者争言水利"，就是国家重视水利兴修的反映。唐代沧州刺史薛大鼎为了改变沧州经济落后的面貌，修建无棣渠，使沧州展现出新姿。人民高兴地唱道："新河得通舟楫利，直达沧海鱼盐至。

昔日徒行今骈驷，美哉薛公德溽被。"汉武帝末年，封丞相田千秋为"富民侯"，意指要丞相以富民为己任，说明"民本"思想对于皇权也有深刻影响。

（二）赈灾济贫，为民解难

传统的小农经济在封建国家和豪强地主的双重压迫下，最经不住天灾人祸的打击。如汉代鲍宣指出小农经济破产的原因之一就是"阴阳不和，水旱为灾"。因此，历代有为的皇帝、官吏都很重视赈灾济贫，疏解民国。汉文帝后元年诏云："间者数年比不登，又有水旱疾疫之灾，朕甚忧之。"《汉书·宣帝纪》载本始三年"大旱，郡国伤旱甚者，民毋出租赋"。本始四年诏曰："盖闻农者兴德之本也，今岁不登，已遣使者振贷困乏。"《宋书·孝武帝纪》大明二年诏曰："去岁东土多经水灾。春务已及，宜加优课。粮种所须，以时贷给。"《魏书·良吏传》记载，北魏太守阎庆胤"在政五年，清勤厉俗。频年饥馑，庆胤岁常以家粟千石赈恤贫穷，民赖以济。其部民杨宝龙等一千余人，申讼美政"。同传云清河内史杜纂"性俭约，尤爱贫老，至能问民疾苦，对之泣涕"。《宋书·沈演之传》记载，演之在灾害降临时受文帝之命"乃开仓廪以赈饥民，民有生子者，口赐米一斗"。封建国家及官吏赈灾济贫的这些措施，对于局部缓解受自然灾害而引起的贫困有一定的积极意义。

（三）蠲除苛政，为民请命

"苛政猛于虎。"所谓"苛政"，是指封建统治阶级对人民残暴剥削和压迫的政策，也指某个时期统治阶级中的个别人物、个别政策对人民造成的特殊危害。面对这些苛政，许多官员能够挺身而出，为民请命。唐朝初年，国家初建，人口稀疏，社会需要安定。但李世民却接受封德彝的建议扩大兵源，此举遭到魏徵的强烈反对，连续将李世民的诏书顶回去三次，引起了李世民的震怒。魏徵则用"竭泽而渔""焚林猎兽"等比喻开导李世民，让他千万不要失信于民。在魏徵的耐心劝说下，百姓终于免除了一次兵役之苦。宋代端州产砚，包拯在任端州知府时发现，过去的知府除了交纳朝廷规定的端砚外，还中饱私囊，大肆索取，弄得当地百姓苦不堪言。包拯到任后，下令一律按实际数字征收，不得多取，为端州百姓免除了一项苛政。明代于谦深刻认识到，造成民不聊生的原因往往不是天灾，而是人祸，是贪官污吏。他在一首诗中写道："于今多少闲狼虎，无益于民尽食羊。"就表现了他对贪官苛政的深深忧虑。明代海瑞不仅敢于把"嘉靖者，言家家皆净而无财用也"写在奏折中让皇帝亲览，而且将当时的各种苛政详细列举，体现了奋不顾身为民请命的勇敢精神。

（四）兴办学校，传播文化

中国传统"民本"思想认为社会的治理离不开对百姓的教化，而教化的重要方式之一就是兴办学校，传播文化。中国古代的学校教育自汉代以来就比较兴盛，这与许多地方官员重视学校的教育作用是分不开的。《汉书·循吏传》载汉初蜀郡守文翁"仁爱好教化。见蜀地辟陋有蛮夷风……又修起学官于成都市中，招下县子弟以为学官弟子，为除更徭，高者以补郡县吏，次为孝弟力田。常选学官僮子，使在便坐受事。每出行县，益从学官诸生明经饬行者与俱，使传教令，出入闺阁。县邑吏民见而荣之，数年，争欲为学官弟子，富人至出钱以求之。繇是大化，蜀地学於京师者比齐鲁焉。至武帝时，乃令天下郡国皆立学校官"。《汉书·韩延寿传》载颍川太守韩延寿"于是令文学校官诸生皮弁执俎豆，为吏民行丧嫁娶礼……修治学官，春秋乡射"。后继者黄霸继续实行韩延寿的政策，颍川因此"教化大行，狱或八年亡重罪囚"。《后汉书·刘宽传》载东汉南阳太守刘宽"每行县，止息亭传，辄引学官祭酒及处士诸生执经对讲。见父老慰以农里之言，少年勉以孝悌之训。人感德兴行，日有所化"。《后汉书·循吏列传》载山阳太守秦彭"以礼训人，不任刑罚。崇好儒雅，敦明庠序，每春秋飨射，辄修升降揖让之仪。乃为人设四诫，以定六亲长幼之礼。有遵奉教化者，擢为乡三老，常以八月致酒肉以劝勉之"。《晋书·范汪传》载东晋东阳太守范汪"在郡大兴学校，甚有惠政"。余杭县令范宁兴学校，养生徒，风化大行，《晋书·范宁传》称"自中兴已来，崇学敦教，未有如宁者也"。范仲淹一生历任多处地方官，每一处他都致力兴学，在他的呼吁下，宋仁宗还颁令全国州县建立学校。中国古代的学校教育时兴时废，将兴办学校视为自己为政一方的政绩，将行政与教育相结合，重视以教育来推动行政，是古代所谓廉吏、良吏为政的基本特征之一，也有益于社会文明的进步与发展。

（五）锄强扶弱，保民平安

中国传统社会的"民"，主要指为国家承担赋税、徭役的小农。他们拥有小块土地，男耕女织，自给自足。他们的稳定与否关系到国家的兴衰安危。但是传统的小农经济又是十分脆弱的。除了天灾人祸的打击外，各种豪强势力对他们的侵害也十分严重。如西汉中期以后，商人、官僚和豪强地主大量兼并土地，造成了严重的社会问题。《史记·魏其武安侯列传》记载汉代大官僚灌夫"陂池田园，宗族宾客为权利，横于颍川。颍川儿乃歌之曰：'颍川清，灌氏宁；颍川浊，灌氏族'"。昔日丞相公孙贺"倚旧故乘高势而为邪，兴美田以利子弟宾客，不顾元元，无益边谷，货赂上流"。针对这种情况不少地方官为了锄强扶弱，保民平安而奋击豪强。如郅都"勇有气，公廉，不发私书，问遗无所受，请寄无所听"。他任济南守时，"济南瞷氏宗人三百余家，豪猾，二千石莫能制，于是景帝乃拜都为济南太守。至则族灭瞷氏首恶，余皆股栗"。义纵"直法行治，不避贵戚"，任河内都尉时"至则族灭其豪穰氏之属，河内道不拾遗"。汉京兆尹王尊镇压豪强，"二旬之间，大党震坏，渠率效首。贼乱蠲除，民反农业，拊循贫弱，钼耕豪强"。酷吏严延年"其治务在摧折豪强，扶助贫弱。贫弱虽陷法，曲文以出之；其豪杰侵小民者，以文内之"。东汉人赵憙为怀令时有大姓李子春危害一方，憙至后"即穷诘其奸，收考子春，二孙自杀"。又如梁代何远"疾强富如仇雠，视贫细如子弟"。宋代赵抃"自奉甚俭"，但他任地方官时"诛锄强恶"，使"蜀风为之一变"。地方豪强构成独立于国家秩序之外的社会势力并横行乡里是传统社会的一大特点，而正是由于上述类型的官吏能够忠于职守，不畏豪强，秉公执法，才使一方社会得以安宁。

中国古代的"民本"思想内涵十分丰富，尽管这个思想没有能够从根本上实现维护小农经济的目的，但它对于中国历史的发展却产生了一定的积极作用。这个积极作用的重要表现之一就是通过对官吏的"民本"教育而推动官吏廉政行为的产生。他们亲民、爱民的作风被历代统治阶级树为楷模，也得到人民的拥护。

二、家国同构——伦理教育与官吏的廉政意识培养

廉政意识与国家意识分不开，不能设想一个对国家和民族没有真挚情感的人能够廉洁为政。中国古代社会的一个重要特点是宗法血缘关系残留严重，并且血缘与政治的关系很强，如商周的国家结构与家族结构就是密不可分的。专制主义中央集权国家建立后，也没有能够彻底打破这种关系。而历代统治者正是充分利用了这个特点大力宣扬"孝亲""忠君"的"家国同构"观念，从这个角度培养、教育官吏的爱国意识，而这种意识对于官吏的政治行为又有深刻的影响。

首先，家国同构意味着个人、家庭与国家紧密相连，家是国的缩小，国是家的放大。《孟子·离娄上》说："人有恒言，皆曰天下国家。天下之本在国，国之本在家，家之本在身。"孟子指出了身、家、国三位一体的关系，并特别突出"家"在社会中的重要地位。这个思想同样体现在儒家思想的诸

多著作中。如《礼记·大学》说："一家仁，一国兴仁；一家让，一国兴让。"其次，家国同构使政治权力制约和血缘关系的道德制约实现双向互动，加强国家的向心力和凝聚力，维持社会稳定。《孝经》说："夫孝，始于事亲，中于事君，终于立身。"《荀子·致士》说："君者，国之隆也；父者，家之隆也。"既强调父权又强调君权，使"事君"与"事亲"完美结合。再次，家国同构意味着把家庭伦理推广到整个社会。《论语·子罕》说："出则事公卿，入则事父兄。"宋景公问政于孔子，孔子对曰："君君、臣臣、父父、子子。"孟子也说："人人亲其亲，长其长，而天下平。"《荀子·议兵》说："臣之于君也，下之于上也，若子之事父，弟之事兄，若手臂之扞头目而覆胸腹也。"《汉书·贾谊传》说："夫臣之事君，犹子之事父。"《盐铁论·备胡》说："天子者，天下之父母也。"《后汉书·傅燮传》载其上疏说："臣闻忠臣之事君，犹孝子之事父也。子之事父，焉得不尽其情？"《白虎通义·丧服》也说："臣之于君，犹子之于父。"汉代马融所撰的《忠经·天地神明》说："夫忠，兴于身，著于家，成于国，其行一焉。是故一于其身，忠之始也；一于其家，忠之中也；一于其国，忠之终也。身一则百禄至，家一则六亲和，国一则万人理。"

按照这种政治伦理，"事亲"与"事君"是一致的，"事家"与"事国"是一致的。家国同构的政治伦理贯彻于官僚政治中，使中国古代国家特别注重从"孝""德"两个角度来选拔官吏。《吕氏春秋·孝行览》说："人臣孝，则事君忠，处官廉"，把"孝""忠"和"廉"联系起来。汉代以"孝"治天下。孝或孝廉是汉代选拔官吏最重要的科目。汉武帝元光元年，"初令郡国举孝廉各一人"，颜师古注解说："孝谓善事父母者。廉谓清洁有廉隅者。"尚未入仕固然还谈不上政治意义上的廉，但从孝即可推断出廉，这是政治伦理与家庭伦理相结合的典型表现。东汉韦彪还进一步说："是以求忠臣必于孝子之门。"《汉官仪》记载汉以"四科取士"，但无论哪一科都必须"皆有孝悌、廉正之行"。这些都是把孝于亲、忠于君、廉于政结合起来考察官吏的。有学者指出："在这一制度刺激下，读书人竞相讲求孝行、廉洁，社会上逐步形成一种注重名节的风气。东汉以降，统治者尤其全力尊崇节义，敦厉名实，遂使此风大盛。在一定的历史时期内，这对于振厉末俗，自然有某种积极意义。"汉以后，孝在封建国家官吏选拔制度中始终占有一席之地。

《孝经》说："孝，德之本。"历代统治者所提倡的"德"也是从家庭伦理中推衍出来的。历朝历代都十分重视对官吏"德"的要求。如传统儒家思想主张以德治国。《周礼·地官·大司徒》归纳有"六德"，即"知、仁、圣、义、忠、和"。汉初陆贾说："治以道德为上，行以仁义为本。"宋代司马光更是提出"德为才师"的思想。他指出："才者，德之资也；德者，才之帅也。"康熙皇帝也说："朕观人必先心术，次才学。心术不善，纵有才学何用？"这种重德的思想被实际贯彻到选官制度中。据《睡虎地秦墓竹简·为吏之道》记载秦代"凡为吏之道，必精洁正直，慎谨坚固，审悉无私。微密纤察，安静毋苛，审当赏罚"。把"正直"放在首位，体现了秦代选拔官吏的道德要求。唐代史部铨选有四个标准："一曰身，体貌丰伟；二曰言，辞论辩正；三曰书，楷法遒美；四曰判，文理优长。四事可取，则先乎德行。"意指德是在其他条件之上的。明太祖朱元璋要求有司选拔官吏时一定要"以德行为本，而文艺次之"。

我们并不能对历代封建国家以"孝"、以"德"取人有过高的评价。如汉有"举秀才，不知书。察孝廉，父别居。寒素清白浊如泥，高第良将怯如鸡"的民谣。西晋贾充初"以孝闻"，其为官却"无公方之操，不能正身率下，专以谄谀取容"。但在家国同构政治伦理氛围中成长起来的官吏，其中也有不少人很自然地把修身、齐家、治国、平天下视为己任，将自身的行为与家庭、宗族、国家的前途相联系，把孝和忠、廉完美地结合起来。而国家也通过旌表个人、家庭、宗族的方式来激励为政者的高尚气节，廉洁从政。汉代很多官吏都是由举孝廉而出身的，其行为表现卓异。如路温舒学《春秋》、通大义而被举孝廉。汉宣帝时他上《施德缓刑书》，力劝宣帝要"改前世之失"。后又愿出使匈奴，"暴骨方外，以尽臣节"。汉琅邪人王吉少时治家严谨，后被举孝廉，为官后以匡正风俗为己任，史称"世名清廉……不蓄积余财。去位家居，亦布衣疏食"。东汉刘恺"素行孝友，谦让洁清"。东汉第五访"少孤贫，常佣耕以养兄嫂"。后举孝廉，迁张掖太守，时张掖饥荒，"访乃开仓赈给以救其敝。吏惧谴，争欲上言。访曰：'若上须报，是弃民也。太守乐以一身救百姓。'遂出谷赋人"。"乐以一身救百姓"，是不惜牺牲自己的政治前途而拯救百姓。举孝廉，其实重之在孝，统治阶级认为孝之于家者必忠之于国。汉以后，历代也都较重视以孝者为官。西晋王祥卧冰求鱼，史称"笃孝"，徐州刺史请为别驾，委以州事，州中清静，政化大行。时人歌之曰："海沂之康，实赖王祥。邦国不空，别驾之功。"羊祜少时"孝思过礼"，其为官"贞悫无私，疾恶邪佞"。北魏阎元明"少而至孝，行著乡闾。太和五年，除北随郡太守"。明代林鹗，事母极孝，不忤其意，仕宦 26 年，自奉俭朴，家无百两银子积蓄，以至死后无钱安葬，被誉为笃行孝廉君子。孝是家庭伦理，忠和廉是政治伦理，中国古代政治文化中将二者有机地结合，对于古代廉政建设也有着十分积极的意义。从正面来说，孝和德的教育使官吏自身具有了较高的贪腐免疫力，能够以自身的品德抵制不正之风；从反面来说，如果不廉洁为政，也必保不住其本人、家庭、家族在社会上的声望名誉，而这对其自身及后代的仕途、声望也会产生极为恶劣的影响。

三、"以廉为本"——多层次的官吏素质教育

清廉是为官者最重要也是最基本的素质。统治者只有实行"廉政"，才能巩固自己的统治地位，实现社会的长治久安。魏明帝时的何曾说："臣闻为

国者以清静为基，而百姓以良吏为本。""良吏"即廉吏。为了达到这个目的，历朝历代都非常注重加强对官吏的多方面素质教育，以期官吏的廉洁。具体来说包括如下几个方面。

（一）教育官吏立足本职工作

中国古代官僚制度管理是以一定的法治原则为基础的。《周礼》开篇即说："惟王建国，辨方正位，体国经野，设官分职，以为民极。"而各级官吏的基本任务就是守职、尽职，做好本职工作。《汉书·百官公卿表》说周官六卿："各有徒属职分，用于百事。"传统思想家关于"忠不得过职，而职不得过官""分职著明，法度相持"的思想，就是指官吏必须立足本职行使职权，不得"越职"。司马迁在《史记·循吏列传》中也说"奉职循理，亦可以为治"，意指做好本职工作也可达到国家治理的目的。刘向在《说宛·谈丛》中认为："凡吏胜其职则事治，事治则利生；不胜其职，则事乱，事乱则害成也。"元代张养浩在《牧民忠告》中说："廉以律身，忠以事上，正以处事，恭慎以率百僚，如是则令名随焉，舆论归焉，鬼神福焉，虽欲辞其荣，不可得也。"他的意思是说修身洁己，努力做好本职工作，荣誉也就随之而来，人民也会称颂你。相反，如果"心不在民，虽田园荒芜，庐舍倾倒，而不一顾也；虽父兄冻饿，子弟死亡，而莫之恤也"，都没有好下场。

战国以降，各级官吏的职守、职责被明确规定，具有了制度化的特征。如《史记·陈丞相世家》载陈平说："宰相者，上佐天子理阴阳，顺四时，下育万物之宜。外镇抚四夷诸侯，内亲附百姓，使卿大夫各得任其职焉。"汉宣帝说："夫宣明教化，通达幽隐，使狱无冤刑，邑无盗贼，君（指丞相黄霸）之职也。"《汉书·王商传》说："盖丞相以德辅翼国家，典领百僚，协和万国，为职任莫重焉。"《汉书·百官公卿表》《续汉书·百官志》对丞相、三公及以下各级官吏的职责都有明确的规定。在制度规定与思想教育的双重影响下，历代许多官吏以恪尽职守为己任，在本职工作上兢兢业业，克己奉公。如楚相孙叔敖"施教导民，上下和合，世俗盛美，政缓禁止，吏无奸邪，盗贼不起。秋冬则劝民山采，春夏以水，各得其所便，民皆乐其生"。鲁相公仪休"奉法循理，无所变更，百官自正。使食禄者不得与下民争利，受大者不得取小"，出色地履行了"相"的职责。恪尽职守还意味着对于不正确的做法不管来自何方都敢于坚决抵制。如西汉中期权臣霍光的奴客扰乱市场，没人敢管，但尹翁归"为市吏，莫敢犯者。公廉不受馈，百贾畏之"。东汉建武初年贵族阴氏宾客在广汉多犯禁，但太守蔡茂到后"辄纠案，无所回避"。曹魏的华歆针对魏文帝规定的举孝廉"不复试经"，即取消考试的做法坚决反对。他说："今听孝廉不以经试，恐学业遂从此而废。"在他的坚持下，文帝只得收回成命。为官尽职是第一要务，也是历代廉吏为政的基本特征。

（二）重视为官节俭教育

中国古代十分重视官吏的节俭教育。所谓节俭不仅是指官吏自身不贪财、不苟取，而且在为政上要节省民力。《左传·庄公二十四年》说："俭，德之共也；侈，恶之大也。"蜀相诸葛亮曾有名言："静以修身，俭以养德。非淡泊无以明志，非宁静无以致远。"都是把节俭和美德相结合。养成节俭的良好美德是廉洁从政的基础，刘向说："廉士不妄取，以财为草，以身为宝。"《宋史·范纯仁传》说："惟俭可以助廉。"中国民间有口皆碑的"包青天"包拯则从家中抓起，他去世前留下遗训："后世子孙仕官，有犯赃滥者，不得放归本家；亡殁之后，不得葬于大茔之中。"曾国藩在《劝诫浅语十六条》中说："欲求廉介，必先崇俭朴。"只有具备廉、俭美德才能"临大利而不易其义"，即在任何情况下都不会见利忘义。历代有为的帝王同样重视对官吏的节俭教育。《汉书·文帝纪》赞曰："孝文皇帝即位二十三年，宫室苑囿车骑服御无所增益。有不便，辄弛以利民。尝欲作露台，召匠计之，直百金。上曰：'百金，中人十家之产也。吾奉先帝宫室，常恐羞之，何以台为！'身衣弋绨，所幸慎夫人衣不曳地，帷帐无文绣，以示敦朴，为天下先。"文帝以实际行动教育官吏要节俭爱民，以致矫枉过正，如官吏张武受贿，文帝不仅不予处罚，反而"更加赏赐"，使其心生惭愧。唐太宗更是经常诫勉自己，教育官吏节俭，他说："夫安人宁国，惟在于君。君无为则人乐，君多欲则人苦。朕所以抑情损欲，克己自励耳。"

注重为官节俭教育是中国古代政治文化中的一笔宝贵遗产。在这个观念的熏陶下，历代廉吏大都把节俭视为美德，客观上推动了廉政行为的深化。《左传·襄公十五年》记载了这样一件事，有人送给宋国执政子罕一块玉，子罕拒受。献玉者说："这是一块宝玉。"子罕却说："我以不贪为宝，尔以玉为宝，若以与我，皆丧宝也。不若人有其宝。"把"不贪"视为自己的"宝"，正是古代许多廉吏的共同品质。三国时的华歆"素清贫，禄赐以赈施亲戚故人，家无担石之储""淡于财欲"。东晋广州刺史吴隐之"清操逾厉，常食不过菜及干鱼而已，帷帐器服皆付外库"，一改长期以来岭南为官者贪黩的形象。东晋吏部尚书邓攸"蔬食弊衣，周急振乏"。北朝广平太守羊敦"雅性清俭，属岁饥馑，家馈未至，使人外寻陂泽，采藕根而食之"。北朝张恂历任太守，"性清俭，不营产业，身死之日，家无余财"。鲁郡太守张应"履行贞素，声绩著闻。妻子樵采以自供"。明代于谦认为"钱多自古坏名节"，他"日夜分国忧，不问家产""所居仅蔽风雨"，常被"错认野人家"。明代海瑞，历任高官，但却节俭有加，"入视室中，所御衾帱皆白布，萧然不啻如寒生"。清代于成龙历任封疆大吏，"几案间惟蛛罗鼠迹，一竹筥贮朝服，二釜备炊爨，文卷书册数十束，此外都无一物"。

（三）加强法律的学习和教育

历代统治阶级都十分重视官吏的法律学习、教育，使官吏通过知法、守法而达到廉洁从政、从政有为的目的。中国古代的行政和司法往往结合在一起，如《商君书·定分》说："故圣人必为法令置官也，置吏也，为天下师，所以定名分也。"吏"为天下师"首先自己要懂得法律。反映秦代政治思想的云梦秦简《语书》中，明确将官吏区分为"良吏"和"恶吏"两类："凡良吏明法律令，事无不能也。有（又）廉洁敦悫而好佐上，以一曹事不足独治也，故有公心……恶吏不明法律令，不知事、不廉洁。"将是否懂法律令与廉洁与否相结合起来考查，无疑是一个卓识。汉代朱博说："如太守汉吏，奉三尺律令以从事耳。"意指奉法行事是官吏的天职。就秦汉时代而论，明习法律是对官吏的一项基本要求，其中包括这样一些主要内容：第一，要依法行事。如汉初赐予拥有高爵者田宅的政策没有得到贯彻实施，为此刘邦下诏说："今小吏未尝从军者多满，而有功者顾不得，背公立私，守尉长吏教训甚不善。其令诸吏善遇高爵，称吾意。且廉问，有不如吾诏者，以重论之。"汉初，有人惊了文帝的御马，付之廷尉张释之治罪，廷尉判其罚金，文帝很不满，认为判轻了。释之说："法者天子所与天下公共也。今法如是，更重之，是法不信于民也。"文帝只得听从。第二，反对曲解法律、严刑峻法。汉景帝中元五年诏说："法令度量，所以禁暴止邪也。狱，人之大命，死者不可复生。吏或不奉法令，以货赂为市，朋党比周，以苛为察，以刻为明，令亡罪者失职，朕甚怜之。"汉宣帝地节四年诏书说："令甲，死者不可生，刑者不可息。此先帝之所重，而吏未称。今系者或以掠辜若饥寒庾死狱中，何用心逆人道也！朕甚痛之。"第三，重视从制度上将明法律的人吸收到官僚队伍中来。在湖北云梦出土的睡虎地十一号秦墓中，墓主人喜的陪葬品就是大量的法律文书，足见他是因通法律令而为吏的。《汉书·路温舒传》云温舒"因学律令，转为狱史，县中疑事皆问焉"。《汉书·郑崇传》说："（崇）父宾，明法令，为御史。"东汉陈宠的曾祖父陈咸，西汉成哀年间"以律令为尚书"。《后汉书·陈忠传》说："（陈）忠明习法律，宜备机密，于是擢拜尚书，使居三公曹。"从选官制度上重视任用法律人才，客观上推动了官吏学习法律的自觉性，也使官吏学法、懂法、守法，奠定了廉洁从政的基础。

（四）勤政教育不放松

中国古代廉政文化源远流长，色彩斑斓，内涵丰富。其中将勤政与廉政相结合就是一个特色。宋代吕祖谦在《官箴》中说："当官之法，惟有三事：曰清、曰慎、曰勤。"清代名臣曾国藩对官员的勤政做了简要的概括，他在《家训》中说："勤则寿，逸则夭；勤则有材而见用，逸则无能而见弃；勤则博济斯民，而神祇钦仰。"他还在批札上说："勤、廉二字看似平浅，实则获上在此，信友在此，服民亦在此，舍此二字，上司即偶然青盼，亦不能久；欲求寅僚之敬佩，百姓之爱戴，即袭取于偶然，亦不可得矣！"历代统治阶级从各个方面大力加强对官吏的勤政教育，主要包含这几点：其一，勤于位。"不在其位不谋其政"，但是既在位就要勤其政。如周公教育他的儿子伯禽说：我是文王的儿子，武王的弟弟，成王的叔叔，和天下任何人比也不算贱。然而我为什么还要"一沐三捉发，一饭三吐哺"呢？其原因在于我怕失去为国家结识天下贤人的机会。《诗经》中要求官员"夙夜匪懈，虔共尔位"，都是指官吏在其位要勤其政。西汉太守何并"性清廉，妻子不至官舍"。东汉王良"在位恭俭，妻子不入官舍"。妻子不入官舍固然有矫枉过正之嫌，但亦反映勤政教育影响之深刻。其二，勤于事。中国古代廉政文化中的勤政教育上自皇帝下至小吏。如自古以来为帝王设师和傅，其主要目的之一就是从小教育他们勤政爱民。唐太宗每以勤政自勉，如他评论隋文帝："克己复礼，勤劳思政，每一坐朝，或至日昃。五品以上，引之论事。宿卫之人，传餐而食。"清康熙、雍正、乾隆三帝也是勤政的典型，特别是雍正帝，事必躬亲，乃至亲自拆奏折。现藏雍正朝的许多奏折都是他亲自批注的，不仅批文仔细，而且有的竟比原奏文多数倍。其三，勤于能。仅有勤政精神是不够的，还需要有勤政的能力。如秦汉对基层小吏有"文无害"的要求，意即对各种律令、政事、条品、文牍、故事皆通晓无滞的文吏，这实际就是一种从政的能力。出土的汉代简牍中常见"能书会计治官民颇知律令"的字句，也是汉吏必须具备一定文化水准能力的标志。唐开元宰相姚崇在蝗虫灾害发生时，不仅严斥蝗虫是神虫不能灭杀的谣言，而且提出了灭蝗的具体办法，避免了一场大灾。柳宗元在柳州为刺史，废除"以男女质钱，约不时赎，子本相侔，则没为奴婢"的残酷风俗，禁止江湖巫医骗钱害人；兴办学堂、推广医学、开垦荒地、植树造林，事必躬亲，深得柳州人民爱戴，死后当地人民为他立了庙宇，岁时祭祀，奉若神明。元人编纂的《吏学指南》一书中，将"尚能"与"尚勤"并重，作为历代吏治的经验，无疑是一个卓识。

从多方面加强官吏的教育而不仅仅是强调个人的廉洁，是中国古代廉政教育的特色之一。这不仅使官吏具备了廉政的素质，也具备了廉政的能力。

四、"廉吏，民之表也"——弘扬正气、揭露腐败

孟子说："闻伯夷之风者，顽（贪）夫廉，懦夫有立志。"意指榜样的作用十分重要。中国古代廉政教育的重要特点之一是注重树立正、反两个方面的典型。既注重发挥楷模、榜样的力量，也注重揭示阴暗面，将贪官污吏公之于众，书之于史，以警示后人。

（一）帝王以身作则

在总结历史经验的基础上，孟子说："君仁，莫不仁；君义，莫不义；君正，莫不正。"《盐铁论·疾贪》说："夫上之化下，若风之靡草，无不从教。"这都是说君主、"上"的表率作用是十分重要的。纵观中国

古代历史，大凡君主注重节俭，勤政重民，社会就能相对安定，出现经济繁荣、天下大治的局面；如果君主挥霍无度、骄奢淫逸、贪利残暴，则就会导致天下大乱。历史上很多有为的君主深刻认识到这一点，因而对自己的言行时刻注重，以身作则，起到了良好的社会效果。汉初文、景二帝，厉行节约，轻徭薄赋，在中国统一的封建国家历史上第一次出现了繁荣昌盛的景象，史称"文景之治"。东汉光武帝刘秀"长于民间，颇达情伪，见稼穑艰难，百姓病害，至天下已定，务用安静，解王莽之繁密，还汉世之轻法。身衣大练，色无重彩，耳不听郑卫之音，手不持珠玉之玩，宫房无私爱，左右无偏恩"。这对东汉初年廉洁风气的形成有极大的作用。三国曹操"雅性节俭，不好华丽，后宫衣不锦绣，侍御履不二采，帷帐屏风，坏则补纳，茵蓐取温，无有缘饰"。曹操去世前遗嘱："敛以时服，无藏金玉珍宝。"由于曹操在用人上"尚节俭"，并且自己做出表率，"至令士大夫故汙辱其衣，藏其舆服；朝府大吏，或自挈壶餐以入官寺"。这种做法虽有"矫情"之嫌，但对于纠正汉末官场上奢侈浮华之风是有益处的。东晋元帝"性简俭冲素"，他不仅不许在宫殿里"广室施绛帐"，而且拜贵人时"有司请市雀钗，帝以烦费不许。所幸郑夫人衣无文彩。从母弟王廙为母立屋过制，流涕止之"。元帝以身作则的节俭行为在社会动荡的东晋初期显得尤为珍贵。隋文帝杨坚"务存节俭，令行禁止，上下化之。开皇、仁寿之间，丈夫不衣绫绮，而无金玉之饰，常服率多布帛，装带不过以铜铁骨角而已"。宋太祖赵匡胤生性简朴，"躬履俭约，常衣浣濯之衣，乘舆服用皆尚质素，寝殿设青布缘苇帘，宫闱帏幕无文采之饰"。朱元璋在总结前代覆亡的教训时对臣下说："既富，岂可骄乎？既贵，岂可侈乎？人有骄侈之心，虽富贵岂能保乎？处富贵者，正当抑奢侈，弘俭约，戒嗜欲以压众心，犹恐不足以慰民望，况穷天下之技巧，以为一己之奉乎？其致亡也宜矣。然此亦足以示戒，覆车之辙，不可蹈也。"封建帝王的"节俭"当然是有限的，但是能够认识到这个问题，并能够以身作则，对于当时政坛上廉洁风气的形成无疑是有益的。

（二）弘扬正气，表彰廉吏

历代政治家、思想家都深刻认识到，官吏自身的廉正是社会得以治理的关键。治民必先治官，治小官必先治高官。孔子曾说："政者，正也。子帅以正，孰敢不正？"汉文帝说："廉吏，民之表也。"董仲舒说："正朝廷以正百官，正百官以正万民。"唐太宗也认识到："若安天下，必先正其身，未有身正而影曲，上治而下乱者。"唐太宗就经常和高级官吏进行谈话。《贞观政要》里面有一段话讲得特别好，他说如果你家里有一颗明珠的话，一定会非常珍惜地把它藏好，不会拿着明珠去砸鸟。而你的性命比明珠要贵重得多吧？你见了金钱而不惧刑罚，这是不爱惜自己的生命。明珠是身外之物，尚且不可以用它来砸鸟，何况你的性命这么宝贵，你用性命和钱财进行赌博，值得吗？唐太宗还告诫臣下说，贪婪的人其实是不懂得爱财的道理，如果你受贿，不过数万钱，有一天被发现了，你的官也没有了，俸禄也没有了，这岂是爱财的正当道理？他说："为主贪，必丧其国；为臣贪，必亡其身。""古人云：贤者多财损其志，愚者多财益其过。此言可为深戒。"意思是贤能的人钱多了，意志就消磨了，不求上进了；愚蠢的人钱越多，犯的过错就越多。他还说：徇私枉法，心中常怀恐惧就会生病，恐惧多了会致死，大丈夫岂能因苟贪财物而害及身命，使子孙耻辱呢？这种诫勉式的谈话历史上还有很多，如朱元璋就经常劝诫属下治人必先自治，正己以率下。

《盐铁论·疾贪》说："今大川江河饮巨海，巨海受之，而欲溪谷之让流潦，百官之廉，不可得也。夫欲影正者端其表，欲下廉者先之身。故贪鄙在率不在下，教训在政不在民也。""百姓不治，有司之罪也。"《盐铁论·刺权》说："一人失职，一官不治，皆公卿之累也。"王夫之在《读通鉴论》中说："严下吏之贪，而不问上官，法益峻，贪益甚，政益乱。"这些政治家、思想家都明确地提出廉政的形成在官吏而不在百姓，在高官而不在小官。

基于这种认识，历代封建统治者非常注意褒扬"廉吏""循吏"，树立他们的形象，以期达到表率的作用。西汉九江人召信臣历任南阳太守、河南太守，所在"好为民兴利""务出于俭约……吏民亲爱信臣，号之曰召父"。蜀郡守文翁在郡兴办学校，开风气之先。汉哀帝元始四年，"诏书祀百辟卿士有益于民者，蜀郡以文翁，九江以召父应诏书。岁时郡二千石率官属行礼，奉祠信臣冢，而南阳亦为主祠"。"应诏书"是指蜀、九江二郡认为文翁、召信臣二人的政绩符合中央的精神，上报中央政府，希望得到表彰。而汉代统治阶级以国家形式褒扬"有益于民者"的官吏，其目的是扶正祛邪，树立官吏勤政为民的形象。西魏苏绰"性俭素，不事产业，家无余财。以海内未平，常以天下为己任"。他为西魏文帝宇文泰制定了中国历史上著名的"六条诏书"。由于积劳成疾，49岁即病逝于任上。下葬时，文帝"又遣使祭以太牢，周文自为其文"。当然，除了对廉吏、循吏采取国家祭祀的方法外，更多的则是采取增秩、升迁以及赐予死后的哀荣等方式予以表彰。《汉书·京房传》载："（焦延寿，字赣）察举补小黄令，以候司先知奸邪，盗贼不得发。爱养吏民，化行县中。举最当迁。三老官属上书愿留赣，有诏许增秩留。"《汉书·霍光传》："光召尚符玺郎，郎不肯授光……光甚谊之。明日，诏增此郎秩二等。"《汉书·循吏传》："故二千石有治理效，辄以玺书勉厉，增秩赐金，或爵至关内侯，公卿缺则选诸所表以次用之。"汉代循吏朱邑"廉平不苛，以爱利为行"，从一个乡小吏升迁至九卿之一的大司农。他死后"家无余财"，皇帝不仅下诏表彰他一生"廉洁守节"，而且"其赐（朱）邑子黄金百斤，以奉其祭祀"。蜀国丞相诸葛亮一生鞠躬尽瘁，死后被赠"武乡侯印绶，谥君为忠武侯"。北宋名臣欧阳修"道德博闻""廉方公正"，去世后被赠太子少师，谥曰"文忠"。康熙说凡地方官者，能持己为正，不为非法之事，即称良吏，"国家得此等人，实为祥瑞。允宜从优表异，以鼓励清操"。把"良吏"视作国之祥瑞，是一卓识。

中国古代对廉吏的理解范畴十分广泛，只要他们勤勤恳恳地为官一方，无论官职大小，有为的君主都会竭力奖励，昭示世人。我们注意到，无论是被统治阶级尊为"正史"的《二十四史》还是其他杂史、野史等，凡涉及人物，都特别注意他的节操，即便细微，往往也载之于史册。这对于廉洁为政光荣、贪污腐败可耻的风尚形成十分重要。正是中华文化这种悠久的传统道德教育以及历代统治者的大力宣扬，使为政者受到多方面的熏陶，为他们廉洁从政奠定了必要的道德思想基础。自司马迁在《史记》中首开《循吏列传》后，《二十四史》中大都有《循吏传》《良吏传》等。宋代费枢还撰有《廉吏传》，专门收集廉吏事迹。而早在《周礼》中，就对"廉吏"的概念有着较为清楚的描述。统治阶级之所以如此重视对"廉吏"的分析与宣扬，其目的显然在于要为各级官吏树立学习的楷模。

（三）揭示丑恶，警示后人

早在春秋时期，人们对贪污腐败、行政不作为对国家的危害性就有较深刻的认识，如《诗经》中就把贪官污吏视为"硕鼠"。晏子则把他们比喻为"社鼠""猛狗"。《晏子春秋·内篇问上》云："夫国亦有社鼠，人主左右是也……夫国亦有猛狗，用事者是也。……左右为社鼠，用事者为猛狗，主安得无壅，国安得无患乎？"王夫之在《读通鉴论》中说："贪益甚，政益乱，民益死，国乃以亡。"清圣祖康熙也说："治天下以惩贪奖廉为要。"将贪赃枉法视为国之大害，是古代政治家、思想家的共识。因此，中国传统廉政文化中还有另一个重要方面，即充分揭示贪官污吏的丑恶嘴脸，予以严惩，以警示后人。如《后汉书·梁统传》记载了贪官梁冀的种种不法行为，他死后，"收冀财货，县官斥卖，合三十余万万，以充王府，用减天下税租之半。散其苑囿，以业穷民"。对贪赃者施以严刑。史称明太祖亲定《大诰》，严惩腐败，《大明律》中更将《吏律》放在首位。洪武三十年律规定："禄人枉法赃者，八十贯绞；不枉法受赃一百二十贯以上罪止杖一百流三千里。"更有甚者，"凡守令贪酷者，许民赴京陈诉。赃至六十两以上者，枭首示众，仍剥皮实草。府、州、县、卫之左特立一庙，以祀土地，为剥皮之场，名曰皮场庙。官府公座旁，各悬一剥皮实草之袋，使之触目警心"。明太祖用刑残酷，对官吏贪赃，施以重刑。除一般刑罚外，还有捶楚、刖足、挑筋、凌迟、族诛、抽肠、剥皮等酷刑。这样做的目的是杀一儆百，以儆效尤。

中国历史上经常有所谓大赦制度和赎罪制度，但是往往不赦、不赎贪官及其后人，其目的显然是让人们记住前车之鉴，要让贪者为自己的行为付出沉重的代价。《汉书·贡禹传》说孝文帝"贵廉洁，贱贪汙，贾人、赘婿及吏坐赃者皆禁锢不得为吏，赏善罚恶，不阿亲戚，罪白者伏其诛，疑者以与民，亡赎罪之法，故令行禁止，海内大化"。东汉本初元年下诏说："赃吏子孙，不得察举。"唐朝是历史上大赦较为频繁的朝代之一，但诏中大都强调不赦贪官污吏。元成宗曾下诏："今后因事受财，依例断罪外，枉法贪赃者，即不叙用。"清代规定贪官子孙三世"皆禁锢不得为吏"。为贪一时，殃及数世，这对于现任官吏无疑有着巨大的警示意义。

五、"虽小道，必有可观者焉"——社会舆论的监督与教育作用

在中国古代的廉政教育中，舆论也占有很重要的地位。社会舆论推动着廉政教育，也推动着廉政行为的发生与发展。特别是对特定地区、特定人物能够起到很大的鼓励和督察作用。古代社会舆论的形成与传播主要体现在民歌、民谣上。中国古代最早的诗歌总集《诗经》中的许多诗篇就在一定程度上反映了民声、民意、民心，具有匡正时俗的功能。

《汉书·艺文志》说："故古有采诗之官，王者所以观风俗，知得失，自考正也。"《汉书·礼乐志》说："周道始缺，怨刺之诗起。"《隋书·经籍志》说："古者……孟春，循木铎以求歌谣，巡省观人诗，以知风俗。过则正之，失则改之，道听途说，靡不毕纪。"这些都是指"诗"有舆论监督的作用。民谣，也是一种舆论形式。民谣以口头相传的形式出现，但在貌似谐谑调侃、讽刺嘲弄的流传形式中，却表达出深刻的社会政治内容。孔子说："虽小道，必有可观者焉。"《文心雕龙·谐隐》指出民谣"意在微讽"，但却"有足观者"，并且有"抑止昏暴"的作用。

民歌、民谣所形成的舆论监督作用大体表现在两个方面。

一是歌颂为人民做出贡献、政绩卓著的清官廉吏。人民用脍炙人口的歌谣来颂扬他，敬仰之情溢于言表。如春秋郑国子产，"从政一年，舆人诵之曰：'取我衣冠而褚之，取我田畴而伍之。孰杀子产，吾其与之！'及三年，又诵之曰：'我有子弟，子产诲之；我有田畴，子产殖之。子产而死，谁其嗣之？'"这首歌谣反映了郑国人民对子产为政从不了解到全面认识的过程，十分生动地反映了他在人民心目中形象的演变。战国时期魏国邺县县令史起引漳水溉邺，河内富之。民歌之曰："邺有贤令兮为史公，决漳水兮灌邺旁，终古舄卤兮生稻粱。"西汉白公建白渠，民得其饶，歌之曰："田于何所？池阳、谷口。郑国在前，白渠起后。举锸为云，决渠为雨。泾水一石，其泥数斗。且溉且粪，长我禾黍。衣食京师，亿万之口。"汉初国家针对战国秦以来的社会动荡局面采取清静无为、与民休息的政策，深得老百姓的欢心，民作"画一"之歌。歌中唱道："萧何为法，讲若画一；曹参代之，守而勿失。"汉代京兆尹赵广汉为政"廉明，威制豪强，小民得职"。后犯法被诛，但"百姓追思，歌之至今"。即便做了一件小事，人民也会记住他。如北齐济北太守崔伯谦把惩罚犯人的鞭子由生皮改为熟皮，以免给受刑者身体造成太大的伤害，当地百姓因诵民歌曰："崔府君，能治政。

易鞭鞭，布威德，民无争。"又《宋史·包拯传》载："拯立朝刚毅，贵戚宦官，为之敛手，闻者皆惮之。人以包拯笑比黄河清，闾里童稚妇女亦知其名，呼曰'包待制'。京师为之语曰'关节不到，有阎罗包老。'旧制，凡诉讼不得径造庭下。拯开正门，使得进前陈曲直，吏不敢欺。"意思是说，包拯为政清廉，要想贿赂包公，打通关节，是万万不可能的。这些民谣，用词简单，明白易懂，易于传播，反映了民众的心声。

二是揭露、批判、嘲讽官场上的黑暗与腐败，揭露剥削阶级的残暴统治。人民群众是历史的创造者，他们虽处于社会底层，但常常以歌谣来表达心声。这些歌谣对统治阶级的横征暴敛、挥霍无度，进行了无情的揭露和抨击。如周宣王任用奸臣，滥杀无辜，不得人心，有童谣唱道："檿弧箕服，实亡周国。"流传于秦朝末年的"楚虽三户，亡秦必楚"的民谣，预示秦王朝的残暴统治必亡于楚人之手的命运。东汉桓帝初，兵役连年，生产荒废。天下童谣说："小麦青青大麦枯，谁当获者妇与姑。丈人何在西击胡，吏买马，君具车，请为诸君鼓咙胡。"顺帝末年官场腐败至极，京都童谣说："直如弦，死道边。曲如钩，反封侯。"举孝廉是汉代最主要的选官制度，但此制度逐步走向轻滥，《抱朴子·审举》载民谣说："举秀才，不知书；察孝廉，父别居；寒素清白浊如泥，高第良将怯如鸡。"无情地讽刺了当时的政治腐败。在门阀制度森严的南朝，世族垄断了高官，官吏的选拔几乎完全由血缘关系而定。梁时民谣讥讽说："上车不落则著作，体中何如则秘书。"唐开元时期，长安少年贾昌因善于斗鸡而被玄宗封为"五百小儿长"，其父死后，葬品丧车，乘传洛阳道。民谣唱道："生儿不用识文字，斗鸡走马胜读书。贾家小儿年十三，富贵荣华代不如。能令金距期胜负，白罗绣衫随软舆。父死长安千里外，差夫持道挽丧车。"

古代民谣还对卖官鬻爵、官僚机构臃肿的现象进行讽刺、揭露和批判。北宋的"六贼"蔡京、王黼等公开出卖官爵，时有民谣揭露道："三千索，直秘阁；五百贯，擢通判。"唐代武则天称帝后，官职任用泛滥，民谣讽刺道："补阙连车载，拾遗平斗量。杷推侍御史，椀脱校书郎。"南明政权滥任官吏，民谣云："满朝升保傅，一部两尚书。侍郎都御史，多似柳穿鱼。"又南明时马士英当政，官僚机构膨胀，有民谣讥刺道："职方贱如狗，都督满街走。"

民谣或以隐语的形式揭露政坛的腐败。东汉末年，董卓秉权，政治腐败，社会黑暗。民谣唱道："千里草，何青青，十日卜，不得生。"意指残害人民的董卓政权很快就要灭亡。东汉桓帝之初京都童谣唱道："城上乌，尾毕逋。公为吏，子为徒。一徒死，百乘车。车班班，入河间。河间姹女工数钱。以钱为室金为堂。石上慊慊春黄粱。梁下有悬鼓，我欲击之丞卿怒。"这首童谣对东汉末年桓灵之世社会动荡的形势进行了鲜明的揭露。北宋奸臣蔡京、童贯狼狈为奸，专权误国，时人唱道："打破筒（童），泼了菜（蔡），便是人间好世界。"真是脍炙人口，形象生动，极具流传性。

以民歌、民谣形式构成的社会舆论对廉政之风的形成有一定的促进作用。如汉灵帝时下诏："敕三府举奏州县政理无效，民为作谣言者，免罢之。"这种无形的力量对于推动古代廉政教育和廉政风气的形成也有一定的积极意义。

中国的廉政建设离不开中国的国情，离不开中国本土文化的影响。以上我们就中国古代官吏的廉政教育及其影响作了十分简略的探讨。这些廉政教育大体上属于廉政制度建设之外的非制度化范畴，但这又是我们古代政治文明中的宝贵财富。我们希望通过这些简略的探讨，加深我们对中国古代廉政文化的认识，并对当代的廉政建设有所裨益。

吏与秦汉官僚行政管理

在秦汉官僚制度行政管理体制中，各级行政机构是由中央直接除授的官行使职权，而大量日常事务是由各级行政长官自行辟除的吏来完成的。吏是各级行政机构发挥其政府职能的重要因素之一，吏也是各级官府行政运作须臾不能离开的重要助手。这里拟从吏的渊源、吏的选用与仕进、吏与官僚行政运作等诸方面来探讨秦汉吏的问题。

一、吏的起源及秦汉吏的范围

吏的起源可以追溯到西周贵族政治下的行政管理。《周礼·天官·冢宰》云："以八则治都鄙，一曰祭祀，以驭其神。二曰法则，以驭其官。三曰废置，以驭其吏。"贾疏云："法则谓官之制度"，"废置"则"谓有罪则废退之，有贤则置而赞之"。西周贵族政治是以世卿世禄的世官制为主导地位，这种可以废置的"吏"，显然是不同于官的低级行政事务人员，因此《周礼》将"官"与"吏"对举，并且治官与治吏方法不同。《周礼·地官·遂大夫》云："三岁大比，则帅其吏而兴甿，明其有功者，属其地治者。""兴亡民"非如郑注所云"举民贤者、能者"，而是"以岁时稽其夫家之众寡，六畜田野，辨其可任者"，这是由遂大夫"帅其吏"而完成的。俞正燮《癸巳类稿》卷三《乡兴贤能论》云："上士、中士、下士、府、史、胥、徒，取诸乡兴贤能，大夫以上皆世族，不在选举也。"则上士、中士、下士不属世官，他们与《周礼》六官中的府、史、胥、徒一样，属于贵族政治下"吏"的范畴。

在贵族政治下决定官与吏区别的基本标准是宗法血缘关系，才能因素不占主导地位，但从渊源而论，他们是后世吏的渊源所在。战国时期，官僚制开始取代世卿世禄的贵族制。官僚制以高度的中央集权和君主专制为基本特征，但官僚制下各级行政机构运作并不能仅仅依靠君主设立的官长，也需要大量的低级行政人员来从事各项具体事务，这些人属于吏，而不是官。《韩非子·八奸》云："以吏偷官而外交。"又《八经》云："县令约其辟吏。"《战国策·赵策》云："万户之都封太守，千户封县令，诸吏皆益爵三级。"这些都是与官相对而言的吏。有官就必然有吏，这是与行政管理运作需要分不开的。秦汉也是如此。但是世官世禄制度废弛后，由于君主专制的确立，相对于君，各级官也都可称为吏。如秦始皇下令"以吏为师"，显系包括各级官在内的。秦简《为吏之道》也将官包括在内。秦汉丞、尉称为"长吏"，郡守称为"主郡吏"，郡尉称为"郡吏"，九卿称为"大吏"，《后汉书·贾复传》："帝方以吏事责三公。"可见三公亦可称吏。因此从语义学上，从战国至秦汉，吏的涵盖面皆可包括官。但我们不能仅以此就认为秦汉官吏不分，吏都是官，官也都是吏，这既与行政运作的基本形式不符，也与秦汉基本制度不符。因此，我们试从秦汉制度和历史实际来寻求官与吏的区别。

（一）以官秩划分

秦汉官吏以爵和石来表示等级，但爵是一种皇权赋予身份性的表现，并且官爵关系在秦代就已逐渐分离，因此爵级和官秩性质不同，不能用作划分官与吏区别的标准。秦汉以"石"来表示官秩等级的制度可追溯到官僚制产生的初期，但秦汉官秩自万石至斗食约20个等级，哪一等级为官和吏的区别标志呢？《汉书·百官公卿表》云："县令、长皆秦官，掌治其县。万户以上为令，秩千石至六百石。减万户为长，秩五百石至三百石。皆有丞、尉，秩四百石至二百石，是为长吏。百石以下有斗食、佐史之秩，是为少吏。"根据这个说法，似乎六百石以上才是官，六百石以下的"长吏""少吏"皆为吏，朱绍侯先生即从此说。[1] 但是，若是将全部县长和县丞、尉排除在官的范畴之外，并不合适。《续汉书·百官志》注引应劭《汉官》曰："大县丞、左右尉，所谓命卿三人。小县一尉一丞，命卿二人。""命卿"取之古义，系西周之制，但反映县丞、尉皆由君主直接任命，自然是官而不是吏。特别是县长官秩虽在六百石之下，但综揽一县军政，不能划归于吏。从秦汉实际看，以官秩二百石作为划分官与吏的标准较确切。其一，官秩在二百石以上由君主（或中央）任命。《续汉书·百官志》本注云："汉初掾史辟，皆上言之，故有秩比命士。其所不言，则为百石属。其后皆自辟除，故通为百石云。"辟除之吏通为百石，并不需中央任命，汉简中有明证。而汉简反映二百石以上官缺时，地方政府只能令人兼行，而不能调补、除授，而二百石以下则可由地方政府直接任命。[2] 其二，二百石以上有印绶。《汉书·百官公卿表》："比二百石以上，皆铜印黄绶。"师古曰："《汉旧仪》云：六百石、四百石至二百石以上皆铜印鼻钮，文曰印，……而刻文云某官之印。"二百石以上的官印称为"通官印"，《汉旧仪》云："皇太子，黄金印，龟钮，印文曰章，下至二百石，皆为通官印。"[3] 通官印具有法律效力，《后汉书·鲍昱传》载鲍昱云："臣闻故事，通官文书不著姓，又当司徒露布。""通关文书"，即

---

① 参见朱绍侯：《军功爵制研究》，上海人民出版社1990年版，第262页。
② 参见陈梦家：《汉简所见居延边塞与防御组织》，载《汉简缀述》，中华书局2004年版。
③ 汉代无具体职事者，官秩虽高，亦无印绶，这里仅指二百石以上有具体职事者。

指以通官印所封之文书。二百石以下有所谓"半通""半章"印，似不可用作通官文书。其三，从礼仪看，汉代官吏出行，皆有导引仪仗，汉画像砖已有明证[1]，《续汉书·舆服志》云："车前伍伯（即导引），公八人，中二千石、二千石、六百石皆四人，自四百石以下至二百石皆二人。"则二百石为拥有出行仪仗的最低官秩，低于二百石者不在官长之列，亦无出行仪仗。其四，汉代卖官亦可提供旁证。灵帝开鸿都门"榜卖官爵，公卿州郡下至黄绶各有差"。"黄绶"即二百石，为官的最低级，低于二百石政府无法出卖，也无人买。

（二）以权力来源区分

许慎《说文解字》云"官，吏事君也"，吏"治人者也"。所谓"事君"和"治人"表示官和吏的职能、性质不同。官的权力来源于君主，代表君主行使权力，而吏只是具体职事人员。《礼记·王制》孔颖达疏"官者，管也，以管领为名"，又云"其诸侯以下，及三公至士，总而言之，皆谓之官"。《周礼·春官·大宗伯》"六命赐官"郑注云"使得自置其臣，治家邑如诸侯"。汉唐人注经，往往以他们所处时代的制度来比附，值得注意。他们对"官"的看法是：权力来源于君主，管理一方政务，并可自辟其掾属（"自置其臣"），这正与我们前云官秩在二百石以上的官职相合。秦汉县丞、尉在四百石至二百石之间，他们受权于君主，协助县令长管理一方事务，他们亦可自辟吏，《汉官旧仪》云"更令吏曰令史，丞吏曰丞史，尉吏曰尉史"，证明他们与县令长一样有属吏。官的权力来源于君，而吏的权力则来源于官，所以《尔雅·释诂》云"官，君也"，相对于吏而言，官就是"君"了。汉代官和吏往往形成一种"君臣"关系，原因即在于此。

《古今图书集成·选举典》云："至秦任文法而责吏，始有为小吏而入仕，计功次而进官者矣。"秦代既存在"由吏入仕的途径"，也证明秦代官和吏

---

[1]　参见刘志远等编著：《四川汉代画像砖与汉代社会》，文物出版社1983年版。

是有区别的。汉代已有明确的仕进制度，在经正式途径入仕之前，其所任职也只是吏。又《汉书·景帝纪》后二年诏："今訾算十以上乃得宦，廉士算不必众。有市籍不得宦，无訾又不得宦，朕甚愍之。訾算四得宦，亡令廉士久失职，贪夫长利。"景帝以前訾算十乃得宦，景帝后改为訾算四，均是指官而不是指吏。这是汉代官与吏有别的一个佐证。东汉规定"吏职满岁，宰府州郡乃得辟举"。桓帝本初元年诏："其令秩满百石，十岁以上，有殊才异行，乃得参选。"系指在选官之前必经吏职，也足证汉代官、吏有别。综上所述，这些也证明了在秦汉官僚制度中存在着官与吏的区别，尽管这种区别还不似后世那样明显。在整个秦汉官僚队伍中，吏所占的比重是相当大的。他们是秦汉官僚行政运作不可或缺的一个重要组成部分。

二、吏的选用及各项制度

《续汉书·百官志》及《汉官》中有各级行政机构中吏员配置的基本情况，就官秩而言，他们与秦大体相同，属于百石及百石以下的"少吏"。秦汉时期他们通过各种途径进入官府为吏，其途径有如下诸种。

（一）以军功为吏

《韩非子·定法》云："商君之法曰：斩一首者，爵一级，欲为官者，为五十石之官；斩二首者，爵二级，欲为官者为百石之官。"根据《商君书·境内》所载，秦县令的官秩为六百石，那么这些斩首为"官"者，实际上大部分只是低级的吏。以军功获爵而为吏，在西汉初期仍然大量存在，张家山汉简《奏谳书》中，载有不少爵为大庶长、大夫、官大夫的人担任狱史、求盗、邮人、亭长等吏职。军功为吏是秦及西汉中期以前的普遍现象，与军功爵制的影响密不可分。

（二）以"文无害"为吏

《秦律十八种·置吏律》云："官啬夫节（即）不存，令君子毋（无）害者若令史守官。"《史记·萧相国世家》云："萧相国何者，沛丰人也。以文无害为沛主吏掾。"《居延汉简释文合校》（以下简称"合校"）："尉史张寻文毋害可补。"可见"文无害"在秦汉时期是选吏的一条重要标准。关于"文无害"，史家有多种解释，大都释为"无害""无嫉害""不刻害""无所枉害"，唯苏林曰："若言无比也。"陈直先生释为"精通律令文，而不深刻害人也"。日本泷川资言先生释为"能通晓法令，无所凝滞也"。释"无害"为"不刻害""无所枉害"，于史有牾，《史记·酷吏列传》："（赵）禹为丞相史，府中皆称其廉平，然（周）亚夫弗任，曰：'极知禹无害，然文深，不可以居大府。'"这里的含义是周亚夫虽知禹"无害"，但"文深"仍可伤人，如果按"无害"为"不刻害"解释，周亚夫就是自相矛盾了。苏林释"无比"与《汉书·赵禹传》师古注云"言无能胜之者"含义大体相同，较各家更为接近原意，但仍不全面，因为如释"无比"为"文法无比"，则只针对治狱之吏而言。《论衡·谢短》云："文吏晓簿书，自谓文无害以戏儒生。"这里"文无害"指通晓簿书。《论衡·量知》还云："文吏笔札之能，而治定簿书，考理烦事。"显然簿书并不仅指法律，还包括各种行政事务。因此"文无害"应指对各种律令、政事、条品、文牍、故事皆通晓无滞的文吏。通晓无滞也就不会有害于官僚制度，有害于行政运作。但"文无害"只是表示能力，而不是表示人格、品德。某人虽然"文无害"，但并不证明他不会曲解条令文书来害人或不害人，如萧何为主吏掾时就"数以吏事护高祖"，其间可能就有曲解文书以袒护刘邦的意思。总之，我们认为"文无害"是指从政者的能力，而不是指从政者的品德。

（三）以学校培养为吏

秦汉时中央和地方均有专门学校培养一部分年轻人学成为吏。云梦睡虎地秦简《秦律十八种·内史杂》载秦有"学室"，"（非史子也），毋敢学学室，犯令者有罪"。学室即学校。《编年纪》载："三年，卷军。八月，喜揄史""揄史"整理小组释为"当为进用为史之意"，很显然"喜"是在"学室"中培养出来的，喜一生曾任安陆□（有学者称"框"中的未释字疑：御、狱、掾令等）史、安陆令史、鄢令史等，均为吏而不是官。西汉蜀郡太守文翁"又修起学官于成都市中，招下县子弟以为学官弟子，为除更繇，高者以补郡县吏"，东汉武威太守任延"又造立校官，自掾吏子孙，皆令诣学受业，复其徭役。章句既通，悉显拔荣进之"。黄昌"居近学官，数见诸生修昭序之礼，因好之，遂就经学。又晓习文法，任郡为决曹"。这些都是经学校教育而为吏的。

（四）以明法律令为吏

秦以商鞅及韩非的思想为治国之术。《商君书·定分》云："诸官吏及民有问法令之所谓也于主法令之吏，皆各以其故所欲问之法令明告之。"如果不告，"各罪主法令之吏"。韩非也主张："明主之国，无书简之文，以法为教，无先王之语，以吏为师。"秦统一后明确规定："若欲有学法令，以吏为师。"西汉："吏道以法令为师。"东汉："文吏治事，必问法家。县官事务，莫大法令。"又云："法令，汉家之经，吏议决焉，事定于法，诚为明矣。"由于对法律令的极端重视，很多人通过学习法律令而为吏，史载甚多，不胜枚举。

（五）以明经为吏

这里的"明经"与察举特科不一样，而指通过经学的学习而为吏。如隽不疑"治《春秋》，为郡文学"，薛广德"以《鲁诗》教授楚国……萧望之为御史大夫，除广德为属"，王吉"少好学明经，以郡吏举孝廉为郎"，龚胜"好学易经，胜为郡吏"，鲍宣"好学明经，为县乡啬夫"，魏相"少学《易》，为郡卒史"，京房"治《易》既成，为郡吏"，盖宽饶"明经为郡文学"。鲁恭"居太学，习《鲁诗》……建初初，（鲁）丕举方正，恭始为郡吏"，鲁丕"为当世名儒。后归郡，为督邮、功曹"，杜林"时称通儒，初为郡吏"。

（六）以"名"为吏

汉人重名节，厉行节操，往往亦被召为吏。如伏湛"少以节操立名，仕郡督邮"，宣秉"少修高节，显名三辅……州郡连召"，樊"少厉志行……为郡功曹"，虞延，"太守富宗闻延名，召署功曹"。

（七）以孝为吏

《后汉书·朱隽传》："隽以孝养致名，为县门下书佐。"《后汉书·江革传》："由是乡里称之曰'江巨孝'……郡守遣守掾释服，因请以为吏。"

（八）以职役为吏

汉代还有一些通过召募、征发而来的吏。据史料记载，这些吏带有一定的职役性。如霍光父仲孺"以县吏给事平阳侯家"，朱博"少时给事县为亭长"，冯良"出于孤微，少作县吏……耻在厮役"，陈寔"少作县吏，常给事厮役"。赵晔"少尝为县吏，奉檄迎督邮，晔耻于厮役"。他们不乐为吏，说明这些职务低下，带有一定的职役性，当主要是征发而来。

（九）以习武为吏

以习文法、经学为吏的，大多是文吏，掌管簿书条品。但实际上各级行政机构，特别是下级行政机构，往往还要承担维护社会治安的责任，所以武吏是不可缺少的。《汉书·尹翁归传》云："会田延年为河东太守，行县至平阳，悉召故吏五六十人，延年亲临见，令有文者东，有武者西。"《汉书·何并传》云："并下车求勇猛晓文法吏且十人，使文吏治三人狱，武吏往捕之，各有所部。"武吏大都不通文法，如"（朱）博本武吏，不更文法"。善于治理一方的郡守县令，总是注意文武吏的搭配使用，如朱博"常令属县各用其豪桀以为大吏，文武从宜"。这些均反映勇猛习武，也是为吏的一条途径。

综上所述，我们看到，秦汉吏的选用途径和标准十分广泛，大凡有一技之长者均可入官府为吏。由于秦汉尚不似后世那样官、吏之间不可逾越，故为吏往往也是为官的第一步。秦汉各级官僚机构中的吏以文吏为主。但吏的选用在前后亦有变化，大体在秦及西汉中期以前以习文法、军功为主要途径；西汉晚期至东汉，以习经为吏的人数大增，以"名""孝"取吏的情况也产生了。这与统治阶级的指导思想变化有关。

秦汉统治者对各级官僚机构中吏的选用和配备皆有一定规定。第一，年龄和爵位限制。云梦秦简《内史杂》："除佐必当壮以上，毋除士伍新傅。""壮"是年龄限制，"士伍"是对无爵者的限制。《史记·高祖本纪》："高祖及壮，试为吏。"可见年龄是必要条件之一。第二，籍贯限制。籍贯限制可能始于秦。云梦秦简《置吏律》："啬夫之送见它官者，不得除其故官佐、吏以之新官。"不除故官佐吏，自然要在新任之地除吏，其中就包含了吏用本地人的含义。汉代吏用本郡人有明确规定，如魏郡太守京房请求"得除用它郡人"须元帝特批，证明用本郡人乃属惯例。但三辅和边郡由于情况特殊，可用它郡人为吏。第三，不得用废官、罪人、赘婿者为吏。《秦律杂抄》："任废官者为吏，赀二甲。"《内史杂》："侯（候）、司寇及群下吏毋敢为官府佐、史及禁苑宪盗。"《汉书·贡禹传》："孝文时，贾人、赘婿及吏坐赃者皆禁锢不得为吏。"第四，"贫无行"不得为吏。"贫无行"过去主要释为无财不得为吏，不确。财产要求是对选官而言，不是对吏。无论以訾为官，入财为官都是中央除授的官，不是二百石以下的吏。《汉书·韩信传》："（信）家贫无行，不得推择为吏。"注引李奇曰："无善行可推崇选择也。"又《后汉书·度尚传》："（尚）家贫，不修学行，不为乡里所推崇。"此处"贫无行"皆指"德行""善行"，与财产多少并无关系。汉代贫困或因贫困而为吏者不胜枚举，可证财产不是为吏的必备条件。第五，文化限制。秦的"学室"制度，以及秦吏被称为"刀笔吏"即如此。汉简中常见的"能书会计治官民颇知律令"等语，也是汉吏必须具备一定文化水准的标志。第六，吏员配备有规定。吏虽可由各级长官自辟，但吏的配备及俸禄似皆由中央甚至皇帝规定。《汉书·儒林列传》载公孙弘奏："'请选择其秩比二百石以上，及吏百石通一艺以上，补左右内史、大行卒史；比百石已下，补郡太守卒史，皆各二人，边郡一人……'。制曰：'可'。"这是指使用百石及百石以下的吏需经皇帝批准。又《孔庙置守庙百石卒史碑》，系鲁相瑛的上奏，百石卒史虽系吏职，但增设此职仍需皇帝批准。汉简中也反映，只有在吏职空缺时，各级机构方可以新吏员替补，而这种替补也需正式手续，《居延新简》EPF22：57、58："甲渠候官尉史郑骏，迁缺。故吏阳里上造梁普，年五十，今除补甲渠候官尉史代郑骏。"《汉书·宣帝纪》神爵三年诏："吏不廉平则治道衰。今小吏皆勤事，而奉禄薄，欲其毋侵渔百姓，难矣。其益吏百石以下奉十五。"《汉书·赵广汉传》："奏请令长安游徼狱吏秩百石。"说明吏的俸禄也是由中央规定的。

三、吏的种类及迁转

秦汉吏的种类大体可分中央和地方两大类：中央部门中均有大量吏员，如丞相府，以武帝元狩六年（公元前 117 年）为例，共有官吏 382 人，其中"属史百六十二人，秩百石"。东汉三公府中吏员也颇多。地方行政机构中如州有治中、别驾、从事，皆为吏员，应劭《汉官仪》云："元帝时，丞相于定国条州大小，为设吏员，治中、别驾、诸部从事，秩皆百石，同诸郡从事。"此外还有主簿、假佐、书佐系更低一层次的吏员。这些人皆由州自辟除。在郡太守府和都尉府，以及相当于郡的王国相、中尉府中，亦有大量属吏，如功曹、督邮、主簿、掾史、令史、卒史、书佐、丞史、尉史、干等等。他们由郡国自辟，一般皆用本地人，秩在二百石以下。县以及相当于县级的侯国内，吏员主要包括功曹、主簿、令史、尉史、书佐、列曹掾史等。乡、亭的啬夫、有秩、乡佐、游徼、亭长，也系县属吏之类，职在厮役。

秦汉吏的迁转有两种途径：其一是由低级官府吏职向高级官府吏职迁转，由低级吏员向高级吏员迁转；其二是由吏向官迁转。第一种迁转虽然地位升高，但仍属吏职。只有迁为官才可以改变吏的身份。秦汉吏可由下列渠道升迁为官：考课为官。秦代已有对低级吏员的系统考课方法，秦简所反映的考课内容大多是对这种吏的考课，而对官的考课大多是采用上计的方法。汉代更为系统地发展了这一制度。秦汉对吏的考课由各部门长官直接进行。吏可用平常的"功"或"劳"来表现自己的能力。吏以积功、劳而升迁非常普遍。《汉书·王䜣传》："以郡县吏积功，稍迁为被阳令"，丙吉"治律令，为鲁狱史。积功劳，稍迁至廷尉右监"。赵禹"以刀笔吏积劳迁为御史"。又《后汉书·栾巴传》："虽干吏卑末，皆课令习读，程式殿最，随能升授。"以举孝廉为官。汉代孝廉中有相当一部分是从现任吏员中选拔的，经举孝廉为郎再迁补他官。据黄留珠《秦汉仕进制度》一书两汉察孝廉资历统计，由吏而察孝廉为官的占整个察孝廉的38%，反映举孝廉入仕一途中，吏占了很大比重。以举茂才为官。茂才大多从现任官，即二百石以上选举，但武帝元封五年（公元前106年）诏云："其令州郡察吏民有茂才异等可为将相及使绝国者。"可见茂才在产生之初，也将吏包括在选举范围内，如赵广汉、班彪、陆康、应奉等，皆以吏员举茂才。以察廉为官。察廉主要是针对六百石以下官秩者，但也包括吏员。如尹翁归"以督邮举廉为缑氏尉"，薛宣"以大司农斗食属察廉，补不其丞"，尹赏"以郡吏察廉，为楼烦长"。计吏拜官。西汉主要以郡丞或长史为上计使者，上计掾史为随从。东汉主要由低级掾属上计，计吏拜官也主要在东汉。《后汉书·张湛传》云蜀郡计掾樊显拜为"鱼复长"。《后汉书·杨秉传》云："时郡国计吏多召拜为郎。"保举为官。公府自辟掾属，往往还可经保举为官。何并"为郡吏，至大司空掾，事何武。武高其志节，举能治剧，为长陵令"。董宣"初为司徒侯霸所辟，举高第，累迁北海相"。阳球"三府上球有理奸才，拜九江太守"。由吏迁官在秦汉，特别在汉代是一条正常途径，宋人说汉代官"出于郡县吏"确实反映了这一时代特征。以西汉为例，丞相43人中，有26人为吏员出身。正因为如此，秦汉政府对于"吏道"寄予高度重视，其突出表现是强调为官之前需经吏职，这一变化产生于东汉。《续汉书·百官志》注引应劭《汉官仪》云，世祖诏中强调"审四科辟召……务授试以职"。《后汉书·章帝纪》建初元年诏云："茂才、孝廉岁以百数，既非能显，而当授之以政事，甚无谓也。每寻前世举人贡士，或起畎亩，不系伐阅，敷奏以言，则文章可采，明试以功，则政有异迹。"《后汉书·和帝纪》永元五年（公元93年）诏："而郡国举吏，不加简择，故先帝明敕在所，令试之以职，乃得充选。又德行尤异，不须经职者，别署状上。"这一系列诏书中强调的"授试以职"，"明试以功"，是东汉政府对原先选举不重能力的一种修正。所谓"授试以职"并非选官之后再以职相试，而是在所选地点"授试以职"，这种"职"很显然只是吏职，是学习和训练为官的一些基本方法。

　　东汉顺帝阳嘉年间对察举试职又作了详细规定。《后汉书·左雄传》："吏职满岁，宰府州郡乃得辟举。""吏职满岁"的具体时间是多长呢？《后汉书·桓帝纪》本初元年诏云："孝廉、廉吏皆当典城牧民，禁奸举善，兴化之本，恒必由之……其令秩满百石，十岁以上，有殊才异行，乃得参选。"这里为吏十年的规定可能始于左雄的阳嘉改制。根据左雄的建议"孝廉年不满四十不得察举"，因此察举前为吏十年是完全可能的。左雄阳嘉改制还规定了考试为官的制度，即"诸生试家法，文吏课笺奏"。这些内容既反映了统治者对"吏道"的重视，也反映了官僚制度渐趋成熟化和理性化。

四、吏与官僚行政运作

秦汉官僚行政管理体制中，各级机构由其长官负责。官是各级行政机构职能发挥的组织者和各种事务的决策者。在严格等级隶属的官僚制中，官既要接受上级的各项指令，还要对其下属实施管理和工作指导。因此各级官府都存在着大量行政事务，需要具体的职事部门处理；长官也需要大量的事务人员来沟通信息、执行决策、监督检查以及处理各项日常行政事务，这为吏的存在提供了历史背景。吏作为一个特殊的职业群体，是整个官僚制度的一部分，但与官不一样，他们没有决策权，只服务于本部门长官，由各部门长官自辟，因此他们活动的空间也基本是在本部门之内。但在各级机构中，他们的作用是不容忽视的，秦汉吏的职能大体表现如下诸方面。

（一）文牍处理

秦汉公文往来的大多数程序是由吏来完成的。如公文的签署、收发登记，公文的起草、书录，公文的传送等都是由吏来完成的。有的吏甚至还可以根据律令条品来处理一般事务。

（二）迎来送往

官僚机构总是存在着大量迎来送往的事务，官吏出行照例也有一套复杂礼节，秦汉也不例外。《汉官旧仪》："丞相、刺史常以秋分行部，御史为驾四封乘传。到所部，郡国遣吏一人迎界上，得载别驾自言受命移郡国，与刺史从事尽界罢。""迎界上"和"尽界罢"是汉代迎来送往的制度规定，都是由小吏来完成的。《后汉书·周燮传》："（冯良）少作县吏……奉檄迎督邮。"赵晔"少尝为县吏，奉檄迎督邮"。亭是郡县迎来送往最为烦琐的地方，四川各地出土的《亭前迎谒》画像砖，形象地反映了亭长、亭吏迎来送往的状况。文献记载一些亭长以至于不堪忍受，弃职而去。如逄萌，"家贫，给事县为亭长，时尉行过亭，萌候迎拜谒，既而掷叹曰：'大丈夫安能为人役哉！'"汉代官吏出巡有骑吏仪仗随行，如丙吉出行见牛喘，"吉止驻，使骑吏问"。汉乐府《陌上桑》："东方千余骑，夫婿居上头。"也是反映骑吏的状况。除骑吏外，还有骑吹、鼓吹、伍伯等，自三公到二百石官吏出行，他们都要前后护送。

（三）协助长官处理事务

云梦秦简《封诊式》中，长官在处理案件时，每派令史前往取证、调查、写书，即反映令史是长官的重要助手。汉代州级机构中有从事，如别驾从事、治中从事、劝学从事、督军从事，等等。从事为"驱使小官"，但却是刺史处理政务的得力助手。《后汉书·傅燮传》："刺史耿鄙，委任治中程球，球为通奸利，士人怨之。"《后汉书·朱浮传》："陛下以使者为腹心，而使者以从事为耳目，是为尚书之平，决于百石之吏。""使者"即刺史，而刺史监察的任务主要是由从事来完成的。《太平御览》卷二六三引庚亮《答郭逊书》："别驾，旧典与刺史别乘，周流宣化于万里者，其任居刺史之半，安可任非其人。"旧典，实为汉制，《汉旧仪》可证之，别驾与刺史不仅关系密切，而且责任重大。郡级机构中的功曹、督邮、主簿、五官掾是郡太守的重要助手更是十分明显的。如功曹、督邮被视为"郡之极位"，不少太守径将一郡事务交给他们。《后汉书·党锢列传》："后汝南太守宗资任功曹范滂，南阳太守成瑨亦委功曹岑晊。"汝南、南阳二郡大权皆入功曹手中。郡中主簿是郡太守的"亲近之吏""股肱近臣"。而五官掾不仅"署功曹及诸曹事"，地位甚至还排在功曹、主簿之前，其在郡中地位可见一斑。同样，在县级机构中吏也是县令长的重要助手，如功曹上可代表县令长，下可指挥属吏。

有趣的是，在各级地方行政机构中，地方长官并不倚重中央任命的官，例如一郡之内，郡丞的地位并不显赫，实际作用往往抵不上功曹、五官掾、督邮、主簿等。为什么中央的命官还抵不上百石小吏呢？这是因为郡掾属是太守自辟的本地人，他们既熟悉本地状况，又与太守关系亲密，太守指挥他们得心应手，甚至可结成"君臣"关系，相反太守却不可与郡丞拥有这种关系。上述内容是吏在秦汉官僚机构中所发挥职能的一般状况。除此之外，吏还要为长官私人所役使。如匡衡"遣从史之僮取田租"。汉简中也常见边郡官长役使属吏为其个人谋利，如《合校》就记载了某县官役使属吏与商人国安勾结谋利。《居延新简·侯粟君所责寇恩事》案件之起缘，就是侯官使其令史、尉史为自己去卖鱼谋利，他们因故不能去，还得自己凑钱雇人代替。汉代规定官吏不得经商，但实际上形同具文，长官经商而役使属吏应是一种正常现象。

在秦汉官僚行政运作中，吏发挥了不可或缺的作用。由于在制度上保证了吏的升迁，故为吏也是仕宦生涯的一个重要环节。而仕宦先经吏职，又为其日后做官提供了实践经验。更重要的是，无论从政治角色抑或社会角色看，吏在秦汉还没有被普遍视为低贱职业，官吏关系也不像后世那样不可逾越，这都为吏的职能发挥提供了必要的政治和社会环境。

五、秦汉的胥吏之害

众所周知，中国古代官僚制度的一大弊病就是胥吏之害，唐宋以降史不绝载。胥吏之害的原因是他们在官场中虽然身份低微，但却久典一职，可以上下其手。胥吏熟悉政务，无论是烦琐的公文、汗牛充栋的律令条品，还是千变万化的各种制度均逃不过其手，所以他们拥有处理复杂事务的技能。在中央集权专制体制下，官由中央任命，何处为官往往具有很大的随意性，单枪匹马，赴一地新任，地方事务不得不依赖于吏。这些条件秦汉也完全具备，如公文制度高度发达，官用外地人而吏例用本地人，等等。秦汉人所称的"刀笔吏""巧吏""奸吏"，大都与胥吏为害有关。云梦秦简《法律答问》："部佐匿者（诸）民田，者（诸）民弗智（知），当论不当？部佐为匿田，且可（何）为？已租者（诸）民，弗言，为匿田；未租，不论为匿田。"部佐即乡部之佐，这种匿田收赋而不上交的乡佐即是作弊谋利的胥吏。这种状况汉代也较普遍，《汉书·黄霸传》云官府送故迎新之际，"奸吏缘绝簿书盗财物，公私耗费甚多"。师古曰："因交代之际而弃匿簿书以盗官物也。"这是吏乘新旧长官交替之际作弊谋利。有时这种善于篡改隐匿文簿的奸吏还能得到长官信任，如有的郡国"则择便巧史书习于计簿能欺上府者以为右职"。有的地方吏利用地域优势盘根错节，结成朋党，压制新任长官，如颍川"吏俗朋党"。齐郡吏"舒缓养名，（朱）博新视事，右曹掾史皆移病卧。博问其故，对言：惶恐！故事二千石新到，辄遣吏存问致意，乃敢起就职……（博）乃召见诸曹史书佐及县大吏，选视其可用者，出教置之。皆斥罢诸病吏，白巾走出府门"。齐郡右曹掾史"病卧"，要太守存问，是齐郡吏要给新太守一个下马威，并非真病。但由于朱博本人出身吏职，而且性格刚强，此招未能得手。但这在齐郡已成故事，足见往日郡太守是照例存问的。汉代狱吏往往利用熟悉律令而上下其手，从中谋利。《汉书·周勃传》云勃下廷尉后"不知置辞"，后以千金与狱吏，"狱吏乃书牍背示之"。一个往日丞相，也不得不求助小吏。《汉书·刑法志》云："文书盈于几阁，典者不能遍睹。是以郡国承用者駮，或罪同而论异。奸吏因缘为市，所欲活则傅生议，所欲陷则予死比。"汉代律令竟成市场交易的条款。《汉书·王尊传》："（杨辅）故为尊书佐，素行阴贼，恶口不信，好以刀笔陷人于法。""陷人于法"也是欲从中获利。东汉王充在《论衡·程材》等诸篇中对文吏作了大量分析，这些文吏有很大一部分都属于吏的范畴。王充云："文吏笔札之能，而治定簿书，考理烦事。"这是指文吏的优点。王充又云："五曹自有条品，簿书自有故事，勤力玩弄，成为巧吏。"这是指文吏用熟悉律令之便，从中为害了，甚至可以说，他们努力掌握律令条品的目的就是谋私利。后世胥吏之害的渊源萌芽于秦汉，于此可见一斑。

以史为鉴，选贤任能

习近平同志在题为《领导干部要读点历史》的讲话中谈道：选人用人的历史经验，今天仍值得我们深入研究。中国是一个拥有5000多年文明的大国，历史脉络延续不断。在漫长的历史发展进程中，我们的祖先创造了灿烂的物质文明、精神文明和制度文明。在制度文明中，尤其以政治制度文明著称于世。而在政治制度文明中，又以选官制度的完善和用人策略的精彩为古今中外所赞叹，在史书、文学作品以及民间留下了数不清的求贤、惜贤、用贤、识贤、尊贤的赞美之词和故事，广泛流传于社会。我国的传统政治思想中，对选贤任能的重要性认识更是史不绝书。不仅如此，18世纪的西方启蒙思想家对我国历史上的选贤任能也推崇备至。那么，我国历史上的选贤任能究竟是一个什么情况？怎样理解我国历史上的选贤任能？习近平同志让我们深入研究"选人用人的历史经验"指什么？这里主要围绕这些方面谈谈笔者的认识。

一、我国历史上选贤任能的主要措施

我国历史上选贤任能大体经过了世官制、荐举招募和功劳制、察举制、九品中正制、科举制等几个阶段。其中，世官制实行于商周时期，其总体原则是以宗法血缘关系选官用人；荐举招募和功劳制实行于春秋战国时期，用人方式较为多样化；察举制正式形成于汉武帝时期，是一种自上而下、上下结合的人才推举方式。九品中正制盛行于魏晋南北朝时期，仍以推举为主。隋唐以后，实行以考试为主的选官制度。这里重点介绍对后世影响较大的察举制、九品中正制和科举制。

（一）察举制

察举制正式形成于汉武帝时期，是战国以来荐举制、功劳制的进一步规范化、制度化发展，也是当时社会变化的客观需要，反映了汉代中小地主阶层和平民阶层参与政治的愿望。察举制是一种自上而下、上下结合的人才推举方式，既包括对未入仕的平民推荐，也包括对已入仕的一般官吏向更高一级的升迁推举。察举的举主是从中央到郡国的各级长官，他们根据被察举者的乡里声誉和工作业绩来察举，简单地说就是先考察，后推举。完善的察举制形成于汉武帝时期，是汉代最有影响的仕进制度，贯穿两汉，不仅为国家提供了大批人才，也受到当时社会的普遍推崇。

察举制的主要内容有：（1）察举对象面向全体"吏民"；（2）举主为中央各部门长官、郡国守相；（3）岁举；（4）每郡国有人数限制（一人或二人）。察举分为常科和特科。

常科是每年都有的选拔制度，所包括的科目有：

孝廉：由郡、国把在乡里地方获得孝廉声誉的人（普通的编户民和小吏）选拔为官。什么是孝廉呢？颜师古有个说法："孝谓善事父母者，廉谓清洁有廉隅者。"地方官在了解某人孝和廉方面的道德品行后，将其推荐到中央任郎官，让他们在皇帝身边学习做官的技能，增加阅历，保卫皇帝，培养对皇帝的忠心，然后再迁到具体部门任官。所以察举制建立后，人们都要很注意自己的道德品行。

秀才（茂才，避刘秀之讳而改）：秀才就是特别优秀的人才，"茂"也是这个含义。秀才的举主大多是州以上的官，被举者的身份很复杂，有已经入仕的，也有平民，但以已出仕者为主，与孝廉大多出自未仕者有明显差别。秀才的任用大都是相当于县令一级，级别上高于孝廉的任用。

察廉：廉就是廉洁，这个科目是针对已仕官吏特别是低级官吏实行的制度，一般来说，经过察廉，其本人级别会相应提高一级，但不会太高。

功劳、功次：上述制度由于人数的限制还不能包括官僚队伍中所有人的选拔和任用，于是功劳、功次制度还大量存在。各级官吏特别是吏这个层级，凡是立有各种功劳者，也可以得到提拔和任用，如捕获盗贼，考核等级优秀等。有特别能力的人终究是少数，一些在某个职位上长期工作而无特殊功劳，但积累了一定年月的人，也会以"功次"的形式获得提拔任用，这反映了汉代国家在用人上的灵活多样性。积功劳和功次制度保障了官僚队伍的稳定性。20世纪90年代在江苏连云港发现的西汉东海郡政府档案中，反映某些人因在某一个职位超过一定年限而获得升迁的事例，说明这一制度是确实存在着的。

其次是特科，即不是每年都实行的选官用人制度，特科往往根据国家某些时期的特殊需要而定向选拔，其科目有：

明经：汉武帝以后，儒学被定为正统意识形态，所有选拔的官吏当然都必须尊奉这一理论。但是，汉代国家为表示对儒家经典的特别重视，还特别选拔通晓儒家经典的明经之人为官。汉代民间谚语说"遗子黄金满籯，不如一经"，说明通晓儒家经典对家族与选官的重要性。

贤良方正：这是两个词的组合。"贤良"指一个人品德才能好，"方正"

指一个人做人做事方方正正。公正无私、刚正不阿、德才兼备，大约就是选拔这类人的标准。汉代在遇到日月食、地震等自然现象或自然灾害时，皇帝常下诏书选拔任用这些人，以表示广纳贤才，匡正自己的错误。

贤良文学：与贤良方正的差别在于"文学"两个字，"文学"在汉代指儒学，贤良文学就是那些读儒家经典的儒生。

明法：汉代统治者在意识形态上尊儒，但治理国家还是要依靠法律，外儒内法。因此，汉代国家也把通晓法律的人士选拔到官僚队伍中来。与世代通晓儒学一样，汉代也有几代研习法律的世家。

有道：主要指有道术、有治理能力的人。封建国家行政中，有许多非理性的迷信成分，特别是在遇到重大变故或自然灾害的时候，希望利用这些所谓"有道"的人来消除灾异。

敦厚：质朴淳厚，和我们今天的含义相同。一般在遇到各种灾害、灾异时选拔这类人来纠正自己的错误。

尤异：特别优秀的人，一般从现任官吏中选拔担任更高一级的职务。

治剧：汉代郡县有平、剧之分。平是易于治理的郡县，剧是特别难治理的郡县。汉代国家用这一科目，通过选拔或调动等方法，把特别善于治理这种郡县的人选拔出来。

勇猛知兵法：意指作战勇猛懂得兵法。一般在战争或动荡时期选拔。

明阴阳灾异：汉代社会迷信之风盛行，当社会危机严重，统治者束手无策的时候，往往祈望通过选拔这些人来挽救危亡。

此外还有征辟、博士弟子考试、任子（高官可以任用自己的一名后代直接当官）、荐举、自荐等多种，构成两汉选官用人制度的整体内容。

这套选官用人制度比之前的制度显然要更加完善，也比较适应社会的发展变化要求。察举制为中国封建社会第一个鼎盛时期的到来奠定了用人基础，也为以后历代选官用人积累了较为丰富的经验。

在两汉四百年的历史上，察举制在不断完善变化中，最重要的变化是在东汉时强化了举孝廉的考试程序和年龄、试职限制。东汉顺帝时被举为孝廉者需要考试儒家经典或法律律令，有了必须年到四十方可举孝廉的年龄限制，有了孝廉必须"试职"的规定，其目的在于要使孝廉做官之前有一定的基层为吏的工作经验。

察举制虽然在后期增加了考试与试职、年龄限制等较为合理的用人程序，但根本上还是一种推举制度。察举虽然有上下结合的规定，且有了越来越客观化的标准，但选举中各级长官的意志有很大作用。特别是王朝后期，各种势力插手察举，察举之中及察举之外的买官卖官盛行，严重破坏了察举制。社会风气败坏，士人重交游、重交际而不重务实，甚至弄虚作假，察举标准根本得不到落实。任人唯亲、任人唯近、任人唯利之风大盛。东汉晚期，更有一大批所谓"名士"垄断了察举的权力，形成了独立于国家之外的用人权，即所谓"私法"。这些名士控制着社会，随意评论人物道德才能的高低，具有广泛的影响。国家失去了在基层的政治统治基础，选拔人才完全受控于这些大族、名士。比如有个叫郭太的人，一个人就推举了60多人。选拔人才的标准也发生了很大变化，比如曹操这样的人，不仅年龄不符合举孝廉的标准，而且"任侠放荡，不治行业""好飞鹰走狗，游荡无度"，但因被名士看重，突破制度，也被举为孝廉。用人权的腐败与丧失，是东汉王朝灭亡的一个重要原因。

（二）九品中正制

汉魏之际是我国历史上一个变革时期，也是九品中正制度形成的时期。它的主要内容有两项：一是在各州郡设大、小中正。中正开始由地方推举，后来例由中央任命。担任中正者必须是本地人，并且要由所谓有"识鉴"之人担当。二是考察评议各管辖区内的人物。中正考察评议的内容主要有家世、品状和定品级，因品级有九等，故称为九品中正制。中正是定品而不是用人。这些材料逐级上报，最后到中央吏部，作为选拔官吏的依据。九品中正制是汉末社会变化在选官用人制度上的反映，在其初期，适应了当时政治的需要，有利于中央集权的加强。但是，这个制度从一开始也埋下了它不可克服的弊病：首先，担任各级中正的多是当时的世家大族，他们在选拔人才时只看家世，轻视德才，甚至家世成为唯一标准。出身寒门的人受到压制，形成"上品无寒门，下品无势族"的局面。其次，汉代选官用人中的一些合理因素没有受到重视。如多渠道的选人用人、逐级升迁，用人中的试职制度、考核制度等都不占重要地位了。最后，形成了门阀世族政治。这些门阀大族掌握了用人权与皇权分庭抗礼，不仅削弱了中央集权及其社会基础，也加深了统治阶级内部不同阶层之间的矛盾。高门大族世代垄断高官，而一些中小地主阶层失去了在政治上获得进取的可能，普通民众更不可能有任何政治前途。这些高门大族世代享有高官厚禄，不思进取，奢靡享乐，终日以清谈为时尚，以勤政为俗务，大量的国家事务没人处理，面临复杂的局面无法应对，不得不靠那些有才能、勤吏职的下层官吏来处理各种事务。南北朝时九品中正制走向衰落。

（三）科举制

隋唐至明清，封建国家采取的是科举考试选贤任能的方式，延续了1300多年，成为中国封建社会最为系统也较为完善的用人制度，影响广泛而深远。科举制采取分科招考，取士权归于中央；科举考试的科目有：秀才、明经、进士、明法、明算、明书等；影响最大的主要是明经和进士两科。科举不限财产、门第，允许"投牒自举"；定期定点考试，吏部选用；吏部试合格才能进入官僚系统。吏部试的内容：身、言、书、判。身指"体貌丰伟"，言指"言辞辩正"，书指"楷法遒美"，判指"文理优长"。科举形成了以考试为中心的相对公平的用人制度，有力促进了社会阶层的流动，实现了国家被动取人向主动选人的转变，用人由散漫向整齐化、制度化、法制化方向转化。科举推动了整个社会学习风气的形成，维护了整个统治阶级社会基础的稳定，有很重要的积极意义。鸦片战争后，传统中国在西方坚船利炮的威胁下迈出了走向近代化的沉重步伐，以科举制度为核心的中国古代教育制度受到了极大挑战，在不少率先"睁眼看世界"的有识之士的批评声中，清代统治者曾试图改革科举制度，但却回天乏力。科举制度在"败坏人才"的谩骂声中终于结束了其漫长的发展历程，1905 年 8 月，清政府宣布废止科举制度，实行了 1300 多年的科举制度最终走向了终结。回顾中国古代人才选拔措施，有一些共同特点值得我们总结：

一是重德。忠君爱国、公私分明、正身律己、勤政廉政、节俭爱民、礼义廉耻、孝悌信义、淡泊明志等，都是德的组成部分。德和才的关系在历史上有过很多争论，政治实践中也有过各种尝试，如有的时期只讲才不讲德，有的时候只重德不重才。但综合起来看，偏废哪一方面都是不妥的，只有那些对德才关系理解得比较好的时期，人才选拔才是成功的。

二是重才。德以修养为主，才以吏能为主。只讲德不讲才肯定治理不好国家，做不好本职工作。因此历代也都采取很多制度化的办法来考察所选拔的人是否有才。如功劳是一种方法，考试是一种方法，试用是一种方法，考核也是一种方法。才有大小，能有高低，我国历史上杰出的用人者，总是善于将各种人才区分出来使用。

三是人尽其才。选人识人用人与制度不可分，但与领导者的个人智慧、判断有很大关系。同一制度下，有的领导者善于选人用人，有的领导者则不能。一个官吏如何最大限度地发挥出自己的才能也是较为复杂的问题，不单纯是制度的问题。同一制度下，有的官吏能够尽责守职，有的则不能。因此如何做到人尽其才，发挥每个人的才能很重要。历史地看，没有健全的制度难以做到人尽其才，但求全责备的人眼中就没有人才，千篇一律用人也发现不了突出人才。以一代之才理一代之事，以非常之才理非常之事，以合适之才理合适之事，是人尽其才的宝贵经验。秦孝公用商鞅，刘邦用张良，曹操唯才是举、不拘一格，都是案例。唐太宗在与封德彝的著名对话中提出"君子用人如器，各取所长"的观点，是非常明智的用人方略。招募与自荐相结合，定向选拔国家急需人才，也有成功一面。毛遂就是自荐的，丝绸之路的开辟者张骞是招募来的。有突出才能的人终究是少数，绝大多数是奉公守法的一般官吏，通过"以日月为功"的资历性升迁，是保持官吏队伍稳定的一种方法。历代还有根据岗位性质不同划分人才的办法，把不同素质的人放在不同位置上也是好的经验。

二、我国历史上的选贤任能对今天的启示

中国特色的社会主义道路植根于数千年中华优秀传统文化之中。我们应当认真总结学习我国历史上选贤任能的历史经验。

（一）高度重视选贤任能在治国理政上的重要意义

历代治乱兴衰的历史经验充分证明，选贤任能关系到国家的兴衰。国之兴，在于得人；国之亡，在于失人。商、周、秦汉、唐宋、元明清的兴衰过程，无不说明了这一点。我国历史上的政治家、思想家，对于选贤任能高度重视，留下了许多箴言。《尚书》说："野无遗贤，万邦咸宁。"《诗经》说："济济多士，文王以宁。"《左传》说："官人，国之急也。"《墨子》说："夫尚贤者，政之本也。"《荀子》说："得其人则存，失其人则亡。"《吕氏春秋》说："身定、国安、天下治，必贤人。""得贤人，国无不安，名无不荣；失贤人，国无不危，名无不辱。先王之索贤人，无不以也。极卑极贱，极远极劳。"诸葛亮说："治国之道，务在举贤。"《旧唐书》说："设官分职，选贤

任能，得其人则有益于国家，非其才则贻患于黎庶，此又不可不知也。"用人选人机构，自古以来都是位高权重，如吏部曾被视为"天官"。在中华民族伟大复兴的今天，我们应当把选贤任能放到重要的位置。

（二）要认识到选贤任能的时代性、阶段性、历史性

历史经验告诉我们，选贤任能关系到王朝的兴盛。汉武帝不建立察举制，汉代政治社会不可能稳定延续 400 年。没有九品中正制，旁落到豪强手中的政治权力收不回来，中央集权得不到加强。没有科举制，隋唐以后的中国政治的社会基础就不会稳定。因此，选贤任能关系到王朝的稳定与兴盛。通过历史上的选贤任能我们可以看到用人的时代性、阶段性和历史性。时代不同、阶段不同、历史不同，用人指导思想就不同。用人从来不是纯粹主观的、超阶级、超社会阶段性的。选贤任能的时代性、阶段性、历史性表现为阶段不同，用人不同。因此我们要树立动态的人才观，要适应时代需要选拔人才，选拔时代需要的人才。没有永久的人才，也没有不变的人才观。选贤任能的时代性、阶段性、历史性表现为制度不同，用人不同，这是用人历史性的表现。奴隶制下的用人是与奴隶制时代的社会经济和政治制度密切相关，封建制下的用人与封建时代的社会经济政治相关。所谓"贤能"，是在这个大前提下的"贤能"，是与当时统治阶级对人才需要的标准不同而变化的。我国历史上世官制、荐举功劳制、察举制、九品中正制、科举制的用人演变，都是与不同社会制度，与同一制度内统治阶层的历史阶段不同而调整变化的结果。这个历史经验告诉我们，选贤任能不是漫无边际，不是史书中所描绘的简单的圣君贤臣，而是有历史性、阶级性、时代性。我们今天选贤任能就是要深刻认识到党和国家代表了谁的利益，我们要选用什么样的人来治理国家、管理国家。我们党和国家所处的历史时期是什么阶段，这个阶段需要什么人才。我们应当与党中央保持高度

一致，并进行深入研究。

（三）要充分学习和借鉴我国历史上选贤任能的历史经验

1. 全面学习领会习近平同志关于我国历史上选人用人历史经验的论述

在《领导干部要读点历史》的讲话中，习近平同志把历史上的用人经验与今天的关系作了详细的剖析，指出："中国历史上凡是有作为的政治家都非常重视人才问题。他们深深懂得'为政之道，任人为先'的道理，在选人用人方面留下了很多可取的思想和经验，诸如知人善任、选贤任能，才兼文武、德才兼备，敬贤敬能、礼贤下士，访求俊彦、唯贤是举，人尽其才、才尽其用，避其所短、用其所长，勤于教养、百年树人，等等。还有孟子说的'故天将降大任于斯人也，必先苦其心志，劳其筋骨，饿其体肤，空乏其身，行拂乱其所为，所以动心忍性，增益其所不能'；韩非子说的'宰相必起于州部，猛将必发于卒伍'，其意是说优秀的治国理政人才，必须经过艰苦条件的磨炼，必须具有起于社会基层的实际经验，这些认识都说明了人才成长的一般规律。我们强调在干部选拔任用上要树立重视基层的导向，把基层一线作为培养锻炼干部的基础阵地，注重选拔长期在条件艰苦、情况复杂、工作困难地方努力工作的优秀干部，这既是实践经验的总结，也有历史经验的借鉴。再比如，我国历史上经过科举制等途径，探索出了把人才的培养与任用分为两类：通才与专才。在治国理政中，通才任用于政务工作方面，专才则任用于事务工作方面。人才的培养任用应该分为政务、事务两大类，并且应有不同的标准、要求和职责，培养、选拔的途径和任用、考核的办法也应不同。这个选人用人的历史经验，今天仍值得我们深入研究。"①习近平同志从多方面深刻阐释了从我国历史上选贤任能中应当学习的具体内容，是我们学习历史上选贤任能经验并指导今天实践的总方针。

---

① 习近平：《领导干部要读点历史》，《学习时报》2011 年 9 月 5 日。

2.学习我国历史上选贤任能历史经验应当注意的几个问题

古今不同，社会不同，制度不同，我们当前所处的社会主义发展阶段与几十年前不同，国家职能也与其他时期有所不同。我们应当针对今天社会发展阶段的特点、针对干部队伍现状的特点来学习历史上的经验。

新中国走过了 70 年的道路，走过了改革开放 40 多年的道路，迎来了中华民族 5000 多年文明史上最伟大的一个时代，也是对人才需要最为迫切的一个时代，是一个需要人才也应该产生杰出人才的时代。如何把适应社会需要、满足党和国家需求的人才选拔出来，是历史重任。从这个角度出发，我们认为在德才并重、以德为先的基础上，选贤任能应特别重视以下几个方面。

（1）考试用人与实践用人。考试是社会平稳时期用人、扩大政治社会基础的一个有效办法。以考试的方法选贤任能，是用人制度化的表现，可以促进社会的公平观的形成，有益于推动全社会学习风气的形成。我国历史上识人用人的总体走向是从散漫到制度化，制度最重要的表现就是考试。隋唐以后科举被视为"天下之公"。朱元璋反复比较荐举和科举后，最后还是决定以科举为选人的主要方式，就是因为考试所取的人整体素质比较高，社会基础更广泛。孙中山创立的"五权宪法"中，将考试权专立一项，即是对传统民众政治权益的继承。设立专门的考试机构，加大考试比重，扩大考试选拔干部的范围，符合目前社会比较稳定、干部队伍比较稳定的情况，对促进社会公平观有益。而对于一般干部来说，通过考试选拔，也有利于促使他们形成学习的风气。这一点早在两晋时期葛洪就看到了，他在《抱朴子·审举》中说："今贡士无复试者，则必皆修饰驰逐，以竞虚名，谁肯复开卷受书哉！"意思是假如不考试，哪里会有人刻苦读书呢？有人担心，考试未必考得出真才实学，葛洪说："假令不能必尽得贤能，要必愈于了不试也。"意即考试总比不考试好。当然，今天怎么考，考什么，占多大比重，还可以研究。实践用人是一条历史经验，今天应当制度化地从具有丰富实践经验的干部中选拔更高一级的人才，把选拔人才的眼光更多地深入基层。

（2）考核用人。考核用人，以考核定黜陟、定奖惩，是我国历史上用人客观化、公正化、公平化的重要手段。今天，在干部的任用与管理中，权威的考核组织机构还比较缺乏，考核的内容与类型还不明晰，考核的力度还不够。当前，加强考核组织机构建设，细化考核分类，加大考核用人，是选贤任能的一条好途径。

（3）辨才用人。用人是社会性、阶级性、制度性与个人德才水准的统一。但用人又是一个非常复杂的问题，如何辨别人才尤为重要。我国历史上关于如何观察辨识人才留下了许多宝贵思想，一些方法也应当引起我们重视。如孔子提出应当正确看待舆论评价来辨别人才，《吕氏春秋》提出可以从个人所处的社会地位及行为来辨别人才，刘劭《人物志》提出如何从情感、意志、行为、欲望来辨别人才等。这些理论对我们今天识别人才都有可借鉴的地方。

（4）分类用人。分类用人是一条历史经验，包含着德才并重、以德为先、知人善任、舍短取长的基本原理。我国历史上自秦汉开始就懂得分类用人的道理，如文史与儒生、专才与通才、德与才等。也总结出只依靠德不能治国的道理，如刘劭的《人物志》认为，对德、才简单地肯定或否定的理论都不正确，他提出了"兼才"和"偏至之材"的理论，认为"中庸"之才最可贵，类似于德才兼备。用人时要扬长避短，用人所长，使"质与理合""能与任合"。分类用人是历代用人的基本经验，朱元璋也看到这一点。他认为考察人必须看到长处，不能只看到短处，否则就会感到"天下无贤之叹"，要根据"大小轻重各适其宜"，即量才使用。今天社会分工更加细致，国家社会管理的任务更重，对人才使用的分类我认为非常重要，怎么分类，很值得研究。

（5）稳定用人与动态用人。稳定用人主要是事务官，动态用人主要是政务官，要区别使用。历史证明，杰出的人才总是少数，绝大多数都是一般人才。稳定用人制度是保持绝大多数一般人才稳定的好办法。没有大的功劳也没有大的过错是一般人才的特点，应当有积小功而为大功的制度。但又要有灵活的用人机制，使毛遂这样的人才能够脱颖而出，像汉武帝时代那样使不同的人才能够走到合适岗位，发挥作用。稳定用人和灵活用人的方法还应当做到奖赏分明、功过分明，建立合理的人才评价机制，使一般人才的生活待遇保障与杰出人才的突出贡献奖励结合起来。

当然，我国历史上还有许多选贤用能的经验，如实践用人、基层用人，以及对官吏的教育、管理、监督、奖惩等措施，也有许多值得我们借鉴之处。归结为一句话，我们要制度用人，但又要有灵活用人的机制，辨才识才的方法。这是国家平稳时期用人的基本方法，也是保持社会公平稳定的最好办法。综观历史上的选贤用能，也要看到许多教训，历代用人不公（权钱交易、权权交易、用人唯亲、用人唯近）、吏治不肃、风气不正、权术用人，都是传统文化中的糟粕，要坚决摈弃。

第五章

廉政文化的现代价值与实践意义

中国古代的廉政文化

一、党中央高度重视优秀传统文化的继承

习近平总书记高度重视中华优秀传统文化在反腐倡廉、治国理政当中的作用，有过很多这方面的表述。2013 年 4 月 19 日，习近平总书记在十八届中共中央政治局第五次集体学习时的讲话中指出："研究我国反腐倡廉历史，了解我国古代廉政文化，考察我国历史上反腐倡廉的成败得失，可以给人以深刻启迪，有利于我们运用历史智慧推进反腐倡廉建设。" 2014 年 10 月 13 日，习近平总书记在十八届中共中央政治局第十八次集体学习时的讲话中指出："历史是最好的老师。在漫长的历史进程中，中华民族创造了独树一帜的灿烂文化，积累了丰富的治国理政经验，其中既包括升平之世社会发展进步的成功经验，也有衰乱之世社会动荡的深刻教训。我国古代主张民惟邦本、政得其民，礼法合治、德主刑辅，为政之要莫先于得人、治国先治吏，为政以德、正己修身，居安思危、改易更化，等等，这些都能给人们以重要启示。" 他还讲道："怎样对待本国历史？怎样对待本国传统文化？这是任何国家在实现

现代化过程中都必须解决好的问题。""我们不是历史虚无主义者，也不是文化虚无主义者，不能数典忘祖、妄自菲薄。""解决中国的问题只能在中国大地上探寻适合自己的道路和办法。数千年来，中华民族走着一条不同于其他国家和民族的文明发展道路。我们开辟了中国特色社会主义道路不是偶然的，是我国历史传承和文化传统决定的。"

王岐山同志对传统文化也非常重视，他指出，要"坚持崇德重礼和遵纪守法相结合，发挥德治礼序、乡规民约教化作用，大力弘扬中华民族优秀传统文化，加强廉政文化建设，以优良党风凝聚党心民心、带动民风社风"。"对传统文化我们要取其精华、去其糟粕，扬清抑浊。享乐主义和奢靡之风就是糟粕。"他还指出："中华传统文化的核心就是'八德'：孝悌忠信礼义廉耻。这些就是中华文化的 DNA，渗透到中华民族每一个子孙的骨髓里。迄今为止，还没有哪个人敢挑战这八个字。"以上说明，党中央领导集体高度重视优秀传统文化在当前廉政文化建设当中的作用。

二、中国古代廉政文化的内涵

中国古代的廉政文化指的是什么？要讲这个问题，首先要对传统文化有一个大致的了解。中华传统文化包括物质文化、制度文化、精神文化三个方面的内容。过去我们对物质文化、精神文化比较重视，但是对传统的制度文化关注得不够。廉政文化在这三种文化当中，应当属于政治文化，也就是以制度文化为核心的古代政治文化的一个分支。笔者认为，廉政文化是中国历代政治家、思想家和人民大众在长期历史发展过程中形成的关于反腐倡廉的思想、制度、实践及其所积累的经验。当然，关于什么是廉政文化，目前还没有一个标准答案，尚有不同的看法。那么，笔者为什么把人民大众也放到廉政文化当中去？因为在历史上，推动廉政文化建设的绝不仅仅是政治家和思想家，人民大众也做出了贡献。当历代政治腐朽不堪时，广大人民群众揭竿而起，对澄清腐败做出了贡献，历史上的人民群众，是廉政文化传诵、传承的主要载体。从某种意义上说，一部中华文明史，也是一部反腐倡廉的廉政文化发展史。

学习中国古代廉政文化应注意三个问题。

一是应懂得中国古代廉政文化发展的阶段性。根据史书记载，腐败现象在历史传说时期即已出现，夏商周时期更多的见诸篇章，但是历史上的廉政建设到春秋战国和秦汉时期以后才完善起来。社会经济关系不同、阶级关系不同，廉政文化的内涵也不同。从这个视角看，中国的廉政文化萌芽于夏商西周时期，发展于春秋战国时期，形成并完善于自秦至清的封建社会。

二是应懂得中国历史上廉政文化的内涵非常丰富，既有制度文化、精神文化，也有物质文化，甚至包括家庭家族文化等各个方面，非常具有中华特色。

三是应懂得中国历史上的廉政文化是中华民族在漫长的历史长河中，面对种种腐败现象，深刻总结出的治国安邦的历史经验，凝聚着包括广大人民群众在内的先贤们杰出的政治智慧。廉政文化的形成与不断发展，是中华文明传承 5000 多年没有中断的一个非常重要的原因。

三、中国古代廉政文化产生的历史背景

有三种因素支配着中国古代廉政文化的形成及发展走向：第一，官僚制形成以后，国家管理官僚队伍的需要；第二，腐败现象严重存在；第三，王朝统治者总结历史经验教训的需要。

（一）官僚队伍管理的需要

廉政文化的产生具有阶段性、历史性。原始社会生产力低下，没有公共权力，没有国家，也就谈不上有什么廉政文化。尽管今天看《史记》，在三皇五帝时期就有很多腐败现象了，但是那个时候没有廉政制度，也没有廉政

思想和廉政文化。

夏商周时期，某些荒淫无耻、贪婪奢靡的君主，上演了一幕幕自取灭亡的悲剧，但尽管如此，这一时期仍然没有建立系统的廉政制度。因为当时的国家结构是"授民授疆土"的分封制国家管理形式，各级官吏本身就是奴隶主和宗法贵族势力的代表，他们的官位世代相袭，王权很难干预不到他们权力的行使。这一时期缺乏中央集权及其所代表的官僚制度，廉政制度也无从产生。当然，在商周时期有一些政治家关于"民本"的呼吁，也有些思想家和人民大众对腐败现象的痛恨和谴责，对君主提出提高道德素质的要求，似可视为产生了廉政文化的萌芽，但是这与廉政制度毕竟不同。

春秋战国时期，出现了新的国家管理方式，即郡县制、官僚制和俸禄制。过去在奴隶制度下，各级官吏也是奴隶主，权力世袭。春秋战国时期则不同，各级官吏代表君主实施管理，权力不再世袭，他们领取俸禄，而不是直接占有土地上的人口与财富。国家管理方式发生转变，推动了官僚制度的建设和廉政文化的发展。因此，在春秋战国时期，列国都出现了一些关于如何选拔、任用、监督、考核官吏，惩处腐败的制度和法律。当然，这些制度和法律还很不完善，而且在各国的情况也差异很大。需要注意的是，春秋战国时期，关于廉政建设的理论探讨十分丰富活跃，中国历史上关于反腐倡廉的思想文化，基本都可以追溯到这一历史时期的诸子百家。

从秦到清2000多年的封建社会，采取中央集权、郡县制、官僚制国家管理方式。要想防止庞大的官僚队伍出现腐败问题、保持这支行政队伍高效运转、维护统治阶级的长治久安，国家就必须把反腐倡廉放到非常重要的位置上。历朝历代，除了非常昏庸的皇帝，都很重视这个问题。

（二）腐败现象的严重存在

什么是腐败？腐败就是以权谋私。权，指的是公共权力。私，指的是一己之私、个人的私利。以公共权力谋取私利就是腐败。

在中国古代的各个王朝，以及各个王朝的各个历史时期，腐败都不是稀奇的事情。从各个层面都可以看到腐败现象，上自皇帝、公卿等高级官吏，下到乡村小吏，腐败的形式可以说是五花八门、多种多样。腐败影响了整个社会风气，导致政治混乱、制度瓦解、人心涣散，最后换来的是王朝灭亡。中国历史上每一个王朝灭亡的具体原因很复杂，不能说每个王朝最后的灭亡原因都是腐败，但是，一定和腐败有着千丝万缕的联系，是腐败所导致各种社会矛盾激化的结果。

概括地说，我国历史上的腐败主要有以下几种形式。

1. 权钱交易

金钱崇拜导致价值观的扭曲，始终是统治阶级巨大的腐蚀剂，也是许多王朝腐败加剧的罪魁祸首。《列子·说符》中讲了一个"齐人攫金"的故事。有一个齐国人非常喜欢金子，早晨起来直奔黄金市场，看见金子抢了就走。官吏把他抓住问："这么多人都在这儿，你怎么敢把金子拿走呢？"此人回答："我拿金子时只看到了金子，根本没看到人。"这是一个简单的寓言故事，但是可以看到，在那个时期，"不见人，徒见金"的金钱崇拜所导致的价值观扭曲就已经很严重了。

为什么喜欢钱？因为钱可以换来权力，权力又可以换来钱，权钱交易自古以来随处可见。春秋大商人范蠡，他的儿子在楚国犯了法，他认为有钱就可以逃脱法律制裁，所以他就派大儿子带着钱去楚国贿赂官吏。春秋时期社会上有一句谚语："千金之子，不死于市。"意思是家有千金的人，他的孩子是不会在刑场上被杀头的，因为金钱可以买通执法之吏，换来生命。

秦灭六国，主要靠的是武力，但是秦灭六国的过程中，也用金钱去收买各国的重臣。这些重臣手里拿着秦国给予的重金，迎来的却是国家的灭亡。

　　钱可以买官晋爵。东汉后期是我国历史上腐朽黑暗的买官卖官盛行的一个时期，梁冀掌权时"吏人赍货求官请罪者，道路相望"。甚至皇帝也公开标价卖官，上自公卿，下至县丞、县尉，各有价格，"公千万，卿五百万"。据《后汉书·崔烈传》记载，东汉晚期的崔烈通过关系花500万钱买了司徒一官，司徒在东汉属于三公，相当于丞相位置。因为司徒官位很高，汉灵帝要亲自给他授官，汉灵帝在授官时懊悔："哎呀，我卖便宜了！至少应该卖千万！"崔烈当上司徒后，问他的儿子崔钧："我花500万钱买了这个官，你听到社会上对我有什么评价？"崔钧说，过去社会上对你的评价不错，认为你很有才能，凭借自己的才能也能登上三公的位置，但是自从你花钱买了这个官以后，社会上对你的评价非常差，认为你的身上有铜臭。"铜臭"这个词也是从这里来的。上行下效，东汉后期，"其富者则先入钱，贫者到官而后倍输"，大家都在买官的道路上奔跑，这样的王朝何能不亡！

　　纳财进官，以财用人，历朝虽然名称不同，但很多时候都存在，或者是公开的，或者是私下的，当然，更多的是私下交易。用国家的公共权力来谋取私利，又用买来的公共权力敛财，对政治生态和社会风气具有极大的破坏力。

　　权钱交易的目的是获取利益，权权交易的背后也是获取私利。例如，李斯是中国历史上非常出色的政治家，很有才能，曾为秦的统一和秦王朝建设立下汗马功劳。但是，就是这样一个有才能的人，在秦始皇死后的关键时候，为了个人的私利被赵高说服，和赵高私下勾结，权权交易。众所周知，秦始皇去世前打算把皇位传给他的长子扶苏，但是秦始皇死后，赵高秘不发丧。他对李斯说："你能和蒙恬比吗？"李斯说："我不能比。"赵高进一步说："如果按照秦始皇遗诏执行的话，那么你丞相的位置必定不保。"李斯听了以后默然，同意了赵高的意见，篡改诏书，秦王朝的道路由此发生了一个重大的变化。历史不能假设，但是如果由扶苏继位、蒙恬任丞相，秦王朝恐怕不至于二世而亡。胡亥的继位，导致秦王朝政治生态走向极端黑暗。对此，李斯负有不可推卸的责任。

国家权力可以用金钱买到，会导致什么样的价值观？会形成什么样的社会风气？当然是金钱崇拜的价值观，不思进取的社会风气。钱和权怎么才能结合？当然是见不得阳光的私下交易。那些用金钱买来权力的人，根本不会用手中的权力来为社会服务。明朝崇祯皇帝虽然是个亡国之君，但他面对明代晚期买官卖官的现象也很不满和无奈。他说："张官设吏，原为治国安民。今出仕专为身谋，居官有同贸易。"明代的吏部尚书王恕也说过："既以财进身，岂能以廉律己？欲他日不贪财害命，何由而得乎？"非常深刻！

2. 用人不公

用人不公是最大的腐败，是历史上各种腐败的集中表现。中国历史上用人不公的主要表现是，用人重亲友、重门生、重朋党、重同乡，核心是用人出于个人爱憎、私利，而不是出于公心。具体表现如下。

权门请托。汉代吏治腐败时，"选举不实""权门请托"。上自高级官吏，下到郡县人员，一旦到选官用人的时候，就会收到各种请托书信。《后汉书·陈寔列传》载："（寔）家贫，复为郡西门亭长，寻转功曹。时中常侍侯览托太守高伦用吏，伦教署为文学掾。寔知非其人，怀檄请见。言曰：此人不宜用，而侯常侍不可违。寔乞从外署，不足以尘明德。伦从之。于是乡论怪其非举，寔终无所言。"尽管陈寔知道用非其人，但为了太守，也迫于侯览的权势，不得不给这个人安排了个官职。

任人唯利。汉代"郡国举孝廉，率取年少能报恩者，耆宿大贤，多见废弃"，也就是说专门选取一些年少懂得报恩者，培养起来后成为自己的门生；如果年纪大了，虽是贤才，但也弃而不用。汝南袁绍"树恩四世，门生故吏遍于天下"，到处都是他的学生和老部下。这样下去会形成什么样的政治生态呢？会形成朋党，彼此号称"君臣"关系，对抗中央。东汉政论家崔寔在《政论》中说：今天这些州郡的地方大官，对中央的诏书根本不听，诏书来了以后，一定会把它公公正正地挂在墙上以示尊重，但是根本不理睬、不执行；而对地方长官的手谕却非常重视。为什么呢？因为他们是门生、故吏、"君臣"关系，要是不重视的话，就得不到重用，就会被排斥在小圈子之外。当时有句政治谚语："州郡记，如霹雳，得诏书，但挂壁。"说的就是这种情况。可见任人唯利的政治危害很大。

历代任人唯亲、任人唯近、任人唯钱，"一人得道，鸡犬升天"的现象在《二十四史》中不胜枚举，这是导致王朝社会矛盾激化、腐败乃至灭亡的重要原因之一。

3. 贪婪奢靡

贪婪是对于权力的占有欲，对钱、财、物的渴望；奢靡是追求物质享受，做官就是为了满足耳目声色口腹之欲。不管是贪婪还是奢靡，本质都是满足自己的私欲。

贪婪无度，奢靡腐化，必然导致无所作为，这是我国历史上许多王朝腐败的突出特征。

骄奢淫逸历代有之。《晋书·何曾传》记载，西晋重臣何曾"性奢豪"，生活极度奢侈。他穿的衣服、坐的车都极其华丽，皇帝请他吃饭，他嫌菜不好吃，皇帝没办法，只能让他自己从家带菜到皇宫里来。他写公文的纸小了不行，必须用大的、极其华丽的纸，他才肯写。史称他"食日万钱，犹曰无下箸处"，一天要吃一万钱，还认为没什么菜，筷子没地方下。有其父必有其子，他的儿子何劭更奢侈，史书说："（劭）骄奢简贵，亦有父风。衣裳服玩，新故巨积。"

炫富之风历代有之。大家熟悉的西晋名士王恺与石崇争富比富，连皇帝都参与了。《世说新语·汰侈》里面记载了这些故事，是西晋王朝耻辱的象征。隋炀帝也很爱炫富，他在洛阳接待外来使节，因为冬天树叶落光不好看，下令把洛阳的树上都缠满绿色丝绸。外来使节很不理解，问："我看你们大隋王朝街上也有很多要饭的人，很多人衣服都穿不暖，把丝绸缠到树上干什么？"官吏们哑口无言。生活在北宋时期的大史学家司马光说："近日士大夫家，酒非内法，果、肴非远方珍异，食非多品，器皿非满案，不敢会宾友，常量月营聚，然后敢发书。"如果士大夫请客，不准备几个月，都不敢发请帖，怕自己家的食物比不上别人家的。这样的炫富、奢靡之风在历史上数不胜数。

清谈不作为者历代有之。南朝门阀士族身居高位，清谈玄学，纵情享乐；"熏衣剃面，傅粉施朱"，却连马和驴都不分，基本的公务也不会处理。面对侯景之乱的危难，只能转死沟壑，坐以待毙。

劳民伤财者历代有之。宋徽宗很爱奇花异石，宰相蔡京便设应奉局和造作局，大兴花石纲之役。《宋史·食货志》载："江南数十郡，深山幽谷，搜剔殆遍，或有奇石在江湖不侧之渊，百计取之，必得乃止。"花石纲之役，加剧了北宋的社会矛盾。元朝人郝经有一首诗："万岁山来穷九州，汴堤犹有万人愁；中原自古多亡国，亡宋谁知是石头。"当然，北宋不一定是因为石头而灭亡，但这首诗是对北宋王朝花石纲所带来的劳民伤财的奢靡之风的一种讽刺。

4. 正气不张

权钱交易，用人不公，贪婪奢靡，最后的结果就是道德沦丧，整个社会正气不张。西晋时期鲁褒写了一篇非常有名的文章《钱神论》，其中写道：我有个兄弟叫"孔方兄"，这个孔方兄非常了不起，它没有脚可以走，没有翼可以飞，再刚毅的面孔，在它面前都能笑逐颜开，再难说话的人也能让他开口。钱多的人就在前面做高官，钱少的人则在后面当奴仆。钱可以让人转危为安，起死回生，由贱到贵，拥有生杀予夺的权力。今天洛阳的这些当途之士，对我这个兄弟最好，整天把它抱在怀里，拉着我兄弟的手，不管他长得好看不好看。有一句话叫："钱无耳，可使鬼。"鲁褒还说："凡今之人，惟钱而已。故曰军无财，士不来；军无赏，士不往；仕无中人，不如归田；虽有中人，而无家兄，不异无翼而欲飞，无足而欲行。"朝中无人，不如回家去种田；但是，即使朝中有人，没有我这个"兄弟"的话也不行。既要朝中有人，还要有钱，这样才可以当官。鲁褒的这篇《钱神论》是对西晋政治生态的绝妙讽刺。

南朝梁代的鱼弘做过几任太守，他经常对人说，我做郡太守要做到"四尽"，即"水中鱼鳖尽，山中獐鹿尽，田中米谷尽，村里民庶尽"。支配他行为的是一个人生"哲理"："丈夫生世，如轻尘栖弱草，白驹之过隙，人生欢乐富贵几何时！"

在这样一种风气下，很多历史时期的官吏们崇尚空谈，崇尚交际，不务实事。勤政的人被认为是"俗吏"，被看不起，而高谈阔论、善于交际的人却被认为是有本事的人。如东汉后期交际之风盛行，士人们"急于目前，见赴有益则先至，顾无用则后背"。意思是一切以实用为标准，谁对我有用，我就赶快去跟谁交际；某人虽有才能和本事，但是跟我没有关系，对我目前的升迁、发财没有用，那就靠后站。

在这些风尚下，官吏们不仅不按律令、政令做事，也丧失了做人、做事的基本原则。忠信不守、弄虚作假、寡廉鲜耻、纵欲无限、昏聩自傲、唯利是图，失去基本的为政价值观、人生观。唐代李山甫《上元怀古》诗当中有这么四句话："南朝天子爱风流，尽守江山不到头。总是战争收拾得，却因歌舞破除休。"如果统治者不改变这种现状，那就要改朝换代，所以统治阶级必须加强廉政建设。

（三）总结历史经验的需要

自夏代以后，中国历史上有一个现象，就是王朝的周期性兴亡。王朝兴亡这个客观事实，迫使统治阶级要思考廉政问题，以避免人亡政息局面的出现。

关于历史规律的总结，早在春秋时期就已经出现了。黄炎培先生在延安向毛泽东同志提出的共产党如何能够跳出"其兴也勃焉，其亡也忽焉"的历史周期率这个命题，其典故就出自于《左传》。《左传·庄公十一年》记载，宋国发生大水灾，鲁国派使者前去慰问，宋国的国君对使者说：我很抱歉，因为我的不好，致使天降灾害，让鲁国的国君担心了，还要派人来慰问宋国。鲁国的使者回去后，向鲁君汇报了这个情况，鲁国大夫臧文仲说，宋国兴旺很有希望了，感叹说"禹、汤罪己，其兴也悖（勃）焉；桀、纣罪人，其亡也忽焉"。意指敢于承认自己错误的君主，国家就会兴盛；而把罪过推给别人的君主，国家就会衰亡。臧文仲之言就是历史规律的总结。

我国历代有为的政治家、思想家继承了这种严谨的思考精神，从立国之初就高度重视廉政建设。比如汉初统治集团对秦朝灭亡教训的历史总结，唐初以李世民为首的统治集团对隋朝灭亡的历史教训的总结，明初朱元璋对元朝灭亡的历史教训的总结，等等。

上述这三种历史背景，促进了中国历史上廉政文化的产生与发展。中国历史漫长、道路复杂，廉政文化建设各时期情况不平衡，但总体上看内涵非常丰富，丰富的廉政文化体现了祖先杰出的政治智慧。

四、中国古代的廉政思想文化

针对种种腐败现象，我国历史上的思想家、政治家，围绕如何治国理政、巩固政权有过许多思考，很多内容对今天来说，仍然具有深刻的借鉴意义。这些思想的产生虽然是为了维持剥削阶级统治的长治久安，是剥削阶级的意识形态，但也在一定程度上推动了历史进步。

（一）"廉"的含义

《管子·牧民》说："礼义廉耻，国之四维；四维不张，国乃灭亡。"春秋时期，"廉"的含义已经和今天所理解的意思一样了，并在治国理政中被赋予崇高的地位。春秋时期齐国的政治家晏子认为："廉者政之本也，让者德之主也。""廉政"一词出现在《晏子春秋·问下》中，书中记载，齐景公问晏子："廉政而长久，其行何也？"晏子回答说："其行水也。美哉水乎清清。其浊无不雩途，其清无不洒除也，是以长久也。"

廉的内涵是什么？什么才是廉？我国历史上关于这个问题的完整认识，是在战国时期形成的"六廉观"。《周礼·天官·小宰》一书中，提出了考察"群吏之治"的六个标准，就是廉善、廉能、廉敬、廉正、廉法、廉辨。在善、能、敬、正、法、辨六个字前面，思想家都加了一个"廉"字。就是说，廉不仅仅指个人不贪污受贿，品行高尚，还要有行政能力。"以廉为本"的"六廉"观是一个卓识，全面反映了我国历史上思想家对官僚队伍廉政素质的要求。

（二）中国历史上廉政思想文化的主要内容

1. 民本思想

民本思想的形成比廉政制度的形成要早，它是我国历代廉政制度建设的重要思想基础。早在商周时期，我国历史上的政治家、思想家就看到了重民的重要性，且有过许多表述。如《尚书》："民惟邦本，本固邦宁。"《左传》："国将兴，听于民；将亡，听于神。""所谓道，忠于民而信于神也……夫民，神之主也。是以圣王先成民而后致力于神。"《管子》："政之所兴，在顺民心；政之所废，在逆民心。"《荀子》："君者舟也，庶人者水也。水则载舟，水则覆舟，君以此思危，则危将焉而不至矣！"等等。

封建统治阶级继承了奴隶制时代的民本思想，关于民本的表述历代史不绝书。西汉初期的贾谊指出："民无不为本也。"东汉时期的政论家王符说："国以民为基。"唐太宗说："为君之道必须先存百姓，若损百姓以奉其身，犹割股以啖腹，腹饱而身毙。""天子者，有道则人推而为主，无道则人弃而不用，诚可畏也。"唐代的陆贽说："人事治而天降乱，未之有也；人事乱而天降康，亦未之有也。""得众则得国，失众则失国。""众"指的也是民。著名的廉吏包拯说："民者，国之本也。"清代的思想家唐甄说："国无民，岂有四政！封疆，民固之；府库，民充之；朝廷，民尊之；官职，民养之。"这些都说明我国历代的思想家、政治家都非常重视民本。

民本思想当然不仅仅是廉政思想，封建剥削阶级也不可能真正做到民本，更不能认为历史上一切都是以民为本。但是，我们要看到，历史上政治相对清明的时期，吏治相对清廉的时期，包括一些皇帝和官吏的廉政行为，背后都有民本思想的影子。

例如，汉文帝当了23年皇帝，一直没有建新的楼堂馆所，但他有一个愿望，想长生不老。古人认为，喝天上的露水可以长生不老，于是他就想建一个露台。他算了一笔账，建露台"直百金"，在汉代，百金约为10个中产家庭一年的收入。汉文帝觉得耗费太大，因而取消了建露台的计划。汉文帝放弃建露台的计划，就是从"民"的财力角度考虑的。

汉武帝一生好大喜功，但是到晚年的时候，他认识到自己的错误，一生所做的事情有很多伤害了老百姓，于是发布《罢轮台诏》："自今事有伤害百姓，靡费天下者，悉罢之。"又封丞相田千秋为"富民侯"，意为让老百姓富起来。他晚年能够认识到自己的错误，认识到自己好大喜功给老百姓所带来的苦难，并且加以纠正，也是受到民本思想的影响。司马光在《资治通鉴》中评价汉武帝说："晚而改过，顾托得人，此其所以有亡秦之失而免亡秦之祸乎！"汉武帝晚年和秦王朝晚期所面临的形势已经很相像了，老百姓都怒不可遏，随时准备揭竿而起，但是秦王朝没有改正为政之失，汉武帝改正了，所以西汉又能够延续很长的历史时期，还迎来了汉昭帝、汉宣帝所谓"中兴"的历史局面。

2. 尚贤思想

"官人，国之急也""为政之要，惟在得人""治国之道，务在举贤"。尚贤用能，是中国历史上廉政思想的一个重要内容。商周时期是世卿世禄，血统继承与权力继承合一，谈不上尚贤。尚贤思想兴起于春秋战国时期，在儒家、法家、墨家思想中都有论及，其内涵有三个方面。

一是反对任人唯亲，提倡重视才能。墨子反对"骨肉之亲，无故富贵"；商鞅主张"虽贵无所芬华""有能则举之"；孟子主张"贤者在位，能者在职"；秦国的公孙枝对秦穆公说："信贤，境内将服，敌国且畏。"

二是宣扬求贤若渴。周公"一沐三捉发，一饭三吐哺"，晋国祁黄羊"外举不避仇，内举不避子"，燕昭王"千金买骨"，刘备"三顾茅庐"，曹操"唯才是举"，都是千古佳话。

三是辨别贤才的方法。历史上的思想家提出让民众来评价、实际考察、先试后用等一些具体的辨才办法。如孔子说"众恶之，必察焉；众好之，必察焉"，"乡人皆好之""未可也"，"乡人皆恶之""未可也"，"不如乡人之善者好之，其不善者恶之"，这就是一种辨别贤才的方法。孟子也说过类似的话："左右皆曰贤，未可也；诸大夫皆曰贤，未可也；国人皆曰贤，然后察之，见贤焉，然后用之。"三国时刘劭还写了一本《人物志》，专门谈如何辨别人才。

3. 德先才后

德与廉紧密相连，历代思想家非常重视德在选拔人才当中的作用。管子提出，君主考察人的第一点，就是要考察他的德，看他的德是否能够"当其位"；孔子讲，"为政以德，譬如北辰，居其所而众星共之"；陆贾说，"治以道德为上，行以仁义为本"；司马光说，"才者，德之资也；德者，才之帅也"；康熙皇帝说："朕观人必先心术，次才学。心术不善，纵有才学何用？"

但怎样衡量德？自古以来这都是一个大问题。历史上有很多关于德的思考，赋予了德具体的内涵，如节俭、爱民、正身、谦让等等。

节俭是德。《左传》说："俭，德之共也。"俭，是德的普遍表现形式，如果说德看不见的话，俭是看得见的，俭朴还是奢靡，是衡量德的一个标准。

老子说统治者要"去甚、去奢、去泰"，要去掉自己身上那些过分的东西；他还说自己一生有三个宝贝："曰慈、曰俭、曰不敢为天下先。"可见，"俭"在老子的思想中有非常重要的位置。《国语》里记载了季文子以俭为荣的故事。季文子在鲁国为相30多年，"妾不衣帛，马不食粟"。有人劝他说："你当这么大的官，整天穿着这么俭朴的衣服，不知道的人不认为你这是俭朴，认为你是吝啬。再说你穿得这么俭朴，乘着这么破的车，也体现不出鲁国的地位。"季文子回答说："我也想穿好衣服，我也想坐好车子，吃好东西，但是我看到，今天鲁国还有很多人吃不饱、穿不暖，我身为国相，我不敢奢靡。而且我只听说君子'以德荣华国'，没听说'以妾与马'华国。"司马光在写给他儿子的信中说："众人皆以奢靡为荣，吾心独以俭素为美。人皆嗤吾固陋，吾不以为病。"从历史上看，绝对没有哪一个廉吏清官既过着奢靡豪华的日子，又能勤政爱民的。能够勤政爱民，一定是在生活上追求俭朴的人。

谦让是德。孔子一生奉行"温良恭俭让"。晏子提出："让，礼之主也。"古人还说："谦者，德之柄也。"如果一个人连谦让都不懂得，就不是一个有德的人。

爱民是德。《左传》说"恤民为德"；孔子要求"节用而爱人，使民以时""出门如见大宾，使民如承大祭"。爱民表现在不与民争利，陆贾说："治国治众者，不可以图利。"董仲舒说："受禄之家，食禄而已，不与民争业。"

孝悌忠信是德。孔子说:"孝,德之始也,悌,德之序也,信,德之厚也,忠,德之正也。"

节俭、温良恭俭让、爱民、孝悌忠信,可以视为德的衡量标准。德不再是抽象的价值概念,而是具有了丰富而具体的内涵。但更重要的是,历史上将具有丰富内涵的德与选官制度相结合。

至少从汉代以后,在选官制度当中,都把德放在一个非常重要的位置。汉代有"举孝廉","孝"和"廉"就是一个人最基本的道德操守,做到了孝和廉,才可以去做官。我国历史上,从察举制,到九品中正制、科举制,历朝历代在选拔人才的时候,都是把德放在第一位。如宋代吏部选官有四个具体标准,如果都满足四个标准,先考虑的是"德行";明代朱元璋要求选拔官吏"以德行为本,而文艺次之"。德才并重,以德为先,是一条基本的用人经验。

4. 公私分明

公私不分,化公为私,是腐败者常用的方法。公私分明,把国家利益和个人的私利相区别,将义与利相区别,是我国历史上廉政思想的重要内容。中国传统思想中并非不讲利,而是认为应当取之有道。《左传》说"信载义而行之为利",是说利要建立在信和义的基础上。孔子说:"不义而富且贵,于我如浮云。"意思是通过不义方式得来的富贵,对我来说就像天上飘过的云一样。宋代的程颐说:"义与利,只是个公与私也。"关于公私观,思想家还提出"任公而不任私""不以私爱害公义"的思想。公与私、国家与个人利益要分清楚,包括君主也是如此。尽管传统社会是"家天下",但是从汉代开始,皇帝的财政和国家的财政即已分开。思想家认为,皇帝不能因为喜欢一个人而"私赏",也不能因为恨一个人而私罚,一切都应该从公的角度出发。作为官吏,应该"居官无私""国耳忘家,公耳忘私"。秦汉以后,思想家又赋予了"廉"新的内容,在"廉"字前面加了一个"公"字，称为"公廉"，这是对廉政思想的新发展。《史记·酷吏列传》记载了一个叫郅都的酷吏，"性公廉""不发私书，问遗无所受，请寄无所听"。这就是公廉，既公又廉。

公私分明是我国历史上许多廉洁为政、洁身行事官吏的思想基础，也是历史上廉吏的一个重要特点。诸葛亮鞠躬尽瘁，死而后已，公私分明，他生前给刘后主上过一份奏章："成都有桑八百株，薄田十五顷，子弟衣食，自有余饶。至于臣在外任，无别调度，随身衣食悉仰于官，不别治生以长尺寸。若臣死之日，不使内有余帛，外有赢财，以负陛下。"笔者认为这是历史上最早的一份官员财产申报书。

5. 正身律己

"法之不行，自上犯之。"我国历史上的廉政思想中，特别强调统治者要加强自身的道德修养，树立典范。孔子讲："政者，正也；子帅以正，孰敢不正？"什么是政治？政治就是正，自己身正，谁敢不正？自身不正，政令再多，也不会有人听。政风与官风、世风非常密切，特别是高级领导的行为，对社会影响很大。《资治通鉴》说："吴王好剑客，百姓多创瘢；楚王好细腰，宫中多饿死。"就是这个道理。汉代思想家董仲舒说，"为人君者，正心以正朝廷，正朝廷以正百官，正百官以正万民，正万民以正四方"，"谓王者施政，以自身论，当正心为先，渐次以正万民，如此方可政通人和"，讲的也是这个道理。

6. 家国同构

修身、齐家、治国、平天下。我国历史上的思想家主张通过家庭伦理教育培养官吏的廉政行为。《孟子》说："天下之本在国，国之本在家，家之本在身。"《礼记》说："一家仁，一国兴仁；一家让，一国兴让。"《吕氏春秋》说："人臣孝，则事君忠，处官廉。"《孝经》说："孝，德之本也。"节俭和孝是家庭伦理、个人伦理，忠和廉是政治伦理，我国古代政治文化将二者有机结合起来，对于促进和保障官吏的廉政行为有很大的积极意义。考察历史上一些清官廉吏形成机制的时候，可以看到从小的家庭教育对其有很大的影响。

历代还有很多家训、书信，教育子女如何做人做事。如诸葛亮的《诫子书》，告诫子女要修身、养德、淡泊、明志、勤学。这封信很短，只有86个字，但是对于今天的家庭教育仍然有不朽的价值。《颜氏家训》里面有告诉子女做人做事的道理，司马光在给司马康的《训俭示康》家书里告诫儿子要懂得节俭，都是将家庭教育与政治伦理相结合的典型例子。

7. 循名责实

廉政不仅仅限于思想道德层面，还需要廉政制度的保障。我国历史上的思想家主张通过"循名责实"的方式，严格考核，反对徒慕虚名。

循名责实的思想发端于战国时期。《韩非子·外储说左下》记载，有一天齐桓公对管子说："我最近头很痛，因为找我要官的人很多，我哪有那么多官啊？"管子说："您只要确立按照能力大小、功劳大小授予官禄的原则，就没人敢来找您要官了。"这就是韩非"因任而授官，循名而责实"的思想。循名责实，实际上就是按照事物的本来面目来管理，类似于今天的岗位管理。给你这个职位，就按这个职位的要求来考核你。

我国历史上"明主治吏不治民"是一条基本的治理经验，"循名责实"就是治吏的重要方法。我国历代严密的考课制度，就是来源于循名责实的思想。

五、中国古代的廉政制度文化建设

我国历史上反腐倡廉的思想中，道德规范是基础，制度建设是保障。没有道德规范，没有理想信念，官吏的廉政行为无从产生；没有制度保证，道德规范也就失去了依托。因此，一切廉政思想文化有赖于廉政制度的建设。廉政制度建设作为制度文化的一种，也属于广义的廉政文化范畴。历史上汉、唐、宋、明、清延续时间比较长，都与一套行之有效的廉政制度建设有很大的关系。

（一）官吏选用与管理中的廉政措施

我国历史上官吏选用和管理上的廉政措施很多，主要有以下几个方面。

1. 重视基层经验

"明主之吏，宰相必起于州部，猛将必发于卒伍。"汉代察举制度完善后，规定被察举的孝廉需要年满40岁，并必须经过为吏的经历，就是希望他们有基层经验。强调做官一定要经过基层锻炼以后才逐步提拔的制度，在科举制度出现之前实行得比较好；科举制度出现之后，因为官与吏分开了，官吏的基层经验就相对被淡化了。但科举出身者仍需基层实践的理念并没有消失，如唐代他们的任职大都在县一级，出任中央要职需地方历练的呼声也不断出现。

2. 功劳制度

功劳制度在我国历史上有两种含义：一是今天所理解的功劳，就是武有战功，文有事功，立功了给予提拔；二是广义的功劳，指没有贡献，也没有过错，依靠年资而获得提升。北魏的"停年格"和唐代的"循资格"制度就是如此。这两种方法在我国历史上都采用过。有突出才能、突出功劳的人，在官僚队伍当中毕竟是少数，绝大部分人都是既无大功，也没有什么过错。历史上对这些人还采取积累一定年资以后进行提拔或增秩的方式，这也有一定积极作用。

3. 文化考试

我国选官制度中的考试因素在科举出现之前就有很长的历史。秦代就有从学生中考试录用官吏的方式。汉代察举、特举等科目中，已有考试、对策等方法，并根据选拔对象的不同而采取不同的考试方法。考试以后还有复试，以防作弊。隋唐以后，不分门第高下，不问士族寒门，都可以按条件报名投考，考试整齐划一，"朝为田舍郎，暮登天子堂"不是梦想。历代选拔官吏的考试主要以儒家经典和法律制度为主，这些考试中有丰富的廉政文化内容。

4."试守"

《管子·明法解》说："试于官而事治者则用之"。从秦代以后，不管是官还是吏，担任新的职务都要有试用期，试用一年合格了才转正，不合格的就退回原职。如汉制，初为官者都要试一年，合格者才能为"真"。刘邦就曾经"试为吏，为泗水亭长"。

5.选举不实承担法律责任

这是官吏选拔任用当中非常重要的一个廉政措施。从秦代开始，国家就根据不同的需要提出选举要求，在选举过程中，如果推举者选举不实，要承担连带责任。如《史记·范雎列传》载："秦之法，任人而所任不善者，各以其罪罪之。"

6.回避制度

从汉武帝时代开始，就实行避籍、避亲、避近制度。避籍是籍贯回避；避亲是互为亲属关系的，不能有相关重要部门或地区的任职；到了清代甚至还有更严格的避近制度，师生关系都要实行任职回避。

7.考课制度

考课制度是考核官吏是否勤政、廉政的一项重要制度。相传考课制度从周代就有，秦汉以后，考课制度非常严格，各级官吏都要参加考课，考课严密细致，考课的时间很长。唐代，吏部设置考功司，把考课放到非常重要的地位。

我国历史上对官吏的考课分为品德考核和能力考核两个方面，品德考核高于能力考核，放在第一位；能力考核有具体的标准，如唐代就有"二十七最"，用27个细化的考核标准对不同部门的官吏进行考核。考核的结果与官吏的表彰、升迁、奖惩，都有密切的关系。

我国历史上很多改革家，改革的重要措施之一就是加强考核制度。如张居正改革的重大措施之一，就是创立考成法，按月逐条考核官吏任务完成情况。他在《请稽查章奏随事考成以修实政疏》中说："盖天下之事，不难于立法，而难于法之必行；不难于听言，而难于言之必效。若询事而不考其终，兴事而不加屡省，上无综核之明，人怀苟且之念。虽使尧舜为君，禹皋为佐，亦恐难以底绩而有成也。"意思是指考核的重要性，如果没有考核，即使尧舜、大禹、皋陶这样的圣君贤臣再世，也不能把国家治理好。

（二）监察与权力制衡制度

1. 中国古代监察制度的形成

监察是特定时期的国家统治阶级通过在其政权内部设立的职官或机构，对国家公共权力掌握者权力行使的监督制衡，以防止其失职、渎职和权力滥用，从而提高行政效率，维护政治秩序，调整社会阶级关系。监察制度并不仅仅是因腐败的产生而产生的，而是与国家行政管理方式的变化有关。中国古代的监察制度萌芽于战国时期，形成于秦汉时期，正是与我国历史上等级分封制的行政管理方式向中央集权行政管理方式转变过程相一致的。

2. 历代监察机构、监察条例及其特点

历代监察机构和监察条例非常丰富。秦汉是我国古代监察制度的形成与奠定时期，突出的表现是中央和地方自成系统的监察机构设立、监察与行政相分离和专门的监察条例与法规的出现。

自秦代开始，中央机构中就设立以御史大夫为首的监察官。从汉武帝开始，形成了以刺史为主的地方监察系统，监察从行政当中分离。我国的巡视监察制度，就是从汉武帝时期开始的。

汉代是我国监察体制发展的一个非常重要的时期。从汉代的实践来看，有以下几个特点。

第一，权力制衡。中央的御史大夫是最高监察官，有监察百官甚至丞相的功能；刺史已经不像秦代的郡监那样与郡守共同组成政府，而是分开办公了，这些都有权力制约的含义。

第二，指向明确。汉代刺史以"六条问事"，六条之外不管，有明确的专项性。

第三，秩轻权重。刺史六百石，却能够监察两千石的守相。刺史直属于御史大夫甚至皇帝，行政级别虽然低，但是政治待遇很高，升迁很快，地位崇高。

第四，选用慎重。从秦汉时期开始，对监察官的选用非常重视，认为"非庸材所能堪"，任重职大。

秦汉之后，历朝都很重视监察机构和相关监察法规的建设与完善。魏晋南北朝时期形成的御史台，是国家专门监察机构。曹魏时期有《六条察吏》，西晋时有《五条律察郡》《察长吏八条》，北周时期有《诏制九条》，西魏时期有《六条诏书》等，这些都是监察法规。

隋唐是我国监察制度发展的一个高峰时期，这一时期以御史台为最高监察机构，下设三院。在地方设外台掌管监察。唐代的监察官地位非常高。史书记载："自贞观初，以法理天下，尤重宪官，故御史复为雄要。"

隋唐的监察法规非常多，隋代有《司律六条》，武则天有《风俗廉察四十八条》，唐中宗到唐玄宗时期有《六察法》。特别值得一提的是《唐律疏义》。《唐律疏义》是我国封建社会前期廉政制度建设、法制建设的一个高峰，它对历代的廉政法规做了非常重要的总结，在《职制律》中，关于廉政的规定非常具体。

宋代中央设御史台，下设路和司，既掌管行政又掌管监察。宋代监察重要的变化是"台谏合一"，就是监察官和谏议官合一。它的好处是加强了对行政的监察，它的问题是监察官和谏官合一以后，在行政决策过程中，有时容易造成久拖不决、久议不决的情况。

元代中央设有与中书、枢密并列的御史台。忽必烈说：中书是我的左手，枢密是我的右手，御史台是我的医生，专门给这两只手看病。

宋元时期的监察法规和反贪律令主要体现在《宋刑统》《元典章》《大元通制》《至正条格》等当中。

明清两代是以都察院和"六科"为中央监察机构，统称"科道"。所谓"六科"就是中央在各部设的监察机构。地方上是以省为单位派出监察御史。明清的监察法规及反贪律令主要见于《大明律》《大诰》《大明会典》《大清律》这些法律当中。

我国历史上对于监察制度建设以及监察立法非常重视，特别是对监察官的任用更为重视。在我国历史上有许多监察官，刚直高节，志在奉公，出行"动摇山岳，震慑州县"，他们的事迹在民间被广泛传颂，地位十分崇高。[①]

（三）乡论及舆论监督制度

"防民之口，甚于防川""谤言""足以补官之不善政""天下有道则庶民不议，然则政教风俗，苟非尽善，即许庶民之议矣"，这些都是历史上关于舆论监督重要性的认识。我国历史上除了监察制度之外，也非常重视利用舆论来监督监察。从汉代开始，个人的行为及其所形成的社会声誉，是国家选拔官吏时的重要参考，当时叫"乡举里选"，或者叫"乡论"，即乡里的舆论。

---

① 以上相关问题可参见余华青、杨希义、刘文瑞著《中国古代廉政制度史》，西北大学出版社 1991 年版。

如果一个人有违反道德这样一些负面社会舆论的话，想做官是很难的。汉朝有一个大将叫陈汤，立了很多战功，但是他年轻的时候，声誉非常不好，在家乡没有办法做官，最后只能跑到外地去。三国时期有一个叫吴质的人，只喜欢跟有权势的人打交道，不喜欢跟乡里的老百姓往来，乡里的老百姓就不给他好的评价，结果他也不能做官。魏晋南北朝时期的中正官，主要任务就是考察所在地的士人品行，并对这些人的品行写下评语，供吏部在选用时参考，这就迫使士人必须注重自己的形象。

历史上，人民大众还经常以歌谣的形式来鞭挞丑恶，歌颂廉洁。国家也委派风俗使、监察官明察暗访，通过舆论来了解官吏为政的行为，被称为"举谣言"。汉代每年州郡要派人下去，听听老百姓是不是编了什么歌谣。东汉后期规定，州县官治理不好，被"举谣言"者，一律免官。清代的江西巡抚陈淮和南昌县令徐午贪赃枉法，老百姓给他们编了一首歌谣："江西地方苦，遇见陈老虎，大县要三千，小县一千五。过付是何人，首县名徐午。"陈淮贪婪无度，徐午与他狼狈为奸，搜刮老百姓。御史就根据这个谣谚把他们举报上去，结果被罢了官。把大贪官比作老虎，大概起源于清代。

（四）奖励与养廉制度

历代除了对贪官的惩处之外，对廉吏也有褒奖制度。比如说，对考核优秀的，采取升官、升迁、增秩、赐爵、赏金、画像、诏书表扬、死后谥号评定，以及追赠荣誉等表彰方式。

廉政建设不能单纯依靠个人道德，俸禄高低与贪腐与否也有一定的关系，给予官吏较好的待遇是防腐败的一种手段，是必要的，如清代实行过的"养廉银"就有一定作用。但是从历史的经验看，俸禄高低与廉洁与否也并不具有绝对的关系。清朝人就说，如果一个人"只知有私不知有公""豪奢逾度"，再多的薪水也不能令其振作。

（五）惩戒与管理制度

第一，历代对选举不实、欺上瞒下、失职渎职、结党营私都有详细的惩处规定，但又分清轻重。从《晋律》开始，特别是《唐律疏义》，有公罪、私罪的划分，对私罪的处罚更重。这是有利于廉政的制度。宋朝范仲淹曾言做官"公罪不可无，私罪不可有"。

第二，历代对贪污受贿处罚很重。秦汉时期，把贪污受贿和盗列在同一个罪等。在唐律的《职制律》中，规范得就更加严密了，对受人请托、接受财物、索贿行贿、利用职务之便贪污国有财产，都有非常具体的、量化的处罚标准。

历代都有赦免制度，但是往往对贪官不加赦免，而且牵连其后人。

第三，历代对官吏的日常行政与日常行为管理严密。对官吏的日常行政甚至日常行为，特别是钱财物的管理有细致的规定，避免他们在行政或政治中腐败。如钱财物进出的审计，交际攀缘的禁止，擅自离开公署，并在出行车马仪仗、饮食待遇上都有细致条文。如在今天发现的汉代档案里面，对官吏出行中的开支有详细记载，甚至吃几斤米、几只鸡、几斤肉都有清楚的记录。唐律更是这样，官吏出差的路线和相关的待遇，都有非常清楚的规定。这种法律的细密性，今天还是要借鉴的，因为良好的政风是靠教育，更是靠法制管理出来的。历代统治者也用"身死而家灭"的高压使官吏"不敢为非""念为廉吏"，同时也通过法律来告诉他们不应该做什么，其法律的细密性值得重视。

六、深刻借鉴中国历史上反腐倡廉的经验

（一）要看到腐败的长期性与复杂性

腐败是一种历史现象，古老而长存，凝重而有时代感。从传说的三皇五帝开始，一直到中国封建社会的晚期，历朝历代，乃至一个朝代早、中、

晚各个时期都有腐败现象，并不是只到王朝灭亡时才有腐败。所谓的"康乾盛世"时期，也出现了像和珅这样的贪官；汉朝初年低层的吏治也很坏。因此，腐败作为一种历史现象，古今中外，概莫能外。即使今天，也没有哪个国家敢说彻底清除了腐败。

（二）坚定反腐败的信心

坚定反腐败信心首先要科学地理解腐败现象。腐败是与人类文明共生的普遍现象，是几千年私有制下剥削阶级政治生态、经济体制、意识形态糟粕的遗存，是社会物质生产尚不够丰富、人们思想道德精神境界尚有待提升的产物，不可能短期内就彻底清除。今天我们建立了社会主义公有制，建立了代表最广大人民根本利益的政治体制，从制度层面否定了腐败产生的政治基础和经济基础；树立了以马克思主义为指导的社会主义核心价值观，继承弘扬中华优秀传统文化，从主流意识形态上否定了腐败产生的思想基础，但是数千年传统社会中的某些糟粕，非一天可以清除。

中国40多年经济高速发展所带来的社会急剧变化，是历史上所没有的。经济发展所带来的腐败的汹涌，有它的客观性，这在历史上也可以找到依据。当经济发展到一定程度的时候，往往伴随着严重腐败现象，汉武帝时期和明朝中后期就是这个情况。所以，如何保持在经济高速发展的同时遏制腐败的蔓延，是一个历史问题，也是一个新课题，需要研究。

还有一种观点认为，中国的制度不如西方，西方的体制，如多党制、"三权分立"、新闻自由等能够遏制腐败，笔者认为这种看法是错误的。当然，西方在遏制腐败的具体形式和方法上、在操作层面上有一些好的经验。但是要看到，中国的制度和他们的制度是根本不同的，现代西方以多党制为基础的所谓民主体制，虽然有巨大的历史进步，但它是建立在以资产阶级利益为代表的基础之上的，这个本质在今天仍然没有变。资产阶级在它的政体早期设计过程中，已经把它的利益占有、权益分配、政治统治的潜规则等规划好了，并通过政权的形式把这些权益保护起来。如果看不到这个本质，就盲目地认为西方的体制比中国先进，是没有道理的。

从历史的角度来看，腐败与否与王朝的兴衰有非常复杂的关系。历史表明，不是有了腐败马上就要亡国，中国历史上许多王朝的前期、中期都出现过腐败和严重腐败，但是由于某些时期统治阶级的重视，加强制度建设，加强思想建设，就可以在一定程度上遏制腐败。中国历史上一些延续数百年的王朝，留下的经验就是这个。只有那些不思考反腐败，不敢反腐败，最后没有力量反腐败，甚至沦为与腐败同流合污的统治阶级，才不可避免地走向没落。当然历史上的封建统治阶级，其本质是代表剥削阶级利益的，它也不可能找到一套反腐败的根本方法，中国历史上王朝的周期性的兴衰，也说明了这个问题。但另一方面也要看到，虽然我国历史上一家一姓的王朝更迭比较普遍，但是作为一种政体设计，它又保持了 2000 多年的稳定性，这里面又有很多合理性的东西，值得借鉴。所以说历史给我们一个启示，就是要高度重视反腐败问题，坚持不懈地反腐败，从制度上找到反腐倡廉之道，而不能简单地说，有腐败就要亡国，这话是没有道理的，也没有历史依据。近代以来，中国人民经过不懈的努力，奉献了无数仁人志士的头颅和鲜血，找到了马克思主义基本理论与中国实践相结合的道路，这条路从新中国成立开始才走了 70 年，已经取得了巨大的成绩，没有理由因某些腐败现象就从根本上动摇信心。

（三）要深刻吸取借鉴中国历史上反腐倡廉的经验

马克思主义唯物史观认为，人类社会是在生产力与生产关系、经济基础与上层建筑的矛盾运动中不断向前进的，而不是在腐败中轮回。反腐败是上层建筑自我完善的一种方式，是使上层建筑更好地适应、促进经济基础健康发展的一种手段。所以反腐败是手段，不是目的。我们不是为了反腐败而反腐败，反腐败终究是要激励广大干部廉洁从政，鼓舞士气，完成历史赋予我们这一代人的使命。治国之道当"验之当世，参之人事，察盛衰之理，审权势之宜，去就有序，变化因时，故旷日长久而社稷安矣"。这是汉初贾谊总结出来的经验。腐败令人痛恨，腐败导致家破人亡、政权灭亡。历史上常常采取严峻的疾风暴雨的方式打击腐败，这对于缓解民怨、震慑腐败、缓和矛盾能起到一定的作用。但是，治理腐败还要做长远的打算。从历史角度看，注重均衡性，保持德与法，奖与惩，集中打击与制度建设、政权建设平衡之间的关系，是今天应当重视的经验。

1. 德主刑辅

治理腐败，必须依靠法制，但是"徒法不足以自行"，历史也一再说明这个问题。只有德主刑辅、文武并用、礼法并重，才能够既从思想道德层面，又从制度层面来遏制腐败。

2. 奖惩并举

从历史上看，解决腐败问题，保持官吏的廉洁，奖惩并举、疏堵结合是比较成功的。要给予官吏较好的待遇，形成激励和保障机制，集中惩治少数的徇私枉法之徒，如果没有这样一个保障机制，光靠惩罚也是不行的。当代一些西方国家，包括像新加坡这样的国家，"善养严管"的经验，还是值得借鉴的。

3. 集中打击与制度建设、政权建设结合起来

从历史经验看，治理腐败既要有决心又要有耐心，既要雷厉风行又要做长远打算。古为今用，历史上反腐倡廉的长期实践和丰富经验可以为我们提供借鉴和启示。

第一，加强干部队伍建设。当腐败普遍盛行之时，要多从体制机制上来找原因；在严惩腐败分子时，要思考在政权建设中，如何加强干部队伍建设。用人不公是最大的腐败，也是老百姓最关心的腐败现象之一。目前所揭示的

许多严重腐败问题，不是用人失误造成的，而是用人腐败所直接导致的结果，是用人腐败延伸出其他种种腐败。所以，在党风廉政建设的过程中，一定要建立一个公平用人、管理用人、考核用人的体制。要建立一个功过分明、奖惩分明的干部选拔任用管理机制。

对于公平用人，笔者个人主张要加大考试在今天用人当中的比例，扩大用人的社会基础，倡导学习风气，使用人选拔具有更加客观的标准；在管理用人上，要有更加细密的岗位责权标准，在管理中做到分类用人、知人善任；要建立严密的考核制度，使德才兼备的人能够脱颖而出，庸庸碌碌者无处藏身，腐败贪婪者罪有应得；要建立起多层次的用人奖励与惩罚机制，使干部的评价机制和奖惩体制常态化与多元化，不要等到干部被留置、进监狱了，才发现他有问题。

第二，推进政权建设、制度建设。历史上大规模的惩治腐败往往与政权建设、制度建设结合起来。应当把握机遇，把当前的反腐败和下一阶段的战略目标紧密相连。成都诸葛武侯祠里有一副清代人写的对联："能攻心则反侧自消，从古知兵非好战；不审势即宽严皆误，后来治蜀要深思。""审势"就是要审时度势，顺势而为，有深谋远虑。今天在廉政建设过程中，也要围绕未来的制度建设、政权建设多做一些思考，从反腐倡廉的角度推进国家治理体系和治理能力现代化建设。

第三，大力弘扬、践行廉政文化。党的十八大以后，中央提出了"八项规定"，看似从一些小事入手，但这些都是老百姓普遍关心的问题，意味深长。这些规定与中国传统廉政文化都有着千丝万缕的联系。要学习借鉴历史上优秀的廉政思想文化，注重干部队伍思想文化建设，其中包括行为养成和格调培养，在干部中倡导勤俭朴素的生活方式、健康有益的休闲方式，干部的思想境界提升了、情调高雅了，行为就会好起来。权力影响社会，政风影响民风，官员影响群众，这是不变的真理。

论中国古代廉政文化的发展道路与历史价值

中华文明有着悠久的历史，灿烂的文化。在漫长的历史长河中，我们的祖先总结出了深刻的治国安邦的历史经验。中国古代的廉政文化就是中国古代的政治家、思想家和人民大众在长期历史发展过程中创造、实践并形成的关于廉政制度建设的思想、廉政行为的道德规范意识、社会评价，廉政人物颂扬与传播的艺术方式等方面的总和。廉政文化不是"廉政＋文化"的一种简单组合。大多数学者认为廉政文化是"人们关于廉政的知识、信仰、规范和与之相适应的生活方式、社会评价"①。我们以为这是较接近本义的解释。之所以说"较接近"，不仅是因为学界对"文化"一词本身的解释至今仍是见仁见智，而且"文化"一词还有广义和狭义的含义。广义的"文化"至少应该包括物质、制度、精神三个文化层次。甚至某些冠之以"文化"的研究对象所包含的实际内容还未必限于这三个层次，如区域文化、商业文化等。因此上述解释还不能说将廉政文化的内涵全部展示

---

① 李秋芳主编：《反腐败思考与对策》，中国方正出版社 2005 年版，第 6 页。

出来。例如，与廉政文化有密切联系的廉政制度就没有包括。同时，狭义的廉政文化也不仅仅是宣传廉政的文化及其种种表现形式，而应是指一门专门研究廉政文化的廉政文化学。其实，在研究尚未达到共同认可的概念抽象时，我们未必一定要确定一个经典的词条，而可以从研究的实际出发，借用学界讨论甚多的政治文化概念，在上述概括的基础上，为廉政文化研究的内容作一个基本归纳：（1）廉政制度形成的深层次结构；（2）廉政行为的表现形态；（3）关于廉政的思想文化学说及艺术表现形式；（4）上述三个方面的相互关系。下面，我们以此为基础，对中国古代廉政文化的发展道路及历史价值谈几点粗浅的看法。

一、中国古代廉政文化的产生途径

廉政文化是政治文化的一个分支，它是以人类进入阶级社会并构建了一定的政治结构为前提的。没有相应的政治和政治制度产生，廉政文化也就无从谈起。由于廉政文化与特定的政治文化紧密相连，因此，不同民族、不同国家的廉政文化产生道路也是不同的。例如，古希腊罗马的廉政文化与中国先秦时代的廉政文化就因其国家产生的道路不同而有区别。同一国家不同历史时期的廉政文化也存在着区别，如先秦的廉政文化与秦汉以降的廉政文化也不能等同视之。这种差异和区别意味着，廉政文化固然有其共性，但还有着个性。即便是同一民族、同一国家，廉政文化的研究也要注意它的"特定"含义，不能作简单的解释和比附。

中国古代廉政文化产生的时间很早。我国最早的一部历史文献总集《尚书》反映，文明诞生之初的氏族首领已经注意到了在公共事务管理过程中对自身素质的要求。《尚书·尧典》记载帝尧为政"钦明文思安安，允恭克让，光被四表，格于上下。克明俊德，以亲九族"以及要"敬授民时"，这里面就包括了为政者要勤政、节用、爱民、尚贤等多层次含义。《尚书·皋陶谟》中提出的所谓"九德"，也主要是针对为官者的素质要求。值得注意的是，《尚书·皋陶谟》中表达的"天聪明，自我民聪明。天明畏，自我民明威，达于上下，敬哉有土"是传统"民本"思想的渊源所在，也构成了中国古代廉政制度、行为、思想的深层次价值观，是古代廉政制度形成的重要文化基石之一。在这个时期，"贪"和"廉"两种对立的价值观也已出现。《左传·文公十八年》记载黄帝时"缙云（一种官名）氏有不才子，贪于饮食，冒于货贿，侵欲崇侈，不可盈厌，聚敛积实，不知纪极"，这与轩辕黄帝"劳勤心力耳目，节用水火材物"的为政态度形成了鲜明的对比，也与《尚书·皋陶谟》中提出的"简而廉"的"廉约"观念截然不同。对贪贿的指责与对廉、勤的赞叹是早期廉政文化最淳朴的形态。当然，这些都是后世文献的追忆，还不能说完全是当时历史的实录，不过把它们看成我们祖先在进入文明时代的前夜已经拥有的廉政文化智慧大体是不错的。我们的祖先正是带着这样的思考进入了阶级社会的。

随着国家的产生及其形态的完善，廉政文化的内容也日渐丰富。三代（夏商周）就是中国古代廉政文化发展的一个重要时期。三代王朝的更迭使统治阶级认识到"天命"无常，要保持统治的长久就必须把剥削和压迫控制在一定的范围之内，必须对被统治者"民"的重要性有深刻的认识。大家所熟悉的"民惟邦本，本固邦守""国将兴，听于民；将亡，听于神""夫民，神之主也"等言论，就是民本思想触动统治阶级政治神经后的感慨，也是三代廉政制度、行为、思想产生的深层文化意识之一。三代的刑律对贪贿已有严格的规定。《左传·昭公十四年》引《夏书》曰："昏、墨、贼、杀，皋陶之刑也。""贪以败官为墨。"杜预注："墨，不洁之称。"据此，不晚于夏代，对贪的惩罚已有了正式的刑律。商代针对贵族官僚管理的条规刑律则更多，如《尚书·盘庚中》盘庚对"具乃贝玉"，即聚敛钱财的大臣予以严厉的谴责，并要以严厉的刑罚处置他们。相传作于西周穆王时的《吕刑》中有所谓"五过之疵"，即"惟官，惟反，惟内，惟货，惟来"，大意是指官吏办事不公，贪赃受贿，执法者要秉公处理。我们并不能认为三代（夏、商、周）对贪贿的惩处都出自于"民本"思想的价值观，实际上三代的社会结构及其所决定的政体形式，使廉政制度的建设只能停留在较低的层次上。例如，三代国家所直接控制的地区实际只限于"王畿"，官僚的选拔主要依据血缘而非才能，分封式的地方行政制度使中央对地方并没有直接的管辖权。这些都使廉政制度的建设及其范围存在着极大的局限性，也决定了当时廉政文化的整体发展水平不能超越时代的限制。

春秋战国是中国古代国家形态的一个重要转折时期。各诸侯国王权的专制在摆脱了周天子的控制后日益加强，中央直接控制地方的郡县乡里制逐渐产生，贵族制让位于官僚制。在激烈的竞争面前，为了强国的需要，为了管理多层次并且逐渐庞大的官僚队伍的需要，廉政建设的迫切性摆在了各国统治者的面前。这一时期廉政文化发展的一个突出特点是政治家、思想家们关于廉政问题的思考多种多样。齐相晏婴云："廉者，政之本也。"晏婴还与齐景公专门讨论过"廉政"问题。一次，景公问晏婴："廉政而长久，其行何也？"晏婴对曰："其行水也。美哉水乎清清，其浊无不雩涂，其清无不洒除，是以长久也。"晏子的话含义很深刻，意思是廉政能否持久，关键在于各级官吏能否做到坚守美德，出淤泥而不染，做廉洁的表率。先秦诸子百家的思想也几乎无不涉及廉政文化这个大问题，并留下了许多脍炙人口的名言。

这个时期廉政文化中最引人注目的成就还数法家的廉政学说。法家从人性具有贪欲的天性出发，既主张从制度上设官分职，加强监督，防止腐败的产生，也主张从道德的层面对包括君主在内的各级官僚进行教育。如法家的集大成者韩非说："所谓廉者，必生死之命也，轻恬资财也。所谓直者，义必公正，公心不偏党也。"法家的另一代表人物管子认为"国有四维"，即礼、义、廉、耻。他还说："欲民之有廉，则小廉不可不修也。小廉不修于国，而求百姓之行大廉，不可得也。"法家的廉政思想较之以前具有更强的可操作性，不仅春秋战国时期列国的廉政制度、廉政教育乃至官吏的廉政行为的深层次价值观念，在法家思想中大都可以寻到踪迹，而且整个封建时代的廉政文化也都无法回避法家所奠定的基础。谈到廉政文化的建设不能不说到《周礼》这部书。众所周知，大约成于战国时期的《周礼》一书并不是一部关于周代官制的专著，而主要反映的是战国时期的制度并掺杂了作者本人的思想。本书在中国古代廉政文化建设上的重要意义，在于它对源远流长的古代廉政思想和当时风起云涌的廉政措施做了细致的分析和典型概括。《周礼·天官冢宰·小宰》中说："以听官府之六计，弊群吏之治。一曰廉善，二曰廉能，三曰廉敬，四曰廉正，五曰廉法，六曰廉辨。"意指要用这六种方法来考核官吏。值得注意的是，在这六种考核手段之前作者都加上了"廉"字，显然是将"廉"从狭义的范畴抽象出来，赋予了更广泛而深刻的意义。如果说廉政文化是廉政制度、廉政行为和廉政思想的深层次结构之一，那么以上的"六廉"观就大体构成了中国古代廉政文化的基本内容。中国封建时代的廉政文化就是在这个基础上发展与完善的。

廉政文化的产生和发展与特定时期的政治结构和政治文化密切相关；反之，政治结构与政治文化的演进也促进着廉政文化的繁荣与革新。但是，决定廉政文化形态的根本因素则是社会结构与经济结构。一般来说，只要有公共权力的设立，贪与廉、勤与惰的对立观念，腐败与反腐败的斗争就必然产生，这在任何国家大概都不例外。但问题是各个国家、各种不同社会形态下的廉政建设道路却往往存在很大的差异。造成这种差异的重要原因之一就是廉政文化的社会基础不同。中国古代社会是在氏族血缘关系还没有彻底解体的情况下进入国家状态的，经济结构、社会结构中农村公社和家族公社的顽强存在，使得在相当长的历史时期内，国家对社会的控制是以"族"的形式完成的。松散的邦国联合体和"授民授疆土"的分封制是三代国家结构的主体。官僚的选拔采取的是世卿世禄的贵族制。在这样的社会形态下，国家与社会的分离程度很低，国家的官僚往往就是"族"的首领。因此，廉政建设的社会基础还很薄弱，廉政文化的表现形态还只是停留在对执政者的道德诉求和对腐败贪贿者的指责以及简单的刑律处罚。在井田制瓦解后的春秋战国之际，基层社会由血缘式的族聚结构化解为个体小农，对整个社会直接控制的郡县制和官僚制的建立，使廉政建设成为上自君主下至庶民都十分关注的对象，中国古代的廉政文化由此才变得丰富多彩。

二、中国古代廉政文化建设的基本特点

就具体内容来说，中国古代廉政文化建设大体包括廉政制度文化建设、廉政思想文化建设和廉政社会文化建设三个方面。我们试做以下分析。

制度文化是制度形成的深层次背景之一，也是制度发展过程中所形成、积累的经验与理念的升华。战国秦汉以降，廉政建设由原先的道德追求向制度层面转化，国家围绕如何在政权体制中反腐倡廉做出了许多精密的设计，并在法律法规，监察、监督，行政管理上得以体现。由此，廉政设计和建设也成为古代政治家的政治理念之一，这种理念既是廉政制度文化推动廉政制度建设的反映，反过来也丰富并发展了廉政制度文化的内容。例如，在秦汉的政治制度设计中，监察制度是多层次、多方位的。不仅各级行政长官有监察的职责，还有专职的御史和刺史系统负责监察。这种专职监察制度的形成并不是一种简单的官职设置，如对监察官选任的特殊要求，将监察官的隶属系统与行政官区别开来的做法，监察官以卑临尊的监察方式，等等，体现了制度设计者深刻的思考。不仅在监察制度上，在官吏的使用规则上，如荐举中的连带责任制、任职中的籍贯回避制，以及道德与能力并重的考核制，等等，也都体现了行政中的廉政意识。这些廉政措施所形成的政治理

念上升为廉政文化，在整个中国古代廉政制度建设上始终发挥着潜移默化的作用。廉政制度的建设不是一成不变的，它终究随着社会事务、政治事务的不断分化而调整；同样，廉政制度文化也不是静态的、孤立的，它不仅随着时代的发展而丰富，而且不断向廉政制度浸润，有力推动着秦汉以后历代廉政制度的建设与完善。制度与制度文化呈现出相互交融、相辅相成的格局，构成了中国古代廉政文化的一个重要特色。

中国古代廉政文化的另一个重要特点是廉政思想文化的丰富多彩。中国古代思想家大都对现实问题高度关注，也在廉政问题上做出了许多理论思考与总结，其中既有通过设官分职来加强权力制约、权力监督的具体设想，也有通过理想教育来提升个人的道德情操实现其为政清廉的目的，还有对社会现实的批判揭示腐败对政权的危害等等。举例来说，通过理想与道德的教育来追求政治清廉始终是思想家们的目标之一。孔子主张人要有正确的价值观，他说："饭疏食饮水，曲肱而枕之，乐亦在其中矣。不义而富且贵，于我如浮云。"并把俭朴的生活与远大的理想相统一，如他称赞颜回"一箪食，一瓢饮，在陋巷，人不堪其忧，回也不改其乐"。他还引用曾子的"吾日三省吾身"强调人要有反省自我的意识。孟子倡导清心寡欲的意义，指出："养心莫善于寡欲。其为人也寡欲，虽有不存焉者，寡矣；其为人也多欲，虽有存焉者，寡矣。"荀子要求人们志节高尚，不贪货利，他说："卑湿重迟贪利，则抗之以高志。"墨子还认为："君子之道也，贫则见廉，富则见义，生则见爱，死则见哀。"其中"贫则见廉"被视为"君子"的标准之一。汉代大思想家董仲舒竭力反对汉武帝的纯任刑罚举措，他说："今废先王德教之官，而独任执法之吏治民，毋乃任刑之意与！"他认为"教化废而奸邪并出""教化行而习俗美也"。笔者认为，除了德教思想外，历代思想家们的忧患意识也是廉政思想文化的一个重要组成部分，"生于忧患，死于安乐"是许多古代杰出思想家的共识。其中最为著名的当是范仲淹的"先天下之忧而忧，后天下之乐而乐"的经典表述。历史上吏治清明、社会相对稳定的时期，也都是统治者忧患意识较为强烈的时期。如"文景之治""贞观之治""洪武之治"都证明了这个问题。历代思想家的廉政思想并不仅仅停留在思想层面，而通过以儒家思想为核心的多层次学校教育、社会教育之后向现实转化。历代诸多有为的帝王、政治家政治行为的背后，往往都鲜明地体现着思想家的智慧。廉政思想与廉政制度的紧密结合构成了廉政文化的一个特色。

廉政社会文化建设是古代廉政文化建设的另一个侧面。所谓廉政社会文化建设应当包括三个层次：第一，统治阶级通过政治宣扬在全社会倡导廉洁为政的社会风气。如被统治阶级确立为正统思想的儒家思想，就对社会廉洁风气的形成有着重要意义。《汉书·儒林传》记载元帝时的少府欧阳地余诫其子曰："我死，官属即送汝财物，慎毋受。汝九卿儒者子孙，以廉洁著，可以自成。""儒者子孙"与"廉洁"的内在联系正是儒家文化中的廉政意识广泛宣扬的社会结果。儒家经典中修身、齐家、治国、平天下的家国同构思想，由孝推及忠、廉的家庭伦理与政治伦理相结合的思想，使廉政文化中的若干因素普及社会中的个人和家庭。统治阶级对廉吏的旌表，对贪官的惩罚，使社会形成了廉洁光荣、腐败可耻的社会氛围。第二，社会大众形成的舆论监督。在中国古代廉政社会文化的发展过程中，社会舆论构成了廉政文化的独特内容之一。这种舆论表现在社会大众自发地对贪官污吏的鞭挞和对廉洁为政者的歌颂。如汉代的太学生奔走呼号，无情揭露东汉末年的腐败政治，振聋发聩。第三，各种旨在惩恶扬善的艺术表现形式。中国古代的民歌、民谣、诗赋、小说、绘画、雕塑、戏剧等多种艺术形式中，都有丰富的廉政文化内容，它们在社会中的传播有力推动着整个社会廉政氛围的形成。上述廉政制度文化、廉政思想文化和廉政社会文化并不是相互孤立的，它们彼此相互推动，相互影响，构成了中国古代廉政文化的丰富内涵。

三、中国古代廉政文化遗产的继承问题

中国古代廉政文化作为中国古代政治文化遗产的一个组成部分，有其丰富的内涵。我们今天建设中国特色社会主义廉政文化仍然可以从中吸取和借鉴有益的成分。例如，从制度层面来看，古代廉政文化中重视加强廉政制度建设的思想和多层次监察的廉政意识，官吏选拔中强调德才并重、以德为先的原则，以及官僚制度中运用设官分职、加强考核的方法来防止腐败、激励勤政的措施及其所形成的经验积累，不仅在长期的历史发展过程中产生过积极作用，对我们今天也还有启发甚至具体问题上的借鉴意义。从廉政思想文化层面来看，历代思想家、政治家关于加强自身道德修养的许多经典表述，已经构成了中华民族优秀传统道德文化的一个组成部分，至今仍是激励人们树立高尚情操的思想基础。他们对廉政、勤政方式方法的理论探索与思考，对腐败所造成的国破家亡危害性的深刻剖析，仍对我们今天有着借鉴和警示的意义。从廉政社会文化看，人民群众对清官、勤政者的颂扬和对贪官、碌碌无为者的鄙视，至今也还是我们社会大众所认可的评价廉政与否的基本文化价值观之一。人民群众创造的生动活泼、形式多样的反腐倡廉的艺术表达形式，也值得我们学习。这些应当说是中国古代廉政文化中的精华，需要我们认真总结。

我们之所以要继承中国古代廉政文化这笔丰富遗产，是因为它们中的许多内容体现了中国古代政治家、思想家结合中国实际对廉政问题的缜密思考，体现了中国古代政治文明的卓越智慧。历史的发展不仅要站在前人创造的物质文化基础之上，也要站在前人创造的制度文化、精神文化基础之上。中华文明是世界上唯一发展至今没有中断的文明，历史的延续性使我们今天在建设中国特色社会主义廉政文化的同时，有必要充分尊重与借鉴我们祖先创造的廉政文化成果；只有这样，我们今天的廉政文化才能够更加符合中国的

国情，体现中国的特色，也才能拥有更为广阔的社会基础，为人民所理解和接受。需要指出的是，中国历史上的廉政文化并不仅仅是剥削阶级创造的，历史上广大的人民群众也是廉政文化的创造者。"其兴也勃焉，其亡也忽焉"的王朝更迭给剥削阶级留下的深刻教训，是促使统治阶级中的有识之士对廉政问题做出种种思考和努力的社会背景；历史上的人民大众对腐败制度的激烈反抗及给统治阶级形成的巨大压力，是推动历史上廉政文化建设发展与进步的强大动力。人民群众对廉政、勤政人物的朴素情感，对廉政风尚的积极歌颂，对贪官污吏的无情讽刺所形成的社会文化传统，本身也是廉政文化的组成部分。

如同对待一切历史文化遗产一样，我们既不能采取历史虚无主义，也不能不加分析地全盘接收；而是要勇于继承、善于继承，批判地继承。我们对中国古代廉政文化历史价值的态度也应该如此。首先，中国古代廉政文化尽管有丰富的内容，也体现了历代有识之士对廉政问题的高度重视，反映了广大人民群众的殷切希望，但是古代国家国体、政体的本质特点，决定了占统治地位的剥削阶级不可能建立起有效的反腐倡廉的科学机制。因此，中国古代廉政文化的现代化意义也只能从相对的角度进行考察。其次，对中国古代廉政文化的具体内容要作辩证的分析。例如，作为中国古代廉政制度建设重要理论基础之一的"民本"思想，其实并不是统治阶级制度设计的根本出发点，它所起的作用只不过是在特定时期，在一定程度上缓和了阶级压迫。中国历史上王朝兴衰的激烈变动，农民起义的风起云涌就充分说明了"民本"思想与统治阶级统治政策之间的"二律背反"。中国古代廉政文化中有许多从设官分职的角度加强廉政建设的思想，但却很少有对专制君主进行权力限制、监督的思想，即便有，也难以从制度层面得以实现。中国古代加强对官僚的监察监督思想内容很丰富，但这种监察监督往往是在维护专制主义权力运行机制下的思考，是自上而下的、单向的。剥削阶级的本质决定了他们不可能把这种权力交给社会，交给人民。又如中国古代廉政社会文化也是一定历史条件下的产物，在以自给自足的自然经济占统治地位的古代社会，相对封闭的社会结构和落后的生产力决定了人们对"清官""青天大老爷"的无限向往，形成了独具特色的"清官"崇拜文化现象，这种廉政社会文化尽管有其积极意义，但其作用实际是有限的。中国古代廉政文化除了其历史局限外有无糟粕性的内容，我们认为也是有的。如廉政文化的核心思想之一是"忠君"，以维护君主专制为前提，这与我们建设民主的、先进的社会主义廉政文化是格格不入的。总之，继承中国古代廉政文化的优秀传统要把古代廉政制度文化建设与古代政治制度的本质特点区别开来，要把古代廉政思想家的优秀廉政思想与思想家的局限性区别开来，要把古代廉政社会文化建设中的优秀成分与其中的糟粕区别开来。

近年来，在大力加强廉政制度建设的同时，廉政文化建设也日益引起了人们的关注。尽管人们对廉政文化的内涵认识还不尽相同，但是以廉政文化来推动廉政建设并以此来拓宽廉政问题的研究无疑已经成为大家的共识。廉政文化建设是社会主义先进文化建设的重要组成部分，学者在论及如何建设新时代社会主义廉政文化的同时，也大多注意到了中国古代廉政文化传统的历史意义及其现代启示。的确，中国古代廉政文化源远流长，它作为中国古代政治文化中的一个部分，是我们的祖先留给后世的一笔珍贵历史遗产。但是，中国古代廉政文化的发展道路及其表现形态如何，如何正确认识中国古代廉政文化的历史价值等，仍然需要在一些基本理论问题上进行深入探讨，这对于我们批判地继承中国古代廉政文化具有重要意义。

察盛衰之理，审权势之宜
——看待腐败问题的历史、哲学和文化思考

党的十八大以来，以习近平同志为核心的党中央审时度势，从"四个全面"的战略高度从严治党，大力推进反腐倡廉制度建设和文化建设，凝聚了党心民心，取得了举世瞩目的成就，赢得舆论的广泛好评。但是，腐败作为一种历史现象有其长期性和复杂性，无论是反腐败斗争还是反腐败制度建设都不可能一蹴而就。2015 年 3 月 10 日，时任中央纪委书记王岐山同志在参加十二届全国人大三次会议山西代表团审议时说："看待腐败问题要有历史、哲学和文化的思考。"这是一个非常科学的判断，对于我们冷静、理性地看待反腐倡廉具有重要意义。

一、从历史视角看待腐败

历史是人类的教科书，看待腐败问题要从历史的角度来审视。

首先，腐败源远流长，根深蒂固。腐败是人类有政治文明史以来的普遍现象。夏王朝建立后的第二代，就出现了"不恤民事""娱以自纵"的

太康，致使夏王朝几近灭亡。《史记》记载，夏代的最后一位国君夏桀"不务德而武伤百姓，百姓弗堪"，引发了社会的强烈不满。商朝晚期，纣王"厚赋税以实鹿台之钱，而盈巨桥之粟""好酒淫乐"，终致灭亡。西周末年，周厉王喜好"专利"，任用荣夷公敛财，采取高压政策，"国人"敢怒不敢言。然而"防民之口，甚于防川"，最终引发国人暴动，赶走了厉王。出土系列青铜器《琱生簋》则明确记载了发生在公元前 873 年（厉王时期）的一件贵族因为土地纠纷而行贿的事件，是我国最早明确记载的行贿案。周制瓦解后的春秋列国，腐败现象更是史不绝书，以致发生像晏子治东阿因廉洁、政绩突出而受非议，因"属托行，货赂至"而受"赞誉"的黑色幽默事件。秦汉以后，我国大一统的专制主义中央集权封建国家形成，但是腐败并没有随着社会生产力的发展、社会形态的进步而退出历史舞台。相反，因中央集权化的官僚制建立，腐败犹如痼疾顽固地植根于封建政治体制之中，是历代王朝政治黑暗的典型写照，是统治阶级及其王朝覆灭的根本原因。我国历史上王朝的灭亡或许有各自具体、直接的原因，但追根溯源，一定与腐败所导致的种种社会矛盾、民族矛盾、统治阶级内部不同阶层之间的矛盾息息相关。当腐败积累到一定程度并与相关具体矛盾相结合，王朝灭亡就不可避免。

其次，腐败在不同历史阶段有其不同的表现形式与内涵。概括地说，腐败是一种以权谋私的行为。腐败就是利用公共权力的权威来满足私欲。腐败伴随人类政治文明的诞生而出现，其形式与内涵是历史的、发展的。我国奴隶制时代的腐败主要表现为最高统治者和各级贵族对社会的直接掠夺，更多表现为制度性的腐败，表现为包括国君在内的各级奴隶主对人民的残暴。那时，人们反腐败的呼吁，更多是对统治者的贪婪和道德败坏的谴责，希望统治者提高道德素养，做一名遵从礼制、重视民众的"君子"。这一时期尚不具备廉政制度产生的社会基础和政治基础，人们对腐败的认识也与后世不同。正因为如此，《琱生簋》中，琱生把自己在争夺土地纠纷中贿赂召伯虎的腐败过程，堂而皇之地铸刻在青铜器上传之后世。封建政治体制替代奴隶制后，辽阔的疆域、广袤的国土、众多的人口需要庞大的官僚队伍深入社会基层实施行政管理，腐败也就在更深层次上蔓延，涉及的范围更广泛。权钱交易、权权交易、用人不公、贪婪奢靡、正气不张、枉法渎职、无所作为等种种腐败现象较奴隶制时代更复杂多样。封建王朝的覆亡，都与此不可分离。

最后，反腐败的复杂性与长期性。无所顾忌的腐败不仅会引发严重的社会危机，也会引发政治危机。因此，有腐败必然有反腐败，这也是人类政治文明的共同特征。在我国奴隶制时代，统治阶级中的有识之士不仅创造出"德""礼""仁""正""俭""廉""忠""义""公""贤""信"等为核心的从政理念，也制定出相应的官刑来惩罚包括贪赃在内的腐败，但纵观 1500 多年的奴隶制社会，腐败所带来的人亡政息却俯拾即是。春秋战国之际，封建地主阶级以革除奴隶制下的种种腐败为口号，夺取政权、登上历史舞台。民本、尚贤、勤政、公私分明、严格吏治等思想层出不穷。著名的"六廉"观（廉善、廉能、廉敬、廉正、廉法、廉辨）就形成于这个时期。秦汉大一统以后，政治家、思想家关于反腐倡廉从思想教育到制度防范的论述，更是细致而周密。但历史早已揭示，秦汉至明清 2000 多年间的各个封建王朝，其政权的颠覆，无不与腐败有着千丝万缕的联系。王朝历史兴衰的周期率，与腐败发生程度的严重性，其比例大体可以画上等号。这些都说明反腐败的长期性、艰巨性与复杂性。

二、以哲学与文化思维看待腐败与反腐败

历史思维是唯物的思维，是分析一切问题的基本出发点，但历史思维只有与辩证思维相结合才是真正科学的思维。秉持马克思主义的历史唯物思维和辩证唯物思维，科学看待腐败与反腐败，是我们今天需要具备的哲学素养。

从唯物史观的角度看，腐败现象古今中外，概莫能外，并非我国历史上

独有。腐败导致政治统治灭亡，在人类文明史上也是常见现象。只要阶级和私有制还存在，只要公共权力在政治资源、经济资源、社会资源分配上依然拥有不受监督的特殊力量，只要人类生产力还没有创造出足够的财富分配，腐败现象还将伴随人类政治文明的发展长期延续。但是，我们也必须以辩证唯物主义的观点来认识腐败问题。历史并不是在腐败中的轮回，王朝的周期性兴衰并不意味着人类在腐败面前无可奈何。历史规律不断演进的决定性力量是生产力与生产关系，经济基础与上层建筑的矛盾运动，人类政治文明正是顺应这一基本规律，不断清除附着于自身的腐败而向前推进。

腐败的长期性与顽固性并不能为腐败的存在提供合理性。在唯物史观看来，腐败产生并长期延续的根本原因，是生产资料私有制形成的不平等的阶级关系、生产关系及其政体。满足贪婪的欲望，虽是一切剥削制度下统治阶级的基本属性，甚至是人性中的卑劣一面，但应当看到，腐败并不能完全从为政者个体的以权谋私表现或从人性的贪欲中去寻找。私有制下的政体设计尽管注意到对腐败的防范与惩治，但其政体本质仍然是为腐败生存提供政治保障，只不过统治阶级将这种本质往往隐藏得很深而已。因此，看待历史上的腐败与反腐败，还应当将腐败现象与特定时期的政体结合起来考察。如果不从这个角度来思考我国封建社会的历史，就不能科学理解王朝的不断反腐倡廉与王朝周期性兴衰的关系，也不能将历史上的反腐败与今天社会主义制度下的反腐败作科学的区分。

历史是合力的结果，历史有巨大的惯性，历史有各民族的特点。人类文明演进的阶段性从来都不是截然分开的，而往往是混合着复杂的文化因素而交织在一起。文化要比经济制度和政治制度的改变更加缓慢，文化及其形成的价值观也较其他因素更深层次影响着人们的行为。考察腐败与反腐败，也应当从文化视角来审视。中华民族数千年来走着一条与其他民族不同的独特道路，既形成了富有生命力的优秀廉政传统文化，创造出中华民族多个文明辉煌的高峰，也因封建社会的长期延续，专制君权与封建官僚政治的强大，封闭式的自然经济长期存在，宗法血缘关系的凝固性，形成了许多糟粕文化，为腐败提供了土壤。因此，铲除这些土壤还需要很长时间。

三、吸取历史经验和教训

腐败作为人类文明社会产生以来的一种历史现象，与文明发展进程相伴随，确有很强的顽固性。彻底铲除腐败仍是人类文明面临的共同问题。

首先，反腐败要有耐心。腐败是与人类文明共生的普遍现象，是数千年私有制下剥削阶级的政治生态、经济体制、意识形态、文化生态中的糟粕遗存。今天，我们建立了人民当家作主的以社会主义公有制为主体的社会，从制度设计层面否定了腐败产生的政治与经济基础，确立了以马克思主义与中国实践相结合的中国特色社会主义核心价值观，从主流意识形态上否定了腐败产生的思想基础。但数千年文化传统中的糟粕不可能完全清除，核心价值观的树立也非朝夕之事，旧文化中的消极思想，如官本位、宗法家族利益观念、奢靡享乐之风仍然会在许多人身上不断重复表现出来。在改革开放大的历史背景下，经济快速发展带来的腐败多发也有其客观性。如何保持在经济高速发展的同时遏止腐败的蔓延，完善反腐倡廉的体制机制建设，是我们面临的新课题。

其次，反腐败要有信心。应当看到腐败与王朝兴衰的复杂关系，增强反腐败在推进人类文明历史进程中的作用认识，毫不松懈地反腐败。

最后，反腐败要借鉴历史经验。治国之道当"验之当世，参之人事，察盛衰之理，审权势之宜，去就有序，变化因时，故旷日长久而社稷安矣"。今天的中国是历史的中国发展而来的，应当科学继承和总结我国历史上反腐倡廉所积累的经验，用之于今天。

中国历史上的"六廉"思想

"六廉"思想是我国廉政思想遗产中的精华，出现在战国时期的《周礼》一书中，集中体现了我国古代对官吏整体素质的要求，影响十分深远。

一、"六廉"思想产生的历史背景

"六廉"思想的产生是对腐败现象长期存在的深刻思考。

腐败是文明社会出现以后的普遍现象。根据历史记载，在我国进入文明社会前夜的氏族社会晚期，腐败就已经产生。在腐败产生的同时，反腐败的廉政思想也产生了。《尚书·尧典》中记载了尧为政"允恭克让""克明俊德，以亲九族""敬授民时"等思想，就包含了统治者应当勤政、节用、爱民、尚贤等多层含义。《尚书·皋陶谟》提出的"天聪明，自我民聪明。天明畏，自我民明威"，以及"简而廉"的思想，是我国传统"民本"思想和"廉约"观念的渊源所在。由于国家还没有出现，凌驾于社会之上的公共权力也没有制度化，文明诞生前夜的贪腐人物、廉政思想、廉政行为等大都带有传说色彩，尚难以坐实，但这些传说的记载，也是我们祖先痛恨贪腐、追求美好廉洁政治理想的一种反映。

夏商西周是我国进入文明社会后的早期发展阶段。腐败犹如汹涌的潮水与王朝相伴随，对公共权力滥用而发生的腐败不绝于史。如夏王朝第二代国君太康"娱以自纵"，放弃了祖先禹勤俭的作风。到夏桀时，"不务德而武伤百姓，百姓弗堪"，使夏王朝走到了终点。

继夏而起的商，虽在王朝之初吸取了夏亡的教训，但很快就出现了"三风十愆""奢侈逾礼"的乱政。至商纣王，更是"厚赋税以实鹿台之钱，而盈钜桥之粟。益收狗马奇物，充仞宫室"，重用奸佞好利之臣费仲、恶来等。商纣王的利令智昏，贪婪无度，给周部族的崛起提供了难逢的机遇。

取代商而兴起的西周统治者，对贪婪奢靡之害有了高度警觉，提出了"敬德保民"的思想，从而保持了政权相当长时间的稳定，也创造了我国奴隶制时代礼乐文明的高峰，但腐败并没有被遏止。成康之后，西周政权开始走向衰败，其中重要的原因就是最高统治者的好大喜功与贪婪腐败。如周厉王为了贪图享受而专山林川泽之利，重用荣夷公，国人敢怒不敢言，召公警告他"防民之口，甚于防川"，但他一意孤行，最终被国人暴动赶下了台。周幽王更是一个喜好声色的昏淫之君，废太子，宠褒姒，任用"为人佞巧，善谀好利"的虢石父，引起剧烈的社会动荡，身死而国灭。

上述种种腐败现象及其所带来的严重后果，促使了廉政思想的萌芽与发展。

"六廉"思想的产生是春秋战国官僚制管理的内在需要。西周灭亡后，历史进入东周，东周分为春秋和战国两个阶段。这一时期国家林立，竞争激烈。随着等级分封制贵族社会的瓦解，各国逐渐开始建立起君主官僚制新的管理模式，不再依靠世袭制的血缘贵族，而是由代表君主在各地实施管理的官僚来治理国家。这些官僚听命于君主，权力及身而止，不再世袭。他们只领取俸禄，一般也不再享有其他政治、经济、法律特权。

当时社会已经开始发生重大转型，但腐败现象依然不可遏止。鲁国权臣季桓子接受齐国贿赂，纵容国君沉迷于美色，怠于政事，多日不听朝政，致使孔子抱负难施，背井离乡，鲁政也因此急转直下。吴国重臣伯嚭，不忠于其君，而外受重贿，置伍子胥于死地，使吴国很快亡于越。《说苑·理政篇》记载齐景公时晏子治东阿"属托不行，货赂不至"而受景公指责，"属托行，货赂至"却受赞誉的黑色幽默故事，反映了齐景公时齐国腐败黑暗的政治生态。《左传》中记载了大量贿赂事件，遍布内政外交各个方面。《列子·说符》中记载的"齐人攫金"故事，以及《史记·越王勾践世家》记载的"千金之子，不死于市"的谚语，是春秋战国时期受金钱扭曲的价值观横行的真实写照。

如果说夏商西周时期关于廉的思考还主要限于如何提高统治者道德素质，以及对种种腐败现象道德性谴责的话，那么春秋战国时期关于廉的思考则更为深入。

二、从"廉"到"六廉"的思想转变

我们首先谈谈"廉"这个字的内涵演变。

《说文解字》说："廉，庂也。从广，兼声。"《仪礼·乡饮酒礼》："设席于堂廉东上"，郑玄注："侧边曰廉。"《礼记·乐记》："哀以立廉。"郑玄注："廉，廉隅也。"清代段玉裁《说文解字注》："堂之边曰廉。"可知廉的本义是指堂屋的侧边，堂屋的侧边有隅有棱、收敛、锋利，被称为"廉"。

廉的本义在后来相当长的时间里仍使用，但约在春秋时期，廉转化、引申为清廉、方正、刚直、俭约、明察等含义，并运用在政治领域中。《晏子春秋·内篇杂下》说："廉者，政之本也。"《管子·牧民》说："小廉不修于国，而求百姓之行大廉，不可得也。"这些都与我们今天所理解的廉含义一致。《晏子春秋·内篇问下》还谈到了"廉政"一词的内涵，就如何做到"廉政而长久"的问题进行过讨论，已经涉及很深层次的问题了。

春秋战国时期的诸子百家无不思考这些问题。孔子说："其身正，不令而行；其身不正，虽令不从。"又说："政者，正也。子帅以正，孰敢不正？"孔子实际是在为统治者如何做到廉洁为政开出了具体药方。孟子说："可以取，可以无取，取伤廉。"也是在苦口婆心教育人应当以廉洁自重。墨子"俭节则昌，淫佚则亡"的名言，是在总结历史规律警告统治者为政必须戒奢从俭、廉俭为政。法家集大成者韩非说："所谓廉者，必生死之命也，轻恬资财也。"是告诉时人舍生忘死、看轻资财才是廉的真义。《吕氏春秋·忠廉》说："临大利而不易其义，可谓廉矣。"《吕氏春秋·孝行》又说："人臣孝则事君忠，处官廉，临难死。"更是将廉与忠孝节义紧密联系在了一起。

正是关于"廉"字广泛深入的探讨，促使了战国时期的思想家将廉的观念与政制设计紧密联系，直接导致了"六廉"思想的诞生。

据《周礼·天官冢宰·小宰》记载："以听官府之六计，弊群吏之治。一曰廉善，二曰廉能，三曰廉敬，四曰廉正，五曰廉法，六曰廉辨。"关于这段文字，东汉经学家郑玄有一个详细的注释："听，平治也。平治官府之计有六事。弊，断也，既断以六事，又以廉为本。善，善其事有辞誉也。能，政令行也。敬，不懈于位也。正，行无倾邪也。法，守法不失也。辨，辨然不疑惑也。"翻译成白话就是：小宰的职责是以六项标准治理官府，公允地评断官吏的治理能力。这六项标准为：是否善于行事而获得声誉；是否能行政令；是否不懈于职位；是否品行方正，没有邪恶；是否守法不失；是否头脑清醒，明辨是非。郑玄又特别强调，小宰既以"六事"评断官吏，但同时又"以廉为本"。所谓"以廉为本"，是指在善、能、敬、正、法、辨"六事"前面，均加上了一个"廉"字。意指为官者，既要具备能力，又要廉洁，但廉是首要的。

在《周礼》的政制设计中，冢宰是管理王室内部事务的长官，小宰是冢宰之下的官，"小宰之职，掌建邦之宫刑，以治王宫之政令。凡宫之纠禁，掌邦之六典、八法、八则之贰，以逆邦国、都鄙、官府之治"。也就是说小宰掌握着宫廷内部的执法纠察，有监察、司法的职能。将评断官吏的权力赋予小宰，正是小宰的职责所在。我国历史上汉魏之前，监察系统始终没有脱离管理皇室的少府系统，其渊源大概就是《周礼》的影响。

"六廉"思想产生后，除郑玄外，历代经学家还有许多解释、阐释、发扬。如《周礼注疏》贾公彦说："此经六事，皆先言廉，后言善、能之等，故知将廉为本。"又云："廉者，洁不滥浊也。"《钦定周官义疏》："郝氏敬曰：吏以廉为本，贪墨则其余不足观矣。"《历代名臣奏议》："惟廉而后能平，平则公矣。不廉，必有所私，私则法废，民无所措手足矣。"这些都是对"以廉为本"思想的进一步阐释。当然，还有一种意见是训廉为察，如《周官新义》："廉者，察也。听官府弊吏治，察此而已。"其实，"廉"字在古文中二者兼而有之，既表示廉洁，也有察问之意。

"六廉"思想是对源远流长的古代廉政思想和春秋战国时期风起云涌的廉政措施的思考与总结，它的深刻思想内涵，在我国历史上产生了深远的影响。

三、"六廉"思想的历史意义

"六廉"首次提出了系统考核官吏的思想。

《周礼》中的"六廉"不是对官吏的一般性要求，而是指对官吏的考核标准。《说文解字》说："计，会也，算也。"所谓"听官府之六计，弊群吏之治"，即小宰要集中听取官府中各级官吏的汇报，计算他们的功劳多少，从而达到评断官吏治理好坏的目的。由于官僚制在春秋战国时期的萌芽与发展，严格考核官吏的思想与制度在这一时期发展迅速。如荀子说："论列百官之长，要百事之听，以饰朝廷臣下百吏之分，度其功劳，论其庆赏，岁终奉其成功以效于君。当则可，不当则废。"荀子说的"岁终奉其成功以效于君"，即考核官吏的上计制度，在战国时期已经普遍推行。又湖北云梦睡虎地秦简《为吏之道》提出："吏有五善：一曰忠信敬上，二曰清廉毋谤，三曰举事审当，四曰喜为善行，五曰恭敬多让。五者毕至，必有大赏。吏有五失：一曰夸以迣，二曰贵以泰，三曰擅裂割，四曰犯上弗知害，五曰贱士而贵货贝。""五善"指的是忠信笃敬、清廉奉公、办事谨慎、择善而行、谦虚礼让；"五失"指的是自我膨胀、骄纵专横、越权行事、目无王法不知利害、轻贱有才能的人而贪婪财货，这"五善""五失"就是秦国对官吏考核奖惩的标准。我们不难从中看出其与《周礼》思想的内在联系。我国历史文献中常把"六廉"也解释为"六计"，就是明确指出了"六廉"的本质内涵。

"六廉"首次提出了廉能并重、以廉为本的思想。

先秦以来，关于"民本""德""孝""礼""仁""正""俭""忠""敬""义""公""贤""信"等概念的探讨，大都与廉相关。但很显然，治国单纯靠廉是不行的，还必须有通晓法律、执行政令、尽责守职、不懈于位的治国之能才。为了获得这些人才，春秋战国时期许多思想家都在强调人才的重要性。如孟子呼吁"贤者在位，能者在职"，荀子说"无能不官"。春秋战国时期许多国家在官吏的选拔、任用和管理上都出现了新的制度，其目的就是选拔治国安邦之才。

《周礼》正是将长期以来关于廉的思想与新的时代需求结合在一起，形成了关于官吏廉能并重、以廉为本的思想。我国历史上德才并重的严密考核、考课制度，就是由此发展而来的。

我国古代廉政思想与文明产生相伴随，大体经历了原始传说时期、奴隶制国家时期和封建制国家时期。在漫长的历史进程中，廉政思想不断丰富发展，春秋战国以后，逐渐与廉政制度相结合，成为秦汉至明清历代王朝反腐倡廉重要的理论和实践基础，也成为历代清官廉吏廉政行为的精神源泉。在丰富多彩的廉政思想中，《周礼》的"六廉"思想尤其值得重视。我国历史上廉政制度的基本框架、基本内容，官吏廉政行为的基本特点，都可以从《周礼》中寻找到根源。

第六章

汲取治国理政的历史智慧

中国古代"治理"探义

近代以前的中国古代历史，先后经历了奴隶制社会形态下的国家治理和封建制社会形态下的国家治理，积累了丰富的治理思想，也留下了很多成功经验。总结中国古代国家治理的思想与经验，依然是今天史学工作者的一项重要任务。但笔者注意到学界也有人认为，中国历史上只有统治而无治理，或者说统治就是治理，治理就是统治，进而认为"治理"只是当代国家的产物，古代没有。我们认为这个观点并不完全正确。这里笔者仅从中国古代"治理"一词的含义入手，就这个问题谈一点体会。

一、"治"与"理"的本义

"治"的本义是水的名称。文献记载"治水"共有三处。《说文·水部》云："治，水出东莱曲城阳丘山南，入海。"《汉书·地理志上》云东莱郡曲成有："阳丘山，治水所出，南至沂入海。"与《说文解字》一致。《地理志上》又载泰山郡南武阳有："冠石山，治水所出，南至下邳入泗。"

《说文·水部》又云："水出雁门阴馆累头山，东入海。或曰治水也。"《地理志下》也载雁门郡阴馆有："累头山，治水所出，东至泉州入海。"可见历史上关于治水的具体位置、名称说法不一。此非本节主旨，姑置不论。但我们通常所理解的对国家政事管理的"治"，是由"治"水名演化、延伸而来大致无疑。

这一引申演化始于何时尚不明确，但春秋时期的文献已广泛使用这一引申演化意义上的"治"。《老子》五十七章："以正治国，以奇用兵，以无事取天下。"《国语·齐语六》："若必治国家者，则非臣之所能也。若必治国家者，则其管夷吾乎！"又云："教不善则政不治。"《国语·晋语三》："出不能用，入不能治，败国且杀孺子，不若刑之。"《国语·晋语八》："威与怀各当其所，则国安矣。君治而国安，欲作乱者谁与？"《左传·隐公四年》："臣闻以德和民，不闻以乱。以乱，犹治丝而棼之也。"杜预注："丝见棼缊，益所以乱。"《左传·隐公十一年》："政以治民，刑以正邪，既无德政，又无威刑，是以及邪。邪而诅之，将何益矣！"《管子·任法》："君臣上下贵贱皆从法，此谓为大治。""故上令而下应，主行而臣从，此治之道也。"《管子·治国》："故治国常富，而乱国必贫。"此外，与"治"相关的词语还有"治农""治兵""治其赋""治宾客""治宗庙""治天下""治世"，等等。上述"治"之诸义，皆与国家政务事务的管理、整治有关。春秋时期"治"字含义的演化并非仅指一般意义上的国家事务管理，"治"与"乱"是相对的，能够将国家管理得有条理、有秩序才可以称为治。如"德政""以德和民""从法"可称为治。反之，"教不善""无德政""失刑乱政"则不能称为治。史云"管夷吾治于高傒，使相可也""舜有臣五人而天下治""宋襄公即位，以公子目夷为仁，使为左师以听政。于是宋治"，等等，都是指特定人物在特定时期的管理卓有成效才被赋予了"治"的美誉，而非指任何人、任何时期的统治都可以称为治。战国时期"治"的使用更加普遍，继续沿用了春秋时期的含义而内容更加丰富，文献多见，不再举例。

"理"的本义是指攻玉的方法。《说文·玉部》："理，治玉也。"段玉裁注："《战国策》：'郑人谓玉之未理者为璞'，是理为剖析也。玉虽至坚，而治之得其鰓理以成器不难，谓之理。凡天下一事一物，必推其情至于无憾而后即安。是之谓天理，是之谓善治。"后朱骏声《说文通训定声·颐部》亦云理："顺玉之文而剖析之。"段注是将理字的本义与其后来的引申义合并而论之，朱骏声从其说。

理的引申义也是从先秦时期开始形成的。考诸文献，先秦时期"理"由攻玉演化出三种含义：一为正土地疆界。《诗·小雅·信南山》："我疆我理，南东其亩。"郑笺："疆，画经界也；理，分地理也。"《左传·成公二年》："先王疆理天下，物土之宜而布其利。"杜预注："疆，界也；理，正也。"杨伯峻注："疆，画分经界。理，分其地理。"二为职官。《左传·昭公十三年》："行理之命，无月不至。"杜预注："行理，使人通聘问者。""行理"，晋国职官。《左传·昭公十四年》："士景伯如楚，叔鱼摄理。"杜注："士景伯，晋理官。"叔鱼所摄之理，为晋之司法官。又《国语·周语中》："周之《秩官》有之曰：'敌国宾至，关尹以告，行理以节逆之。'"韦昭注云："理，吏也。逆，迎也。执瑞节为信而迎之。行理，小行人也。"理演化为职官名称，应与"理"字的本义引申有关。三为按照事物规律、道理行事。《管子·正第》："能服信政，此谓正纪。能服日新，此为行理。"《管子校注》："能行日新，可谓行之理也。"此处之"行理"，即按照事物的规律行事。《管子·心术》中还梳理了"理"与"礼""义"间的逻辑关系，指出："礼者，因人之情，缘义之理，而为之节文者也。故礼者，谓有理也。理也者，明分以谕义之意也。故礼出乎义，义出乎理，理因乎宜者也。"关于这段文字的理解，各注家有不同意见，但"理因乎宜"，应即行事所宜。《战国策·齐策四》："事有必至，理有固然。"《韩非子·制分》："故治乱之理，宜务分刑赏为急。"这里的"理"都是指顺应事物的内在规律。可见，在先秦思想家和政治家那里，理已演变为遵循规则、规律、道理、秩序行事之义。

二、"治理"考

"治"从一条水的本义引申为有效管理、治理，"理"从沿着玉石纹路切割的本义，引申出顺着规则、规律做事，都被赋予了新的含义。至战国晚期，"治"与"理"二字合二为一，形成了"治理"一词。荀子云："然后明分职，序事业，材技官能，莫不治理，则公道达而私门塞矣，公义明而私事息矣。"他的学生韩非也提出了"是故夫至治之国，善以止奸为务。是何也？其法通乎人情，关乎治理也"的思想。可见至战国晚期，人们已将"治"与"理"二字的引申义合并为"治理"一词，指国家管理应按照某种规律、规则行事之义。词义变化是社会变化的表现，"治理"一词的出现，是战国国家形态转型的反映，也是当时现实政治的需要。我们知道，战国列国在治国思想、政治制度、管理方向上都较之前的西周春秋国家有了重大区别，这不仅表现在时人关于国与家、礼与法、公与私、职与能、功与劳、善与恶、治与乱等治国理念的理解上纷繁复杂，也表现在官僚制、郡县制、户籍制等治国手段上内涵更加丰富。但是，虽然治国理念、方式与内涵在变化，但在荀子与韩非看来，"治理"仍有其特定的含义。只有选贤任能、公私分明、扬善止奸、循理论功才称得上"治理"，换言之，只有顺应时代需要，使国家井然有序的政治才能被称为"治理"或"至治"。

"凡事治则条理秩然"。秦汉以后延续了战国国家管理形态的基本形式，"治理"一词也沿袭了其在战国时期的含义，普遍出现在文献中。下面以汉魏若干史料证之：《汉书·赵广汉传》："吏民相告讦，广汉得以为耳目，盗贼以故不发，发又辄得。壹切治理，威名流闻，及匈奴降者言匈奴中皆闻广汉。"赵广汉因参与废昌邑王立宣帝而迁颍川太守，颍川宗族、豪强横行，吏俗朋党，前任太守皆不能治理。广汉精于吏职，性格强悍，以智慧与铁腕迅速改变了颍川政风与世风，故被称为"壹切治理，威名流闻"。《尹翁归传》："举廉为缑氏尉，历守郡中，所居治理，迁补都内令，举廉为弘农都尉。"史载尹翁归"公廉不受馈""晓习文法""文武兼备"。在河东郡历守丞尉之职，"案事发奸，穷竟事情""所举应法，得其罪辜，属县长吏虽中伤，莫有怨者"。后因政绩突出举廉为弘农都尉。《朱博传》："（陈）咸荐萧育、朱博除莫府属，（王）凤甚奇之，举博栎阳令，徙云阳、平陵二县，以高弟入为长安令。京师治理，迁冀州刺史。"史云朱博精于吏职，"所部职办，郡中称之"，在长安令任上，因治理京师有绩而迁为冀州刺史。《后汉书·邓寇列传》："（朱）宠字仲威，京兆人，初辟（邓）骘府，稍迁颍川太守，治理有声。及拜太尉，封安乡侯，甚加优礼。"朱宠，为人耿直。因为邓骘申冤遭免官，后复起用。宠在颍川太守位上"治理有声"而升迁。《三国志·魏书·杜恕传》：（恕）乃上疏曰："……臣前以州郡典兵，则专心军功，不勤民事，宜别置将守，以尽治理之务；而陛下复以冀州宠秩吕昭。"史载杜恕，"推诚以质，不治饰"，在朝"不结交援，专心向公"，以"古之刺史，奉宣六条，以清静为名，威风著称，今可勿令领兵，以专民事"为名上疏魏明帝，力主别设将领，罢州郡长官领兵，以使州郡长吏尽心治理民事为务。《蜀书·郤正传》泰始八年诏曰："（郤）正昔在成都，颠沛守义，不违忠节，及见受用，尽心干事，有治理之绩，其以正为巴西太守。"郤正"性澹于荣利，而尤耽意文章"，追随蜀后主入洛阳，"相导宜适，举动无阙"。入晋后为安阳令，泰始八年（公元272年），司马炎因郤正在成都和安阳令上的表现，迁其为巴西太守。是时，"治理"不仅被视为一种特殊的才能，还被视为一种特别的学问。《三国志·魏书·夏侯玄传》注引："《世语》曰：'允二子：奇字子泰，猛字子豹，并有治理才学。'"以上汉魏诸臣或因精于吏职，或因通晓文法，或因专心向公，或因公廉无私等而被称为"有治理之绩"，获得升迁表彰。可见，汉魏史籍以"治理"一词指称某位官吏的政绩，有特殊的褒奖含义。

又《汉书·循吏传》云："（宣帝）以为太守，吏民之本也，数变易则下不安，民知其将久，不可欺罔，乃服从其教化。故二千石有治理效，辄以玺书勉厉，增秩赐金，或爵至关内侯，公卿缺则选诸所表以次用之。"则在宣帝时，还形成了专门针对"有治理效"二千石的特殊奖励政策。当然，如《昌言》所云："汉兴以来，皆引母、妻之党为上将，谓之辅政，而所赖以治理者甚少，而所坐以危乱者甚众。"在仲长统看来，两汉官吏中，政绩能够称得上治理的人并不多见，而"危乱"者则甚多。

三、说"治理"

春秋战国时期，在"治""理""治理"思想产生演变的同时，还形成了"治道"的政治理念。是时，各家根据自己的思想理论提出了统治者应当遵循的为政之道，即治道。《管子·侈靡》云："万诸侯钧，万民无听。上位不能为功更制，其能王乎？缘故修法，以政治道，则约杀子，吾君故取夷吾谓替。"注引王念孙云："'政'与'正'同，言缘循故常，遵循法度，以正治道也。"又引张佩纶云："'以政治道'，言因政而进于道也。"再引李哲明云："'以政治道'，谓正其治国之道。"无论诸家如何理解"以政治道"一语，但都将"治道"视为一个特定概念。先秦文献中谈及"治道"的言论有很多，如墨子云："欲天下之治而恶其乱，当兼相爱，交相利。此圣王之法，天下之治道也，不可不务为也。"庄子云："古之治道者，以恬养知。"荀子云："是不及知治道，而不察于拑不拑者之所言也。"尹文云："用得其道则天下治，失其道则天下乱。过此而往，虽弥纶天地，笼络万品，治道之外，非群生所餐挹，圣人错而不言也。"韩非云："圣人之所以为治道者三：一曰利，二曰威，三曰名。"又云："凡治天下，必因人情。人情者有好恶，故赏罚可用；赏罚可用，则禁令可立，而治道具矣。"《吕氏春秋·知度》云："故治天下之要存乎除奸，除奸之要存乎治官，治官之要存乎治道，治道之要存乎知性命。"在上述思想中，诸家就什么是治道，以及治道的内涵、手段、方法等表述了各自的看法。"治道"理念的出现，是中国古代治理思想与政治文化的进一步丰富完善。

秦汉以后，"治道"作为一种政治文化传统，其概念与思想在政治家、思想家那里获得肯定并延续，更多地被引入了政治领域。如秦始皇认为"明法"就是"治道"。始皇帝二十八年（公元前219年）泰山刻石云："皇帝临位，作制明法……治道运行，诸产得宜，皆有法式。"孝文帝认为疏通进谏之路是"治道"。文帝二年（公元前178年）诏曰："古之治天下，朝有进善之旌，诽谤之木，所以通治道而来谏者。今法有诽谤妖言之罪，是使众臣不敢尽情，而上无由闻过失也。将何以来远方之贤良？其除之。"汉宣帝认为官吏"廉平"是"治道"。《汉书·宣帝纪》云："诏曰：'吏不廉平则治道衰'。""治道"的内涵以及如何才能实现"治道"，在各级官吏、思想家、史学家那里同样丰富多彩。《汉书·朱云传》载华阴守丞嘉上封事："治道在于得贤。"《汉书·翼奉传》载奉上封事："臣闻之于师，治道要务，在知下之邪正。"《汉书·黄霸传》云："凡治道，去其泰甚者耳。"《汉书·礼乐志》云："治道非礼乐不成。"《史记·曹相国世家》云："闻胶西有盖公，善治黄老言，使人厚币请之。既见盖公，盖公为言治道贵清静而民自定，推此类具言之。"《乐书》云："礼乐刑政，其极一也，所以同民心而出治道也。"同《书》云："是故审声以知音，审音以知乐，审乐以知政，而治道备矣。"《韩诗外传》卷二云："原天命，治心术，理好恶，适情性，而治道毕矣。"《淮南子·缪称训》云："水下流而广大，君下臣而聪明。君不与臣争功而治道通矣。"《三国志·魏书·和洽传》注引孙盛曰："魏承汉乱，风俗侈泰，诚宜仰思古制，训以约简，使奢不陵肆，俭足中礼，进无蜉蝣之刺，退免采莫之讥：如此则治道隆而颂声作矣。"在他们看来，"得贤""知下之邪正""去其泰甚""礼乐刑政""贵清静""训以约简"等都属于"治道"。

"治道"即"治理之道"。由于"治道"被赋予了特定的内涵，故人们对什么不是"治道"或治理之道也有自己独特的看法。如"偏辞成皋断狱"不是"治道"，"百姓不宁"不是"治道"，"士民无所信则其志不知所定，非治理之道也"，"好同而恶异，与治道相反"，等等。在先秦"治道"政治文化传统影响下，汉魏史籍或云"疑塞治道""治道亏缺""不知治道"，或云"晓然见治道"，或云"思惟治道"，或云"论治道""留心于治道"，皆是当时君臣上下思求"治道"政治理想与政治实践的反映，对"治道"的崇尚也对汉魏国家治理产生了积极影响。

四、关于中国古代"治理"一词的若干思考

由于国家所代表的阶级属性不同，故在不同社会形态下，以及在同一社会形态下不同历史时期，国家治理在治理主体、内涵、治理思想与具体方式上都有变化。从这一角度看，古今治理当然有着本质区别和很大不同。特别是在以地主阶级占统治地位的封建社会，所谓"治理"当然首先是从地主阶级统治需要的角度出发的，反映的是统治阶级内部的不同观点看法，为的是统治阶级的长治久安而非广大人民群众的诉求。但中国古代关于治理的思想与内涵又十分丰富，呈现出自身的特点，在当代，其中仍然有许多积极意义值得重视与挖掘。

第一，从词义上看，"治理"是由"治""理"二字的本义演变而来，"治""理"二字由本义演变为与政治有关的思想，"治理"一词的产生及治理、治道思想的形成，与春秋战国时期的社会转型、秦汉以后统一中央集权国家的形成有密切关系。这一现象说明，中国古代的治理思想是一定历史发展阶段

的产物，并非与国家或国家机器的产生同步。

第二，国家统治并不能与国家治理等同。中国古代的政治家、思想家赋予了"治""理"和"治理"特定含义。在他们看来，不是所有的统治都可以称为"治理"。"治"是与"乱"相对的，国家统治只有坚持正道，按照事物发展内在规律办事，顺应社会、符合民心，才可以称为"治""理"或"治理"，反之则不是。因此，这一思想与实践，对于推动中国历史上的政治进步与社会进步有积极意义。

第三，由于"治道"政治文化传统的形成，"治道"成为中国古代有为政治家的不懈追求，也成为中国古代思想家努力探索的方向，从而极大地丰富了中国古代政治文化的内涵。中国古代许多政治相对清明、经济社会文化比较繁荣稳定的时期，也是"治道"方针政策贯彻得比较好的时期。值得注意的是，在中国古代的治理思想与"治道"政治文化传统中，不仅有自上而下的治理思想，也有注重民间社会参与的治理思想，这是中国传统治理思想中富有特色的重要组成部分。

第四，中国古代的治理思想由于时代的局限性，其具体内涵当然不是全部适合今天的社会。但其中追求法治、廉平、教化、任贤、民本、向公、俭约及社会参与等基本治理精神，对今天的国家治理仍然具有借鉴意义。

我国历史上的国家治理思想与措施

国家治理是国家的基本职能，只不过不同时代治理主体所代表的阶级利益不同而已。在漫长的历史进程中，我国经历了不同社会形态下的国家治理体系。其中，战国秦汉至明清长达 2000 多年、代表地主阶级整体利益的封建制国家治理体系尤为系统完备。这里笔者就其中的"大一统"思想与国家治理的关系谈一点不成熟的看法。

一、"大一统"思想与中央集权郡县制国家治理体系

大一统是中国历史的一个基本特点。它既是历代封建王朝治理国家的一个重要工具，也是国家治理自身的重要内容。我国大一统的政治实体形成于秦汉时期，但其思想渊源却很悠久。先秦时期的思想家们就使用"五服""四方""四海""九州"等空间、区划、亲疏等级概念，构筑出包容有序的统一理想。以族系认同为标志的血缘、历史文化认同，在先秦时期也已形成。到战国晚期，"定于一""天下为一"的学说在社会上已产生。可以说，从政治框架的理想构建到血缘历史文化认同，"大一统"思想基础在先

秦时期已经奠定。随着社会经济与政治的发展，战国时，大一统开始向政治实践转化。秦汉以后，实现大一统国家的治理方式，是历代统治者追求的治理目标。

"事在四方，要在中央。"大一统的政治基础是"要在中央"的中央集权。中央集权是指中央与地方的关系，是一种行政管理方式，也是一种治理制度，其核心是郡县体系。秦统一后"海内为郡县，法令由一统"，历代王朝基本沿袭这种将全国划分为若干不同层级行政区划进行治理的方式。各行政区划的主要官吏由中央直接任命，一般到县一级。地方严格服从中央，按照中央统一政令执行政策，无独立的政治、经济、军事、司法权力。我国较早形成了以大一统中央集权郡县制为主体的治理模式，有历史文化传承因素，但根本原因是战国以降封建地主制经济发展的现实政治需要。

郡县治，天下安。历代政治家、思想家，对郡县治理体系表现出高度的认同。如唐代柳宗元评论秦的速亡时说，"失在于政，不在于制"，并认为"今国家尽制郡邑，连置守宰，其不可变也固矣"，意指并不是因郡县制导致了秦的灭亡，郡县制是不可动摇的。明末清初的思想家顾炎武也说："封建之废，非一日之故也，虽圣人起，亦将变而为郡县。"明确指出郡县制的形成是不以人的主观意志为转移的。

大一统必须处理好中央与地方的关系，处理好中央与地方的关系也是实现中央集权国家治理的重要任务。历代处理中央与地方关系主要表现在三个方面。

第一，处理好中央与地方的关系。妥善划分地方行政层级，有效分配中央与地方的权力，并对地方官员权力实施监督，使行政层级合理适度，权力分配轻重相宜，官吏管控有法可依。我国历史上大一统局面成功与否，与这一问题处理的好坏密切相关。

第二，处理好郡县与分封的关系。分封在历代郡县体制下仍有一定程度的保留，但主要是一种经济和身份待遇，受封者并无直接治民权。如果无原则的分封割裂了中央集权，一定会出现中央与地方关系的严重失衡，进而导致国家政治混乱。

第三，维护中央权威，保持政令畅通。大一统的国家治理，中央权威、政令畅通是必备条件，在许多时期贯彻得比较好。但也出现过不少政令不通、地方抗衡中央的时期，其原因很复杂，但根本原因在于中央管控能力的丧失。地方权力膨胀的最危险因素是军权的扩张。汉末州形成一级行政机构，刺史权力扩张并进而掌握军事大权，是三国分裂出现的重要原因；唐后期至五代长达两个世纪的中央权威不振，与藩镇节度使的军事割据有因果关系。

统一是大一统中央集权国家治理体系形成的前提，但统一与分裂也是我国历史上国家治理不可回避的问题。有人认为，分裂也有利于社会经济的发展，这是不正确的。我国历史上有相当长的分裂时期，其间确有个别地区经济社会文化因分裂政权的某些政策、人口流动、自然环境、地理位置等而有一定的发展，但这并不是主流，分裂带给国家与社会的更多是不稳定因素。导致我国历史上分裂的主要原因是政治和民族问题，经济、文化、宗教等不占主导地位。这就使我国历史上的分裂缺少必要的社会基础。因此，无论怎样的分裂，或者分裂的主体来自哪个民族，但最终还是走向统一，这是我国历史发展过程中的一个鲜明特点。

二、"大一统"思想与"民惟邦本"的政策

《说文解字》云："大，天大、地大、人亦大。故大象人形。"因此，"大一统"的"大"，就其本义而言不仅指版图的广大，也应包含着人本、民本的思想关怀。没有政治清明、社会稳定、经济繁荣、民众安宁，就不能称为"大一统"的盛世或治世。因此，"大一统"思想与我国历史上民本政策之间也存在着密切关系。民本思想是我国封建社会国家治理的一个重要理念。这一理念继承了先秦以来的民本思想传统，将民众的治理从"天"与"神"那里剥离

开来，认为民众是国家的根本，统治者必须高度重视民心向背，重视保护民众的基本生产与生活。尽管这一思想有很大的阶级局限性，但民本思想所宣扬的保民、重民、爱民等内容，也在一定程度上被历代有为的政治家转化为具体措施。历史反复证明，凡是在民本问题上处理得比较好的时期，大一统社会发展就比较平稳；凡是在这个问题上处理不好以致尖锐对立的时期，社会就会动荡，甚至导致政权的灭亡。我国历史上的民本措施有五点值得重视。

第一，调整土地。"民之为道也，有恒产者有恒心，无恒产者无恒心。""恒产"，主要指土地。农民占有土地是否稳定，不仅关系到国家财政收入，更关系到国家安定。我国封建社会的前期，国家民生治理的重点是土地，西汉初年、东汉初年、西晋初年、北魏至唐初的统治阶级，采用名田、度田、占田、均田、限田等方式来保障个体小农拥有一小块合法土地，竭力抑制土地兼并。宋以后，地主制经济日益成熟，国家难以限制兼并，可控土地大幅减少，大规模调整土地分配已无可能，但统治仍然利用各种方式垦荒拓地，使民有所归，其目的也是保护小农的生存。

第二，平均财富。"富者田连阡陌，贫者无立锥之地"的土地不均，"朱门酒肉臭，路有冻死骨"的贫富失衡，引发了历史上许多严重社会矛盾。"万民之不治，贫富之不齐也"，但如何做到"齐"和"均"，众人看法并不一致。有人认为"有国有家者，不患寡，而患不均"，故要"均无贫，和无寡"；有人认为"治国之举，贵令贫者富，富者贫"；也有人认为要"使富者安其富，贫者不至于贫"。我国封建社会前期的土地政策，都含有平衡贫富关系的思想。唐中叶后的两税法和明代的一条鞭法，主要目的是增加国家财政收入，但也有均衡财富的意图。

第三，劝民农桑。一家一户、耕织结合的小农经济，是我国历史上农民的主要生产方式。我国传统农业在土地利用方式、改善农业生产环境和多种经营、提高农业生产技术和能力及精耕细作上，走在世界前列。据学者推算，明末清初浙江嘉兴、湖州水稻亩产量比 20 世纪末美国加利福尼亚州的水稻亩产量还高。历代统治阶级不仅通过兴修水利、推广农业科技、不误农时等方式发展农业生产，也通过基层官吏的积极引导，劝民务农桑。

第四，整顿吏治。吏治不肃，民本无由落实。历史上许多时期民不聊生，是因为统治阶层的骄奢淫逸、贪婪无度、吏治败坏，社会突出矛盾得不到解决造成的。汉武帝"穷妙极丽"的奢侈享受与好大喜功的举措，形成了官吏的苛暴之风，造成社会矛盾尖锐对立。董仲舒曾直接对汉武帝说"今吏既亡教训于下，或不承用主上之法"，致使"贫穷孤弱，冤苦失职"。但董仲舒不知道当时的吏治败坏，根源还是在上层统治者。其继任者昭帝、宣帝调整政策，厉行吏治整顿，"信赏必罚，综核名实"，出现了诸多循吏，社会发展也繁荣稳定。

第五，重农抑商。重农抑商是秦汉至明清的基本国策，背后也有民本的影子。重农抑商是防范商人势力对政治秩序和社会秩序的破坏，但更重要的是防止商人资金向土地流动，维护小农土地占有权的稳定，保障国家正常的赋税徭役来源，有其历史意义。当然，没有正确处理好农业与工商业的关系，也是我国古代国家治理中的一个教训。我国自战国时期开始就出现了工商业经济比较繁荣的情况，城镇与市场、对外贸易、技术与资金积累都曾经发展到一定高度，甚至在明清局部地区的局部行业中，出现过资本主义生产关系的萌芽。历代也有鼓励工商、"工商皆本"的呼声，一些改革家曾经借助工商来理财，取得一些成绩。但总体来看，自商鞅变法后，抑制工商政策是主流，这对传统经济结构的突破性发展起到阻碍作用。

三、"大一统"思想与社会治理措施

大一统中央集权体系决定了政府是社会治理的主体，但人口村落的分散及宗族血缘纽带关系的普遍存在，使社会治理又呈现出政府与社会相结合的特征。我国历史上的社会治理思想与措施众多，这里谈四点。

第一，社会救助。《周礼》一书中，思想家将"慈幼""养老""振穷""恤贫""宽疾"等列为大司徒的职责。自秦汉以后，存问鳏寡孤独废疾贫苦者高年者、防灾救灾，是历代政府的重要任务。兴修水利、储粮备荒、赈济、社会助赈、抚恤、蠲免等，都是政府经常采用的措施。"振赡匮乏，务先九族，自亲者始"，宗族间的相互救助，是国家救助的一种补充。

第二，疏通社会言论渠道。"防民之口，甚于防川。"秦王朝"诽谤者族，偶语者弃市"的舆论控制，是其速亡的原因之一。顾炎武说："'天下有道，则庶人不议。'然则政教风俗苟非尽善，即许庶人之议矣。"又说："天下风俗最坏之地，清议尚存，犹足以维持一二。至于清议亡而干戈至矣。"

我国历史上有为的统治者积极疏通而非阻断政府与社会之间的言论渠道，如派出风俗使者、巡视官员，甚至微服私访或主动邀请民间人士顾问对话等。汉代著名的"盐铁会议"就邀请文学、贤良参加，虽不一定代表了整个社会，但来自社会，就盐铁等是否官营问题与官方进行公开辩论。地方民众，不论其身份如何，亦有向各级政府上诉、上告、举报、言事的权力。其作用虽不能过高估计，但也是国家社会治理的一种有效方法。

第三，礼乐教化。我国自西周开始，确立了政治系统中的礼乐传统，并被历代统治者视为文化传承与治国理政的重要手段，贯穿在社会治理中。除《周礼》的整体性设计外，历代正史中的《礼乐志》及专门性的礼书编纂很多，体现了国家对礼乐的高度重视。自汉代开始，思想家、政治家从秦亡的教训中认识到，礼乐教化与法同等重要，从而将经过改造后的儒家思想树立为正统意识形态，将"三纲五常"作为普遍的社会价值观，并与蒙学教育、学校教育、家庭教育、选举考试、乡规民约、政府表彰等形式相结合，移风易俗，深入社会，深入基层，树立统治阶级倡导的价值观、义利观，建立封建社会秩序。"治天下"必须重视礼乐教化，汉儒总结出来的历史经验，对我国封建王朝的长治久安有着不可忽视的作用。

第四，乡村治理。"天下之治，始于里胥，终于天子，其灼然者矣。""治天下，必自治一国始；治一国，必自治一乡始。"我国历史上中央任命的官吏止于县一级，但秦汉后，乡里已纳入国家治理体制，独立于国家控制之外的基层社会组织比较罕见。除国家主导乡里治理外，乡里基层组织还依靠乡里代表性人物、宗族乡绅力量，乡规乡约协同国家治理；国家通过树立乡村道德人物、劳动典范，建立以年齿为中心的礼制秩序，听取并选拔乡村舆论所称颂人物担任官职等多种手段，以贯彻国家意志。一些参与乡村治理的人物，非国家正式吏员编制，体现出一定的自治性，对国家力所不及的事务进行补充，在许多时期也发挥出较好的功能。当然，包括强宗豪右、大姓名士在内的乡里社会势力扩张，也是导致国家在基层权力丧失甚至政权瓦解的重要原因。

四、"大一统"思想与"德法相依"的政策

大一统中央集权国家治理需要有与之相适应的主流思想政策，德法相依就是我国封建王朝的主流思想政策。《说文解字》云："德，升也。"又训为"登"，指个人的修养提升。春秋战国时期与"道"字合并，演变为"道德"一词。如老子著有《道德经》，推崇以道治国。《韩非子·五蠹》云："上古竞于道德。"先秦文献中有许多关于德的表述，如《论语》中有"道之以德""君子之德风""德不孤，必有邻"等。《荀子·富国》有"德必称位"，《尚书·皋陶谟》有"九德"说，《周礼·地官·大司徒》有"六德"说。德的基本内涵与儒家学说中礼的内涵基本相同，德治即礼治，即儒家思想。在战国向秦的历史进程中，法家思想占据绝对上风。秦王朝采用法家治理思想，并走向极端，其统治迅速灭亡。这一历史剧变，引起了汉初统治集团的反思。从出土的文献来看，汉初虽然直接继承了秦的许多法律制度，但为政的指导思想已经有重大调整。经贾谊、陆贾，特别是卫绾、董仲舒等人的推动，德法相依的治理思想与政策登上历史舞台。德法相依的治理思想

抛弃了奴隶制时代礼、德思想中的政制内涵，吸收了其中的部分精神思想，与封建国家的政治需要相结合，形成了适应新形势要求的法治观、民本观、尚贤观、义利观、公私观和以仁义礼智信为主体的社会基本价值观，共同构成服务于封建大一统国家治理的重要思想，最后完成了治统与道统的统一。

历代国家治理虽强调"礼"和"德"，但从没放弃过法的作用。自秦汉以后的历代王朝，都制定了颇为严密细致的律令，前后相续，与礼、德互为表里，在国家治理中发挥出重要作用。其中，法律的儒家化与慎刑原则值得重视。

五、"大一统"思想与权力制衡原则

大一统需要一个强有力的中央集权和分工细致、人数众多的官僚队伍。而维护大一统中央集权国家治理的有效运行，又必须建立一套防止权力腐败、渎职、滥用、膨胀的制衡机制。我国历史上的权力制衡思想和实践体现出中国特色，主要反映在以下三个方面。

第一，君权制衡。秦汉大一统国家形成后，从思想到制度设计，都有关于制衡君权的内容。在中央机构设置中，有制约君权的中枢、谏议、封驳等官职与机构；在中央决策中，有廷议、廷推、廷鞠制度。各项重要事务、决策的处理，呈现出一定的"集议"特色，构成制衡君权的某种制度程序。

第二，地方权力制衡。秦汉以后，我国基本是单一制国家，地方权力集中于中央，主要官吏由中央任命，既职责明确、考核严格，又采取行政、军事与监察三者权力分离，以制衡地方官吏权力的扩张，同时还以不断增加行政层级的形式，遏止地方权重倾向。

第三，官僚权力制衡。"明主治吏不治民""明分职，序事业，材技官能，莫不治理"，是思想家强调吏治在国家治理上的作用。自秦汉开始，从中央到地方，对各级官吏的权力划分，行政问责、考核、审计、监督监察上，规范日益严密。其中，以监督监察为核心的反腐倡廉，成为官僚权力制衡的重要内容。

我国历史上以权力制衡机制推动国家治理的思想与措施有利有弊。君权的制衡从总体上看是积极的，但皇权的至高无上又使这种制衡时常显得苍白无力，彰显出人治色彩；中央对地方的权力制衡总体是成功的，但单纯一味地从"术"的角度强调制衡，特别是监察体制不断向行政层级的转化，又形成了行政机构叠床架屋的弊端；对官吏的权力划分、钱财物权及日常行为的管理严密、问责与考核严格，是其成功的一面，但高度集权使各级官吏形成唯命是从、唯上是从、文牍主义的作风，又显示出消极的一面。

我国历史上大一统思想与国家治理的相关内容还有很多，如民族关系、边疆治理、文教政策、生态保护等，限于篇幅不再论及。总之，国家治理能力的高低与治理体系的完善与否紧密相连，而决定国家治理体系的根本制度，是由生产力发展状况、社会经济发展形态决定的，也与历史文化传承密不可分。我国历史上大一统思想国家治理坚持中央集权一元化的治理主体地位，符合历史发展要求，适合国情，虽有不少教训，但总体是积极成功的。其中，严格吏治、重视民本、德法相依等思想措施，仍然值得借鉴。

我国古代监察制度的起源及评析

在中华文明 5000 多年的历史进程中，监察制度是反腐倡廉中一项非常重要的制度设计，对维护政治秩序的运行、社会秩序的稳定以及阶级关系的调整，起到了重要作用。可以说，中华文明的传承与延续，特别是后 2000 多年封建政治文明的传承延续，与监察制度的形成、完善密不可分。但监察制度的产生与发展是一个历史过程，以下就我国古代监察制度的起源、形成诸问题谈一些认识。

一、我国古代监察制度的萌芽

监察是特定时期的国家统治阶级通过在其政权内部设立的职官或机构，对国家公共权力掌握者权力行使的监督，以防止其失职、渎职和权力滥用，从而提高行政效率，维护政治秩序，调整社会阶级关系。人们熟知的监察部门对贪污受贿的查处，其实只是监察的一个方面，并非全部。在人类文明史上，由于各国各民族的历史发展道路不一样、政权组织形式不一样、阶级利益不一样，监察制度的形式也各有差异。监察形成与发展的历史性、阶级性和阶段性，是我们看待分析监察制度形成与演变的基本前提。

在迄今为止的阶级社会里，任何时期，国家公共权力行使都出现过失职、渎职和以权谋私等腐败现象，我国也不例外。据《史记》记载，早在传说中的尧时代，担任"工师"一职的"共工"这个人就很"淫辟"，后被流放到幽陵之地。在舜的时代，长期担任"缙云"官职的人所在的家族中，出现了"贪于饮食，冒于货贿"的"饕餮"之徒。在进入阶级社会后的夏商周奴隶制时代，腐败更是汹涌如潮水。夏王朝的第二代国君太康"盘于游田，不恤民事"，以致丧失王位。夏王朝的最后一个国君夏桀，"不务德而武伤百姓，百姓弗堪"，是大家熟知的暴君。商代纣王也是一个"好酒淫乐"的暴君，周幽王任用"为人佞巧，善谀好利"的虢石父，引起社会动荡，以致西周灭亡，可见滥用权力、失职渎职、受贿谋私、贪婪奢靡等腐败现象早在奴隶制时代就已出现。春秋时期，腐败以及腐败导致人亡政息的情况，在《左传》《国语》《史记》等文献记载中更是俯拾即是，不胜枚举。鲁国大夫臧文仲由此还得出"其兴也勃焉，其亡也忽焉"的历史兴衰规律。

任何统治阶级都不会容忍无所顾忌的贪婪。有文献记载了自传说时代到商周时期惩处腐败的许多事例，如尧舜时代将所谓"四凶""投诸四裔，以御魑魅"，春秋晋国司寇羊舌鲋（字叔鱼）因贪渎而被其兄叔向判处死刑，叔向因此被孔子称为"古之遗直也。治国制刑，不隐于亲"。《左传》记载"夏有乱政而作《禹刑》"，西周有《吕刑》，春秋时有《刑书》《刑鼎》，其中都有涉及惩处腐败的内容。但是，腐败的出现以及对腐败现象的惩处并不意味着监察制度产生。由于奴隶制时代缺乏统一的中央集权，缺乏从中央到地方的官僚化管理队伍，因此有政治监督而无行政监察，有道德劝谏而无制度监督措施，监察制度非常粗疏。

恩格斯在《反杜林论》中说："一切政治权力起先总是以某种经济的、社会的职能为基础的。"这是十分正确的。那时，作为政治权力的监察制度既无产生的政治基础，也无社会经济基础。

二、我国古代监察制度的形成

监察是针对行政的一种监督措施。监察的产生及其制度化必须建立在一种社会分化、政治分化较高的基础之上，即在中央集权官僚制形成以后。战国时期，由于生产力的发展，支撑宗法血缘等级分封政体的井田制彻底瓦解，地主制经济蓬勃兴起。新兴的地主阶级在政治上迫切需要建立一套能够代表本阶级利益的政治体制。由于中国地主阶级的生产方式不同于西方的领主制，政权的组织形式必须从单个地主那里游离出来，形成集中代表整个地主阶级利益的政治组织。因此，以中央集权官僚制替代宗法血缘等级分封的世卿世禄制，以法治替代礼制，是一种有效而合理的方式。战国时期各国大都选择了这种国家治理方式，建立了区域性的中央集权，以郡县制替代了分封制，也形成了各具特色的官吏任用选拔方式。

在这种管理形式下，地方是中央行政的一个个区域，地方服从中央，严格执行中央政令，全国统一在同一个法律体系范围内，而不能各自为政。执行政令的是各级官僚，官僚的选拔不再依靠人的血缘身份而是依靠才能，各级主要官吏由中央直接任命，代表国家行使管理权力，从国家获得俸禄，权力及身而止。这种国家治理的行政方式必然要产生一个问题，那就是如何保证这支官僚队伍能够有效执行中央政令，如何保证被赋予官吏身上的行政权力不被滥用。

战国时期官僚制产生初期，种种腐败问题就颇为严重。一是权力腐败。《韩非子·外储说左下》记载了西门豹治邺的黑色幽默故事。"西门豹为邺令，清克洁悫，秋毫之端无私利也，而甚简左右。左右因相与比周而恶之。居期年，上计，君收其玺。豹自请曰：'臣昔者不知所以治邺，今臣得矣，愿请玺复以治邺。不当，请伏斧锧之罪。'文侯不忍而复与之。豹因重敛百姓，急事左右。期年，上计，文侯迎而拜之。豹对曰：'往年臣为君治邺，而君夺臣玺；今臣为左右治邺，而君拜臣。臣不能治矣。'遂纳玺而去。文侯不受，曰：'寡人曩不知子，今知矣。愿子勉为寡人治之。'遂不受。"这个黑色幽默说明贪污腐败在魏国的盛行。商人吕不韦以金钱贿赂的方式将子楚扶上秦国王位。秦在统一过程中，通过贿赂六国重臣而亡其国。这些都是战国列国腐败的典型事例。二是极端功利主义的价值观。战国官僚主要出身于游士和军功，怀有强烈的功利主义情感。他们奉行"夫天下以市道交，君有势，我则从君，君无势则去，此固其理也"的从政观，信奉"……故诟莫大于卑贱，而悲莫甚于穷困"的生活理念，鼓吹"利之所在民归之，名之所彰士死之"的价值观，形成了当时官场上"父兄大臣上请爵禄于上，而下卖之以收财利及以树私党。故财利多者买官以为贵，有左右之交者请谒以成重。功劳之臣不论，官职之迁失谬。是以吏偷官而外交，弃事而亲财。是以贤者懈怠而不劝，有功者堕而简其业"的亡国之风。

在这种价值观下，官吏失职、渎职、怠政、贪污腐败等利己主义作风必为常态。在此形势下，无论是君主专制还是中央集权，都必须强化监察以维护权威。因此，战国时期的监察从加强君主专制和中央集权两个方向发展起来。首先是以加强君主专制为中心的监察。申不害、韩非等一些法家从人性恶的角度出发，提出了君主要以"术"来监察官僚是否执行政令，是否存在失职、渎职等行政不作为和腐败。这种强化君主个人以权术方式来监察的法家思想出现，实际上是当时官僚制兴起，而监察制度又不完善的表现。其次是以加强中央集权为核心的制度性监察。战国时期，对官僚制下官吏行政的制度性要求产生，如湖北云梦睡虎地秦简中的《为吏之道》及大批律令都反映了这一现象；对官僚行政不作为的"上计"考核制度出现，如秦国、齐国等。

但是，这些还不能说是完善的监察制度。完善的监察制度是伴随着统一的中央集权产生而在秦汉时期出现的。秦汉的监察体系已经具备了丰富的制度内涵。

第一，完整的监察系统的出现。秦汉在中央设有御史大夫，"位次丞相，典正法度，以职相参，总领百官，上下相监临"。其主要职责是监察。不仅中央有了主要监察官，在地方也形成了以刺史、督邮、廷掾为中心的州郡县监察体系，涵盖了中央监察、区域监察和层级监察多项内容。

第二，监察从君主的"术"中分离出来，从行政管理中分离出来。秦汉监察的理性化发展程度提升，监察虽然仍是在君主专制控制之下，但与战国时期不同，君主一般不再以"术"的方式直接插手对官僚的监察，而由专门的监察系统监察。从汉代开始，监察与行政不再合署办公，甚至不在一地办公，监察的独立化程度明显加强。汉代行政过程中，监察的介入已较深入。汉武帝时，巡视监察制度创立，是我国历史上监察制度的一大创新，也是一大特色。

第三，监察制度与监察内容的完善。汉惠帝时，形成了《御史九条》和"监者二岁更，常以中月奏事也"的监察条例和监察管理方式。汉武帝时期，进一步形成了《六条问事》的监察法规，确立了不得干预行政的指向性监察内容法规。与此同时，汉代在监察官的选任、任职回避、政治待遇以及监察内容、时间和处理方式上形成了相对完整的制度规定。

综上所述，秦汉时期是我国古代监察制度的形成时期，后来的监察制度是在此基础上的完善与调整。

三、对古代监察制度起源的认识

相较于其他古代文明，我国历史上的监察制度起源早、设计严密，体现了政治文明的高度发达。

第一，监察制度起源的决定性因素是行政管理方式的转变，而行政管理方式的转变则是社会经济发展的结果，是社会经济发展对社会政治职能的需求。我国监察制度起源并形成于战国秦汉时期，正是专制主义中央集权政治体制的产生与确立时期。这个事实说明，历史上的监察制度虽然严厉惩处腐败，但其产生与腐败现象的出现并不同步，监察与行政还有更为深刻广泛的联系。

第二，监察制度本质上是占统治地位的统治阶级的要求，是一定社会阶级关系在政治体制设计上的反映，不是超然于社会之上。我国古代监察制度代表的是地主阶级的整体政治利益，通过对封建官僚队伍的监察，以达到控制和压迫以农民阶级为主体的被剥削阶级的一种政体设计。因此，仅仅把古代监察制度看作对封建官僚的管控是不全面的。

第三，以权钱交易、用人不公、贪婪奢靡、正气不张、失职渎职等为代表的腐败现象长期存在于封建时代各个王朝。我国古代监察制度在肃清吏治、缓和社会矛盾、调整阶级关系、权力制衡以维护封建政治秩序运行上发挥出重要功能。我国封建政治体制之所以能够存在2000多年，某些王朝能够延续数百年，历史上之所以能够出现若干文明发展高峰，与监察制度的整体较完善、某些王朝对监察制度的高度重视密不可分。

第四，我国历史上的监察制度在监察形式、监察内容上多所创设，形成了我国古代独具特色的监察文化。这种文化的核心精神是崇尚刚直高节，鄙视贪婪丑恶，是我国历史廉政文化、廉洁文化形成的重要政治因素。因此，古代监察制度的方式、监察文化的内涵，有许多值得我们借鉴的内容。我们应当充分吸取古代反腐倡廉的历史经验，为推进当下廉政建设提供历史智慧。

我国古代监察制度的显著特点

监察制度并不是与人类文明产生而同步的。我国古代监察制度形成于秦汉时期。之前尚处于萌芽状态，且主要是舆论道德监督，之后才有了系统制度化的监察。我国古代的监察制度是围绕中央集权与皇权专制这两个方向发展起来的，具有几个显著特点。

一、组织独立

组织独立有很漫长的过程，经历了形成、曲折中艰难前进、巩固发展、变化调整、调整完备与严密五个时期。

秦汉时期是形成时期。秦汉统一国家形成后，中央设有御史大夫主管监察，下设御史中丞及各类御史专掌监察。在地方上，由秦以来的御史监郡制，逐渐过渡到汉武帝时期的刺史巡视监察。东汉，御史大夫不再是监察官，御史中丞掌管的御史台成为专门监察机构。从御史大夫到御史台，从御史监郡到刺史巡视，这是秦汉监察制度在向组织独立化、机构化演变。特别是从西汉开始，地方监察与行政不再合署办公，是监察脱离行政干预的标志。但是，这时的监察组织仍有很强的依附性，职能交叉明显。例如，西汉御史大夫与丞相在职能上还有重叠，东汉御史台隶属于少府，少府属于皇帝的私人机构，其依附性又十分明显。

魏晋南北朝时期是在曲折中艰难前进的时期。曹魏时，御史台脱离少府成为独立的监察机构，这是我国监察制度的一个重大变化。东晋，自汉代以来专管京师地区监察的司隶校尉被并入御史台，又统一了中央监察权。地方上，由于刺史已转为地方行政官，因而出现了行府州事、典签（皇权委派）等新的监察方式。这一时期皇权衰落，门阀势力强大，地方监察制度时兴时废，运行艰难。监察制度在执行力上也处于低潮时期，御史甚至沦为摆设。

隋唐是独立化巩固发展时期。这一时期御史台的独立性得到巩固，御史台内部组织结构与分工进一步明确、细致。唐代御史台总管全国监察，内设台院、殿院和察院。一台三院分别管理内部事务、监察中央与地方百官，甚至设狱、审判。特别是对国家最高行政机关"六部"的监察加强，御史有权列席尚书省会议，"监其过谬"。对州县二级地方行政组织则采取分为"十道"监察区为主的巡视监察。

宋辽金元时期是继承隋唐制度并根据时代变化调整的时期。宋代监察最为突出的特征是台谏合一与封驳监察的加强，中央一元监察体制完善。我国历史上较早形成了用以约束最高皇权的谏议、谏官制度，本属于行政体制内部的监督。宋代谏官独立出来，拥有了监察权，不仅对皇帝的言行进行规劝，也弹劾监察百官，而御史也拥有了谏官的言事权，台谏合一扩大了监察队伍。封驳本是魏晋以后逐渐形成的专门行政机构，对皇帝诏书或官僚上疏中的不当之处进行审议，纠正其失误的制度。宋代强化了这一制度，将更多的行政事务纳入封驳监察的管辖范围，其独立性增强。宋代地方监察采取监司（路）与府、州、军、监"通判"组成的两级多元监察体制。

明清是调整完备与严密时期。明代废御史台设都察院，为最高监察机构。

都察院的监察御史有较大的独立性，监察中央和地方官吏。六科给事中是中央另一套监察机构，专门监察六部官员的行为，也合并了封驳、言谏监察职能。六科给事中与地方十三道监察御史并称为"科道"，这是明代监察制度的特色。清代基本沿袭明代，只是雍正将六科并入都察院，台省合一，六科失去了对皇权及其代表军机处的监察。

二、法规完善

秦汉以后，监察法规逐渐完善，监察从战国时期君主的"术"中独立出来。所谓监察法规，是对监察权力与职责的管理规定。从西汉初年《监御史九条》到中期的《六条问事》，曹魏的《察吏六条》，两晋的《察长吏八条》《五条律察郡》《察二千石长吏四条》，北朝的《六条诏书》《诏制九条》，隋唐的《遣八使巡省风俗诏》《遣使巡省天下诏》《巡察六条》《风俗廉察四十八条》，宋朝的《御史台仪则》《崇宁重修御史台令》《重修淳熙类编御史弹奏格》《训饬百司诏》《监司互察诏》等，元朝的《设立宪台格例》《察司体察等例》《行台体察等例》《风宪宏纲》等，明朝的《宪纲》，清朝的《钦定台规》和《都察院则例》，我国历史上的监察法规传承延续，基本没有中断，使历代监察有章可循。

三、权力制衡

监察机构设置的根本目的是对权力的制衡，防止权力滥用和腐败。中国历史上监察制衡主要表现在以下四个方面。

一是监察官对行政官权力的制衡。如秦汉的御史大夫，"位次丞相""上下相监临"，旨在制衡丞相的权力。唐朝的"六察官"对六部的监察，是对最高行政机构官员权力的制衡。明清的都察院以及"六科"性质也是如此。这种监察使王朝行政官在行使权力时，始终受到来自监察系统的管控。

二是中央对地方的权力制衡。秦汉的监郡御史、刺史，唐朝的"黜陟使"，明清的巡按御史、按察司，都是中央对地方的权力制衡，意在保持中央的权威。

三是皇权对官僚权力的制衡。监察制度从起源开始就被打上了皇权的烙印。汉代设司隶校尉以及东汉御史台隶属少府，南朝的典签，明朝的锦衣卫、东厂、西厂的设立，清朝将"六科"给事中并入都察院，都是皇权强化自身对官僚监控的产物。

四是监察官之间权力的相互制衡。秦汉的御史与司隶校尉、丞相司直并存，西晋御史中丞与司隶校尉并存，南朝典签与刺史并存，宋代多元的地方分级监察体制，明代按察司与御史巡按并存等，是监察系统内部互不统属、相互制约的反映。

汉代监察体制的完善及其意义

在中国历史上纷繁复杂的王朝变更、兴衰交替过程中，有一个重要现象或者规律值得关注，即政治相对清明、社会相对稳定的时期，与监察体制的设置及其功能充分发挥有密切关系；而历代有为君主治乱救弊、澄清吏治的一个重要手段，也是运用强化监察制度的办法。我们以汉代若干时期为例简要说明。

一、汉代监察体制的完善与社会变化的关系

中国历史上监察体制的形成与发展有一个漫长过程，各个时期状况不一，不可概而论之。但就其成功时期的经验来说，一个显著特点是王朝能够顺应社会变化，适时调整监察体制设置，最大限度地发挥监察在国家政治与行政管理中的功能。

西汉初年，在继承秦代制度基础上设立御史大夫，称为"副丞相"，为最高监察官。下设两丞，一个是御史丞，一个是御史中丞，其中主要的是御史中丞。御史大夫职责是"典正法度，以职相参，总领百官，上下相监临"。御史中丞职责是"受公卿章奏，举劾按章""纠察百僚"。中丞所统领的侍御

史或监御史是具体任务的执行者。由于汉初推行郡国并行体制，中央权力被各诸侯国严重分割，从监察体制实际作用来说，还主要限于中央直辖的地区，不能覆盖全国。

汉初对地方监察力度的弱化很快就不能适应中央集权的需要，与社会经济发展的要求也不相适应。著名的"文景之治"时期，两位皇帝就不得不一再命令最高行政长官丞相分出精力兼理监察，具体做法是丞相的属吏丞相史直接出刺（监察）地方，诏令中要求丞相特别关注郡县吏治。

在汉代官僚政治中，监察与行政的分化是制度内在需要，也是监察适应形势变化、服务中央集权和社会发展的需要。经过汉初 70 余年的积累，西汉中期既有良好发展机遇，也面临深刻危机。危机主要来自三个方面：（1）吏治腐败，仅靠一般性的廉政呼吁、道德要求已不能解决根本问题。（2）地方豪强势力严重干扰中央政令实施，地方官吏与他们同流合污。（3）时刻觊觎皇权，扰乱地方社会的诸侯王势力仍然没有彻底清除。为解决诸多危机，西汉中期采取的重要方法之一是强化监察机制，其主要措施有以下几点：（1）取消名存实亡的监御史，建立直属中央的刺史巡视监察制度，由御史大夫属下的御史中丞具体分管，完善中央对地方的监察。武帝元封五年（公元前 106 年）将全国划分为 13 个州部，即 13 个监察区，每部设刺史一人负责监察。刺史负责监察地方，除年终回京述职外，其余时间在所部内巡行监察。（2）设立司隶校尉。汉武帝征和四年（公元前 89 年）设司隶校尉，监察除三公之外的中央、京师及京师附近的百官，其监察对象"无尊卑"。（3）设立丞相司直。汉武帝元狩五年（公元前 118 年），在丞相府中设丞相司直，是特设于最高行政长官机构中的专职监察官，有权监察包括三公在内的中央各级官僚。（4）设置督邮，完善郡对县的监察。各郡亦分部，作为监察区，每部设一名督邮负责监察。东汉时又在县设廷掾一职，负责对乡级吏员的监察。（5）健全各级长官多层面的巡视监察。汉代还有皇帝或者皇帝委派的特使不定期对地方巡视监察，最高监察机关御史府的不定期巡视监察，郡太守对属县的定期巡视监察，县令长对辖境的巡视监察。

西汉中期监察体制的强化是统治阶级内部自我调节的需要，也是社会形势变化的需要，监察制度本身的建设水平体现了古代官僚制度发展所凝聚的高度政治智慧。因此，这种基本格局延续至东汉。东汉的监察体制相对稳定，变化主要有两点：一是西汉晚期御史大夫被改为大司空而不再承担监察职责，由属官御史中丞出任御史府的最高长官，最高监察机关的级别降低。最高监察官地位的降低和西汉晚期政治腐败加剧，与王朝的覆灭是否有直接关系尚待研究，看法还不一致，但恐怕不是毫无关系。东汉继承这一制度，但实际状况有所改变。东汉的御史中丞与西汉晚期的御史中丞地位显然不同。二是东汉丞相（大司徒）司直不再监察中央百官，也基本不设。

二、汉代监察体制的政治与社会效能

古代监察体系设置的根本目的在于维护皇权，但对于中央集权政治体制的良好运行，对于社会建设与发展所起的稳定作用亦不可忽视。监察体制的强化完善对于解决特定时期的政治与社会问题也具有显著效能。从汉代监察体制的作用来看，有如下几点值得关注。

第一，权力制衡。汉代监察的深层次作用不能简单看成是对某些腐败案件的查处，从整个监察体系来看，体现了以皇权为核心的统治阶级力求运用权力制衡、制约的办法遏制腐败，提高行政效率，保障政治清明的思想。这在职官设置上得到体现。例如，西汉的御史大夫地位低于丞相，称副丞相，但他的实际任务并不是在丞相领导下协助处理行政杂务，而是监察。从历史记载看，御史大夫单独开府办公，与皇权的关系较丞相更密切。西汉的诏书往往是御史大夫起草并下发丞相，再由丞相下达地方，重大案件也往往由御史大夫出面组织处理。因此，御史大夫的副丞相之位实际是监督、监察丞相，制约、制衡丞相。又如，汉代改变了秦代地方监察官与郡行政长官合署办公实施监督可能带来的弊病，刺史凌驾于郡守之上，监督、制约郡守权力。郡对县的督邮监察制，是对县令长权力的有力监督制约。

第二，无所不监。在监察法规范围内，汉代监察官有广泛的监察权力，涉及对各项法律、法令、政令实施情况的监督，例如对各级官员在政治、经济、法律上违法犯罪的监督，对官吏各种违反礼仪风尚行为的监督，对官吏亲属假借权力以权谋私的监督，对军队军事行动的监督，对外戚贵族横行不法的监督，对地方豪强势力的监督等。

第三，澄清吏治。传统行政体制的运转与吏治清明与否关系极大，监察体系的强化与完善对澄清吏治能发挥积极作用。汉代若干时期政治的良好运行可说明这一点。如汉武帝时代文治武功的形成，与汉武帝在一定程度上解决了西汉初年以来的吏治腐败有关。汉武帝时建立的刺史制度所察内容有六条，其中五条是专对二千石高官的吏治。武帝以后的昭宣中兴，与汉昭帝、汉宣帝注重对吏治廉平与否的关注相关，东汉初年的光武中兴也与刘秀加强吏治分不开。

第四，稳定秩序。汉代监察思想把监察与普通百姓密切相关的社会问题、解决突出社会矛盾作为重要任务。刺史以"六条问事"，第一条就是"强宗豪右，田宅逾制，以强凌弱，以众暴寡"。"田宅逾制"是当时最为突出的社会问题，也是刺史巡视监察首先要解决的问题。从御史中丞、丞相司直、司隶校尉、督邮及郡县长官巡视所监察的实例来看，有相当一部分是为了解决社会矛盾。探求汉代几个相对稳定繁荣时期出现的原因，应与监察体制解决或者缓和了当时社会突出矛盾结合起来思考。

三、汉代监察体制建设的若干经验

汉代县一级以上的长吏均来自中央任命，各级机构的僚属来自长官的自辟，这都为汉代监察的实施增添了很大难度。但是，作为中国封建社会第一个发展高潮，汉代的监察体制极具开创性，无论在保障政治权力运行还是社会稳定发展上都做出了积极贡献，也对后世产生了深远影响。其中，有如下经验值得我们总结。

第一，监察地位与监察职能的关系。汉代统治阶级对监察在国家统治中的地位有清醒认识，因此，在监察体制变化中有一条基本线索是清晰的，即赋予监察机构或监察官较高的政治地位。一是政治地位高。汉初的御史大夫与丞相、太尉并立，是三公之一。西汉晚期御史中丞主持御史府的工作，地位有所降低。东汉初年即得到改变，御史中丞与司隶校尉、尚书台在朝会时专席独坐，号称"三独坐"，凌驾于众官之上，政治地位日隆。二是秩卑权重。以著名的刺史制度而论，刺史秩仅六百石，相当于当时县令的最低秩次。但刺史的职权很重，对郡国守相监察甚严，使其不敢轻举妄动。虽然"秩卑"，但升迁迅速。据《汉书·朱博传》记载，刺史"居部九岁举为守相，其有异材功效著者辄登擢，秩卑而赏厚，咸劝功乐进"。九年甚至更短的时间从六百石晋升为二千石的郡国守相，说明对任刺史者高度的政治信任并有制度化的保障。这是对监察官的激励。三是对监察官的选任较为慎重。汉代统治者给予监察机构或监察官较高的政治待遇是为了充分发挥整个监察机构的职能，事实证明汉代若干时期监察地位的提高与监察职能的发挥是成正比的。例如，刺史制度建立后史称"吏民安宁"。东汉刘秀被人指责为"信刺举之官"，但这种信任是东汉前期"天下安平"的原因之一。

第二，监察体系的独立性、监察内容的专项性、监察行为的法规化。汉代监察的主体从行政中分离出来，不仅有利于监察制度自身的完善，也有利于监察工作独立开展，这在汉代是一条成功经验。汉代强调监察专项性，如刺史仅限于"六条问事"，非六条不察，越权要受到惩处。这既保证了监察的准确高效，又不至于干扰正常的行政工作。汉代监察不仅有明确的地域划分，也有制度化的条规。汉惠帝时期的"九条"和汉武帝时期的"六条"是目前所见中国古代监察制度法规化的早期文献。实践证明，这有利于监察制度的发展，也有利于监察官本人的成长。

第三，专职监察与部门监察相结合。汉代的监察体制有多层次性。除了专职监察外，各级行政机构中的部分吏员也承担相应的监察职能。如丞相府、郡、县中设立的丞相司直、督邮、廷掾等监察官，可以弥补专职监察官监察深度之不足，这通过很多历史记载的实例可以证明。丞相、郡守、县令长等行政机构的长官，既可以通过所属监察官的监察了解本部门的吏治状况，又以自己的巡行实施对属下部门的监察，这种监察还具有考核功能。

第四，对监察机关的反向制约与监察机关的内部制约。没有制约的权力是危险的，汉代对监察体制的反向监督也积累了很多经验。一般来说，汉代监察官只拥有监察权而没有处置权。对监察对象的处罚要报请所属长官，或与司法部门协调处理。各级官吏对监察官的行为也有监督作用，可以随时上书弹劾监察官。监察官不仅监督监察系统之外的官员和机构，也对监察机构内部监察官的违法行为进行纠正。

后 记

2019 年初，应中共中央党校出版社盛情相约，将这些年来我所撰写的关于历史学习、历史认识、历史借鉴的一些认识汇集成册，以供党政干部历史学习时的参考。书中绝大多数内容是在相关报刊发表的文章或讲稿，也有少部分内容是从以往出版的书中选出适合党政干部阅读的文章，一并放入。因此，本书实际主要是我以往历史学习、理论学习文章的一本编著。

中华民族素有历史学习、历史借鉴的传统。从历史中汲取经验，从历史中探寻未来，是中华民族不断前行的重要基础。我们党一贯强调历史学习的重要性。党的十八大以来，以习近平同志为核心的党中央，特别是习近平总书记本人，对历史学习更是高度重视，发表了一系列重要讲话，并贯彻落实在新时代治国理政的实践中。中华优秀传统文化是习近平新时代中国特色社会主义思想的组成部分，是中国特色社会主义制度与治理体系的深厚历史底蕴。因此，党政干部加强历史学习，从学习中获得历史知识，汲取历史智慧，是增强理论修养和提高为政能力的重要方法。本书各章围绕习近平治国理政的历史观、历史学习的重要意义、历史中蕴含的治国理政智慧经验与教训等内容编排汇集，目的就是希望为党政干部学习提供便利。需要说明的是，由于本书系文章、讲稿汇集，各章、各部分之间具有相对的独立性，系统性还不够。体例上也有不完善的地方。但各个问题的相对独立性，也有利于党政干部在繁忙的工作中阅读。

本书编纂过程中得到中共中央党校出版社诸位同志的大力协助。中国社会科学院科研局刘杨同志、中国社会科学院古代史研究所博士后齐继伟同志，为本书核对校勘付出了辛勤劳动。在此一并表示诚挚感谢！本书在编纂过程中参考学习了相关论著，在注释中随文标出，未能一一注明者尚祈见谅！尽管如此，限于本人水平，本书肯定还存在不少缺点错误，敬请读者批评指正！

卜宪群

2020 年 3 月 8 日于北京